北陸地域経済学

歴史と社会から理解する地域経済

碇山 洋・佐無田 光・菊本 舞
［編著］

日本経済評論社

歴史と社会から理解する地域経済
——はしがきに代えて——

碇山　洋

　本書は、研究室のなかからではなく、執筆者たちが現実の地域経済と格闘するなかから生まれた。

　金沢大学経済学部地域経済情報センターでは、2003年度から、地域で活躍するビジネスパーソンを主な対象に金沢大学地域経済塾を開催している。北陸地域経済学講座は、この塾の中核講座で、金沢・石川・北陸の地域経済の特質を、地域の歴史を起点に、産業構造の特徴や、企業内・企業間での技術の展開、公共部門の役割などから多面的に学ぶことにしている。

　受講者は、生きた地域経済のなかで日々厳しい現実とたたかっている人たちばかりだ。「教科書どおりの講義」に説得力はない。生きた地域経済のダイナミックな姿とその発展方向を本質的なところから首尾よく説明でき、同時に、そうすることで自らの内容をより豊富にしていく生きた理論こそが求められる。地域経済塾での講義、受講者たちとの討論は、理論を教科書のなかから現実の社会に引き出して陶冶する場となり、講師陣にとっては厳しい試練と楽しい成長の機会となった。

　北陸地域経済学講座の3期目が終了して4期目に向かう2006年度、ビジネスパーソンたちとの切り結びのなかで到達した成果を、地域経済学の「新しい教科書」としてまとめようということになった。

(1) 歴史と社会を切り口に

　「新しい教科書」を標榜する本書の特徴は、北陸という具体的な地域を素材としながら、歴史と社会から地域経済にアプローチするという独自の方法を採用したことである。この方法は、北陸とりわけ金沢のような個性の強い地域で

こそ有効性が顕著に現われるのではあるが、あらゆる地域において妥当する普遍的な方法であると私たちは考えている。

現実の経済は、法的、制度的、政治的、文化的など、さまざまな要素が複雑にからみ込んでいる上に、それぞれが一時的・偶然的な条件によって常に変化のなかにある。ここに科学的分析の必要性があるのであって、私たちは思考の力で偶然的要素、非本質的要素を捨象し、本質的要素を抽象して概念を獲得するのである。ここで、どのような基準で何を捨象し何を抽象するかというところに、さまざまな理論や学派を分かつひとつの境界線を引くことができる。

たとえば、法や制度、政治、文化などのなかに本当は経済的要素は分かちがたく綯い交ぜになっているのであるが、現実の経済現象からこれら「非経済的要素」を捨象し尽くせば、そこに残る「純粋経済現象」は貨幣的現象であり数量的現象であって、そこには質的なちがいや人の顔といったものはまったく見えないしまた見える必要もないということになる。インターネットの世界で繰り広げられるマネーゲームは、こうした「純粋経済現象」のひとつの定在と捉えられるだろう。

ところが、金沢のような地方都市で生活し地域経済を観察していると、このような抽象的なレベルで論じられる資本や市場の運動は、人間活動の広大な領域のなかでは実は案外にせまい範囲に限られているのではないかと思えることが少なくない。地方で暮らしていると、経済法則の観点からは不合理としか思えないようなことがらによく出合うのである。

ひとつの例を挙げるならば、金沢市内に本社を置く佃食品株式会社という会社がある。佃煮を中心にさまざまな食品を製造・販売している。いまでこそ、無添加の食品を扱う会社はずいぶん増えたが、佃食品は添加物全盛の高度経済成長期から早くも添加物を一切使わない純正な食品の生産にこだわり続けてきた。素材はできる限り地元産のものを使い、醤油は丸大豆醤油、酒は純米酒といった具合である。当然、コストがかかる。無添加に切り替えた当時は、同業者から採算が採れない、佃食品はこれで終わりだなどと言われたそうである。佃一成社長は、添加物のなかには安価ではあるが有害なものが少なくないこと

を学び、自分の子や孫に食べさせたくないものをお客様に売るわけにはいかない、まっとうなものをつくれば時間はかかっても必ず受け入れられるようになると、安全・安心な商品の生産を続けた。今日の消費者の動向をみれば、佃社長の判断に先見の明があったことは間違いない。同時に、30年以上も前にこうした商品が受け入れられたのは、ただ見た目がよいとかおいしい、安いといったことだけでなく、地元産素材へのこだわり、安全・安心といった「付加価値」を理解し求める、加賀百万石以来の歴史に育まれた金沢市民の文化的消費の土壌があったからこそでもある。

　佃食品の製品は金沢・石川以外でも好評を得ており、今では東京での売上の割合がいちばん高いとのことである。全国展開による事業拡大をめざすのであれば本社を東京に移したほうが効率的なのかもしれないが、金沢の材料を使った金沢での佃煮づくりにこだわり続けている。近隣市町から工場移転の誘致を受けたこともあるが、石川県では金沢市でのみ課税される事業所税を負担してでも、金沢を拠点にし続けたいとのことである。また、佃社長は、金沢が都市格の高い都市であってこそ Made in Kanazawa のブランド価値も高まると、浅野川園遊会の開催などを通じて、まちづくりの活動に積極的に取り組んでいる。

　金沢という都市のブランドを高めるほど、金沢にこだわった佃食品の製品の「付加価値」も高まるということはそのとおりだとしても、まちづくりにかける時間と労力や東京との情報格差、税負担などを考慮に入れて、差し引きでより大きな利益を上げているのかどうかは定量的にはわからない。「損して得を取れ」という言葉もあるが、やはり損をしているようにもみえる。

　もうひとつ例を挙げると、銀座に「のとだらぼち」という居酒屋がある。「だらぼち」とは、能登地方の方言で、「要領が悪く愚鈍、それでも真っ正直に生き抜こうとする人」といった意味である。この店では、内装には能登産のアテの木（石川の県木）を使い、料理人はじめ店員は能登から派遣し、食材も可能な限り能登産のものを毎日空輸して使って、能登の郷土料理を提供している。甚だ効率の悪いことをやっている。この店は、能登の地域活性化のために活動しているNPO法人・能登ネットワークの有志が出資して設立した株式会社能

登百正（のとひゃくしょう）が経営している。能登空港の開港（2003年7月）にあわせ、東京に能登ファンを増やし、能登を訪れる交流人口を増やそうというのが開店の目的である。

　この店では毎月1回、「のとだらぼち会」が開催されている。毎回、能登からゲストを招き、手みやげ（たとえば、門前町〔現・輪島市〕産のエゾシカの煮物、宇出津〔能登町〕産の鯨の刺身など）のごちそうを食べながら、ゲストを囲んで能登談義で盛り上がる。ゲストとして招かれるのは能登百正の役員や出資者などだが、交通費も自前の手弁当のことが多いそうだ。

　マルクス経済学の言葉を使えば、「資本とは自己増殖する価値」であり「資本家とは資本の人格化」であるし、経済学のどの教科書でも、株式会社は営利目的の組織であって、それに出資するのは配当を得たりキャピタルゲインを得たりいずれにしても私的利益が目的ということになっている。だが、株は無配当、能登から東京まで交通費も出ずに土産まで持っていったのでは利益どころではない。

　一見得にもならないことのようだが、金沢や能登のブランド価値が高まればまわりまわってやがて自分の利益にも繋がる、とはいうけれども、実際のところそれがどの程度本当なのかは計測のしようがない。また、金沢や能登のブランド価値が高まれば、他の企業もそこから利益を得るのであって、地域のブランド価値を高めるといった外部性の高い仕事は、本来的には個人や民間企業が担うものではないはずである。

　これら2つの事例を見ると、「株式会社＝利益追求の組織」といった定式は必ずしもあてはまらず、まちづくりや地域活性化などの社会運動のツールとして株式会社という法的組織形態が利用されていると考えるほうがよさそうだ。これらの事例は、地域に固有の歴史によって形成されてきた市民の思考様式、行動様式や市民が取り結ぶ社会関係が、経済のあり方を強く規制していることをよく示している。

　付言すれば、多国籍企業の営利活動に適合的に世界を秩序立てようとする今日のグローバリゼーションと、その大波から地域のくらしと営業を守ろうとす

る諸活動の対抗は、「人間の顔を持たない資本」「資本の人格化としての資本家」と、「人間の顔をした資本」「郷土愛など自らの理念にもとづいて行動する資本家」との対抗でもあるといえるだろう。

(2) グローバリゼーションのなかの地域経済の可能性を示す

佃社長や能登百正の出資者たちのような行動は、地域全体のなかではまだまだ少数派であろう。ただし、少なくとも北陸地域をみわたしたとき、少数派とはいっても、きわめて例外的にしか観察されない特異な例というわけでもなく、地域のそこかしこに点在する「無視しえない少数派」である。こうした人々や企業とその行動を不合理、例外と切って捨てることも論理的には可能だが、社会のけっしてせまくない領域において長期にわたって観察される事象を例外と片づけてしまうのは科学的な態度ではない。

資本主義経済には、それが資本主義であり続ける限り貫徹される経済法則が存在するが、なおその上で、地域の文化など「非経済現象」がその社会の経済において無視しえない大きな意義と役割を持っていることにも十分な配慮が払われなければならない。

本書の執筆者たちが研究活動の主なフィールドとしている北陸地方、なかでも金沢は、歴史的に形成されてきた独特の文化的蓄積を有し、それは産業構造や商習慣などにも大きな影響を与えてきている。金沢をはじめ北陸経済を、世界経済や日本経済の単なる一構成部分としてではなく、地方の歴史と社会に強く規制された独自の地域経済として分析することを通じて、グローバリゼーションの大波のなかでの地域経済の可能性と課題を解明する手掛かりを探りたい。

第1章から第3章では、金沢・石川・北陸地域の近代史の特徴を見た上で、公共部門の役割と北陸の地理的構造、ローカル産業について論じることによって、地域経済の背景の大枠を示している。第4章から第6章では、北陸地域経済の質的内容が具体的に論じられ、今後の発展方向が示唆される。第7章から第9章は、地域社会の発展方向を特徴的に示す地域コミュニティ、福祉、スポーツ・コミュニティについて論じている。構成的には第1章と第7・8・9

章では副題を「歴史と社会から理解する地域経済」とする本書の特徴を示しているが、本書全体を通じて歴史・社会の視点が貫かれていることはいうまでもない。

　本書が地域経済に関する研究・教育の発展に役立つことを願うとともに、批判と討論を期待したい。

目　次

歴史と社会から理解する地域経済——はしがきに代えて——　…・碇山　洋　i

第1章　日本近代史と金沢・石川・北陸地域　………　橋本哲哉　1

　　はじめに　1
　　1．日本近代化と地域の動向　5
　　2．伝統工業・地場産業　14
　　3．戦後石川の地域政策の展開　18
　　おわりに——地域の活性化と地域学——　26

第2章　文化創造都市をめざす金沢の財政　…………　碇山　洋　31

　　はじめに　31
　　1．内発的発展論、創造都市論による金沢経済の特徴づけ　32
　　2．金沢の公共政策のフレームワーク　33
　　3．建設事業偏重型財政とその変容
　　　　　　——金沢市財政の外形的特徴——　36
　　4．内発的発展促進型財政か緊縮的建設事業偏重型財政か　44
　　おわりに　48

第3章　ローカル産業とまちづくり　………………　神谷浩夫　51

　　1．北陸の気候風土とローカル産業　51
　　2．都市の盛衰とサービス業　62
　　3．まちづくりの課題　69

第4章　北陸地域産業集積の構造と機能 …………… 田口直樹　75

　　はじめに　75
　　1．北陸地域産業の特徴　77
　　2．北陸繊維産業の歴史的展開課程　85
　　3．新市場分野と繊維産業の展開　92
　　4．補　　節　97
　　おわりに　99

第5章　金沢都市圏の産業構造とその展開 ……… 佐無田　光　105

　　はじめに　105
　　1．地域内産業連関の理論　106
　　2．金沢の内発型工業化　109
　　3．金沢の地域産業構造の変容　117
　　4．新しい地域産業政策の模索　135

第6章　北陸の情報化社会とITビジネス ……… 飯島泰裕　143

　　1．北陸の情報化社会　143
　　2．北陸の情報産業とIT利活用　150
　　3．金沢および石川の産業とIT　157
　　おわりに　173

第7章　地域コミュニティと農山村の現代的再生 …… 菊本　舞　177

　　はじめに　177
　　1．地域コミュニティへの期待　178
　　2．石川県内の地域コミュニティをとりまく状況　180
　　3．農山村における地域コミュニティ
　　　　——石川県輪島市三井地区を事例に——　184

おわりに――農山村コミュニティの生産・生活諸条件――　205

第8章　金沢の福祉制度と介護ビジネス ………… 横山壽一　207

　　はじめに――伝統と最先端――　207
　　1．善隣館と地域福祉　208
　　2．福祉制度と公私協働　214
　　3．介護保険と介護ビジネス　218
　　4．介護ビジネスの新たな環境と課題　227
　　おわりに――「福祉的土壌」の底上げとシステムとしての
　　　　　　　　地域福祉の精緻化――　231

第9章　北陸のコミュニティ・スポーツ ………… 奥田睦子　235

　　はじめに　235
　　1．スポーツ文化の振興による社会的影響　235
　　2．地域におけるスポーツ文化振興政策　238
　　3．北陸地域における総合型地域スポーツクラブ　248
　　おわりに　261

終　章　北陸経済と地域研究 ……………………… 佐無田 光　265

　　はじめに　265
　　1．広域経済の捉え方　265
　　2．「地域学」の方法論　271
　　3．地域発展論の研究課題　276

謝　辞　281

第1章

日本近代史と金沢・石川・北陸地域

橋 本 哲 哉

はじめに

　近代史という場合、明治維新以降の約150年間の時代を捉えるが、それを限られた紙数、限られた時間で「全国・中央の歴史」を述べ、金沢・石川、さらには北陸地域の歴史も講ずるのはなかなかに難しい。ここでは日本近代化の歴史過程を少々大胆に要約して述べながら、各段階でのこの地域の動きをあわせてみるという手法を取る。その導入のキーワードとして、この地域の特性を考える意味で「裏日本」・「宗教（浄土真宗）」・「県民性」の３つを選んでみた。
　「裏日本」は、1970年代の後半からNHKをはじめとしてマスコミでは使用されなくなったこともあって、日本海側では「死語」に近い言葉となっている。それは地域差別に繋がる用語であると判断されたからであろう。しかし、たとえば首都圏では今でも時々耳にするし、また呼称を他に言い換えたからといってその状況が変化したわけでもない（古厩忠夫著『裏日本』岩波新書、1997年）。「裏日本」という用語が成立したのは日清戦争期であったとされ、20世紀に独特な意味と位置を有してきた（阿部恒久著『「裏日本」はいかにつくられたか』日本経済評論社、1997年）。その第一の意味は自然現象に起因し、とくに冬季の天候がもっとも強いインパクトとなる。太平洋側が晴天・低湿度・空っ風といった冬特有の時期に、当地では正反対の曇天と降雪・高湿度・落雷といった暗い日々に追われるのである。もっとも春から秋にかけては太平洋側と天気に

著しい差はない。より重要な点は20世紀の近代化のなかで、当初は鉄道・交通網整備の遅れ、やがては地域開発の遅れとなってそれが倍加し、太平洋ベルト地帯との地域格差が歴然となったことである。「裏日本」は「天気の悪い過疎地域」と単純に誤解されてきた節がある。その点をこの地域の近代化の過程を通じて問い直してみようと思う。

　北陸地域に限定した場合、「持ち家率全国トップクラス」をはじめとしていくつかの共通した特徴を拾い出すことができるが、ここでは「浄土真宗」に注目しておこう。「しんしゅう」と略称されるこの仏教の一宗派は、北陸3県の一般市民のなかでは圧倒的に支配的な宗教である。葬儀に参加すれば大半は真宗の方式だし、金沢市内最大の野田墓地には「南無阿弥陀仏」刻印以外のお墓を探すのは難しい。そうした背景を理解するには「蓮如」以来の歴史や一向一揆の伝統を取り上げなければならないが、ここではそれらを語る余裕はない。しかし、庶民の日常生活、文化度、物事の判断などに真宗的尺度が働いていることは間違いない。それを「裏日本」的状況と結合させ、「長い冬を家族がこたつで過ごす間、そこでの会話のなかから宗教心が育成される」といった「炬燵文化論」と称する考え方さえあるのである。

　以上のように北陸地域は日本海側・真宗地帯という共通項を有しているが、一方差異性・相違性も見ておく必要がある。北陸3県といった場合、石川・富山・福井の3県を指すが、北陸地域というと新潟を含めて理解することもある。その定義はここで論ずることを避けるが、その3県自体ももちろん一様ではない。石川・富山はかつての加賀藩の領域（加賀・能登・越中）であったが、両県は現状では対抗的でさえある。その辺の事情を「県民性」という観点から瞥見しておこう。過去において「県民性」を取り扱った書物は数多くあるが内容的には大差はなく、最近刊書『出身県でわかる人の性格』（岩中祥史著、草思社、2003年）を手掛かりにする。

　「越中強盗」「越前詐欺」「加賀乞食」。表現は品性に欠けるが、郷土史には明治以降よく登場し、県民性を端的に言い表わしているとも評されることがある。こうした形容の信憑性はあまり高いとはいえないが、岩中著の見出しを使って

もう少し立ち入ってみる。富山県人は抜け目なく勤勉で、加賀藩の搾取を耐え抜いたなかで向上心を培い、消費を抑えて貯蓄する堅実さを有すると述べる。福井に関しては保守的で争いごとを嫌う、したたかで実利にこだわり商魂商才にたけた県民性を説く。これに対して石川県人は都会人を気取り穏やかで文化的な暮らしを好むが、飽きっぽく、決断力・行動力に欠ける、とされるのである。内容的には石川の県民性というよりも、金沢人気質を意識させるものがある。それはともかくとして、県人とはその県出身者なのか生まれ育ったものなのか、あるいは統計など客観的な検証データがあるのか、など本格的に論じたらきりはないが、北陸3県のなかでの石川県を推し量るときのひとつの物差しにはなるのではなかろうか。

さて、冒頭で「全国・中央の歴史」という捉え方を述べたが、この点も少し言及しておきたい。われわれが「日本史」と言った場合、その共通した知識の出発点は「中学社会」の歴史分野で学んだ事柄である。もうすっかり忘れてしまったと言い訳されると思うので、その近代史の範囲に限って思い出す作業を以下手短に行なう。しかし、それはいったい「全国津々浦々、どこにでも起こった歴史」なのか「中央＝東京の歴史」なのかという少々理屈っぽい問題を先に提起しておこう。もちろん中学校ではこのような課題は設定されなかったであろう。

感覚的には「全国津々浦々の歴史」とは理解していなかったはずだ。たとえば戊辰戦争は能登の歴史にほとんど関係なかった。一方、明治維新以降は確かに東京の事件が中心となり、現代の東京一極集中化の過程でそれが一層色濃くなっているが、それでも「東京の歴史」と完全に一致などは決してしない。とすると、かつて学びこれから要約する「全国・中央の歴史」とはいったい何なのか？　この点と地域史との関係についてそれなりに個々人の考え方がまとまれば、この第1章の課題は半ば達成されたと考えてよかろう。そしてこれには100点満点の正解はない。

ところで、「全国・中央の歴史」という捉え方を中学社会の教科書にもとづいて提示したが、歴史を学ぶ手筋としてそこでは必ず時代区分がまず行なわれ

る。たとえば教科書の「近代日本の歩み」という章のもとには明治維新以降現代までに続くオールジャパンの歴史展開が示される。もちろんここではそれを全く無視するわけではなく、次節では一応それに沿ったところの中央史と地域史の同時進行的叙述をして、読者の共通した歴史認識の基礎を確かめる作業を簡潔に行ないたい。

　しかしながら、地域あるいは「地方自治」といった観点からは違った時代区分、違った歴史認識が想定されなければならないだろう。おおづかみな認識として、筆者は明治維新以降現代までを①明治維新〜1945年を国家統制下の地域の時代、②1945〜1960年を地方自治成立の時代、③1960年代〜現在までを地域格差拡大の時代の3つに大きく区分して捉えることとしたい。①は近代天皇制国家の強い中央集権、国家統制による上からの官僚的地方支配が進められ、地方自治は未整備であった。しかしながら、そうしたなかでも個性的な地域の歴史が展開したが、石川県を中心とした具体的な姿を1の(1)から(5)で論じてみる。②では戦後改革によって初めて地方自治が成立したが、その過程を同(6)と(7)で簡潔に述べた。③のいわゆる高度成長期を通じて日本経済全体の成長は目覚しかったが、同時に地域格差が次第に歴然となり、過密と過疎を生み出した。そうしたなかで本章での具体例として中西陽一による長期石川県政が展開したが、その地域政策の整理を3で行なった。なお、地域の視点から論じた近現代史の最近刊著として、いずれも筆者が関係した仕事であるが、3つの自治体史編纂物『金沢市史』(資料編11　近代1・同12、近代2・通史編3、近現代)と橋本哲哉編『近代日本の地方都市』(日本経済評論社、2006年)を紹介する。

　以上述べたように、この地域における共通性と相違性を頭に置きながら、その日本近代化の過程を許される範囲内で考察してみることにしよう。

1. 日本近代化と地域の動向

(1) 明治維新・自由民権と近代化

　ここではとりあえず、明治維新以降高度経済成長期前までの約1世紀を叙述の範囲とする。

　欧米諸列強による開国圧力をきっかけとして明治維新は開始され、1890年ころまでの間に政治・経済・社会の変革が進み、資本主義とそれに見合うシステムづくりが行なわれた。主要な歴史的事象を列挙すると、まず廃藩置県（1871〔明治4〕年）以降明治政府は基礎固めを進め、士族反乱と自由民権の動きを力づくで押さえ込み、帝国憲法制定（1889年）・帝国議会開設（翌1890年）にいたった。近代天皇制の下、大蔵省と軍部を頂点とした官僚機構が次第に整備され、富国強兵にもとづく政策の基調が定まったといえよう。経済面では地租改正（1873年〜）・殖産興業が主要な柱とされ、地租改正を通じて形成された地主的農業と急速な工業化によって、日露戦争前後の時期に産業革命が一応終了した。

　加賀藩における明治維新の結果は、金沢の人口動向に明白に表われていた。大藩百万石の城下町として三都に次ぐ都市を誇っていた金沢は、1889年の市制施行後には全国第7位、その後も人口減少はおさまらず現住戸数のボトムは1万7,545戸、現住人口のボトムは1897年の8万1,352人、現住人口が本籍人口を超えるのは1910（明治43）年のことであった。また人口構成は1910年でも士族が20％を占めて高い比重を見せていた。この1910年はちょうど旧・金沢城下町時代の人口を取り戻した時期とも重なる。したがってこの約半世紀は、金沢が昔の栄華を振り払って近代都市として再出発するまでの苦闘の時代であったといえよう。

　石川県全体に目を向けても同様で、大藩はおおむね石川・富山の2県に分断され、福井を含めた地域では県境もたびたび揺り動かされた。「知事」は藩閥

勢力に独占され、したがってようやく芽生えた自由民権も反藩閥、士族反乱（典型は1878年、加賀藩士族島田一郎らによる大久保利通暗殺事件）的な動きから大きく脱皮することができなかった。高い割合を占めた士族の多くは「士族授産」に失敗し、藩主も積極的な支援を放棄し文化事業に専念していた。加賀藩は一言でいえば明治維新に乗り遅れ、近代石川県としての出発も出遅れたといって差し支えない。そして中央集権の強い支配のもとに、単なる「一地域」として位置付けられた。

(2) 軍都金沢

脱亜入欧を旗印に近代化を推し進める日本にとって、日清戦争（1894〜95年）は大きな試練であった。入欧は明らかに近代化の目標で、脱亜は唯一日本がアジアのなかで近代化するだけでなく、植民地をアジアに求めるという意味も有していた。その最初の対象が朝鮮半島で、清国と覇権を争うこととなった。国内外の予想に反して戦局は終始日本の有利に展開し、金沢からは第七連隊が参戦し、さしたる損害もないまま凱旋した。

下関講和条約は三国干渉を経た後も、植民地台湾など圧倒的な賠償を日本にもたらした。とくに3億6,000万円の賠償金は当時の政府年間税収の3倍にあたる巨額なもので、日清戦後経営のなかで財政的威力を示した。まず企業勃興を通じて綿工業の工業化に拍車がかかり、綿製品は主要輸出品となったが、一方その陰には紡績女工などの「哀史」があった。また軍備拡張によって海軍の軍拡が進み、陸軍の師団増設で第九師団が金沢に設置されるところとなった。それを契機に金沢は旧・城下町から軍都へと転身したのである。前述した金沢人口復元の1910年は軍都としての新生を示すと同時に、近代都市への方向性も明示したといってよい。

日清戦後の軍備拡張は大陸進出を明確に意識した政策で、日露戦争（1904〔明治37〕年）へと継続した。大国ロシアとの戦争は日清戦争から一転して苦戦の連続となり、その象徴は旅順を巡る攻防戦であった。この戦闘の中心に第九師団は動員され、石川県出身兵をはじめ北陸3県兵士の被害は甚大となった。

日露戦争は日本にとって重要な対外戦争で、国を挙げての総力戦で挑んだが、一方与謝野晶子を代表とする戦争批判も初めて沸き起こった。また日本海海戦の勝利にもかかわらずポーツマス講和条約は形式的勝利で、日本にとって得るところは少なかった。それに怒った民衆は、日比谷焼き討ちなど全国的な暴動を巻き起こした。

日露戦争の前後の時期に、武器・軍需品を生産する軍工廠、銅や石炭などの鉱山業、機械工業の技術革新が進み、工業化の本格的段階に入った。石川県でも金沢を中心地域とした工業化を察知しうる。石川県の工業化は福井とともに繊維産業、とくに絹織物の輸出用羽二重生産が中心的な役割を担っていた。金沢では関連して繊維機械と伝統工業が大きな比重を持っていた。あわせて北陸線が開通し、全国的な市場と遅ればせながら接続できるようにもなった。旧幕以来の農業と水産業がそれらに加わり、おおよそこの日露戦後の時代にその産業上の特徴を表わしたといえよう。

日露戦争は形式的な勝利で終わったが、極東の小国の行動は欧米列強を驚かせ、「極東の憲兵」としての地位を日本に与えた。政府も国民に「一等国」国民の自覚を促したが、戦争の後遺症は農村と政府財政とに集中的に表われた。戦死傷者は約50万人、その多くは農家の働き手で、小作・貧農の生活はより悲惨なものとなった。農家と農村の立て直しのために、政府は地方改良運動に着手した。戦争の打撃がどこよりも大きかった北陸地域では、農村建て直しにより多くの力が注がれた。

多額の戦費を浪費したが、賠償を得ることができなかったので、10億円以上の国債が借金となって日露戦後財政を悩ませた。なかでも利率の高い外国債の返還は政争の具となったが、有効な解決策が見出せないまま、明治は終わりを告げた。

(3) 大正デモクラシー

日比谷焼打ち事件にみられる民衆の「日露講和反対」といった自己主張は、大正期に入ると普通選挙の実施要求や労働農民運動と結びつき、全国に波及し

ていった。大正デモクラシー時代の到来である。東京などの大都市では、吉野作造と『中央公論』を主役として都市民衆の自由・平等を求める民主化要求運動となり、護憲運動と結合し大正政変としての展開も見せた。

　石川県の大正デモクラシーを代表する政治家は永井柳太郎であった。雄弁家として名声を持つ永井には支持者が多く、石川県立憲青年党の活動にも影響を与えた。自由を求める雰囲気は、金沢を中心にさまざまな民衆文化運動を生み出していった。それによって学都とか文化都市といったイメージも形作られていったのである。

　欧米諸列強の資本主義発展は列強同士の対立をもたらし、1914（大正3）年から4年余りヨーロッパを中心とした世界戦争となった。日本は日英同盟（1902～23年）を結んでいたためイギリスとともに連合国側に属して参戦し、ドイツなどの同盟国側に相対峙した。この第一次世界大戦が始まったとき、政府は「大正の新天佑」と形容して歓迎した。戦闘地域から離れていた日本は欧州への物資供給の役割をにない、とくに繊維工業、海運・造船業は大きな利益を得た。日本経済を牽引する三井・三菱を先頭に財閥も繁栄を見せた。こうした勢いに乗じて日本は「対華21カ条要求」（1915年）を突きつけ対外膨張をさらに押し進め、また戦後の賠償では旧・ドイツ領を植民地化した。日露戦後の不況と財政難は一挙に克服され、これが「天のたすけ」と映じた理由であろう。

　他方、第一次世界大戦はロシア革命を産み落とした。資本主義と異なる社会体制の成立に危機感を持った列強と日本は「シベリア出兵」（1918～22年）を行ない、革命への干渉戦争を試みたが失敗に終わった。この戦争が始まると日本では米の買い占め売り惜しみが起こり、米価急騰と富山の騒動を引き金として全国的な米騒動（1918年）が展開した。米騒動がなかったのは東北諸県と沖縄だけと言われた。

　周知のように、富山県は富山湾岸に数多くの小漁港が点在するが、そこは同時に米の移出、積み出し港で、明治以来たびたび小規模な米騒動が起こっていた。いわば伝統的な米騒動地帯であったわけだが、今回はそれが全国化する大きなきっかけとなった。

金沢でも8月12・13日に3千を超える民衆が米の廉売を要求する騒動を市内で繰り広げた。市内浅野川付近の宇多須神社に集まった民衆がいくつかの集団を形成して米屋を襲い、米の廉売の約束を取り付けた。しかし打ち壊しや乱暴を働くといった大騒擾までにはいたらなかった。この点は福井を含めて北陸の共通した動きでもあった。

　米騒動は大都市、関西・西日本で激しく軍隊が出動するといった地域もあったほどだが、それは工業化に伴って都市への人口集中が進むなかで、さまざまな都市問題が放置されてきた結果といえよう。そのことを認識した都市は米価対策に着手し、さらに先進の都市、たとえば大阪・東京などでは社会政策的な都市政策が一部試みられていった。

　米騒動を的確に対処できず、労働農民運動が高揚するなかで寺内藩閥内閣は退陣を迫られた。明治維新以来、長州・薩摩出身などの特定の人脈を優遇する政治はたびたび批判にさらされてきたが、ここで藩閥政治は影響力を失い、代わって原敬政友会内閣が誕生した。第一次世界大戦・ロシア革命・シベリア出兵、社会運動の激化と続く厳しい内外情勢に、原は平民宰相として立ち向かった。当初から原は「今日の善政は民意に合するにあるべし」という理念を挙げ、具体的政策として4大政綱（教育の奨励・施設の充実、交通機関の整備、産業貿易の振興、国防の充実）を選挙に際して掲げた。これは国民の支持を得やすい選挙公約で、そこで多数を制した政党が政治を運営するという政党政治の原型を原は示したのであった。

　一方この公約の実現は経済成長に結びつき、大正経済の発展を見据えた政策でもあった。しかし志半ば、原敬は1921年に右翼テロによって刺殺されてしまった。

　大正期は輸出羽二重を基調とする石川・福井にとって好況の時代でもあった。輸出先は新興アメリカで、そこは第一次世界大戦景気をきっかけに自動車・住宅ブームが工業発展を牽引していた。羽二重は中級絹織物であったが、勤労女性用の日用ブラウス生地として大きな需要を喚起したのである。両県はこのように繊維と繊維関連工業主体で大きな脱皮をはかれなかったが、富山県は少し

事情が違った。もっとも大きな特徴は、地理的条件を生かしてダム・電力開発が進み、それを利用した化学工業化の道を歩み始めたのである。この点は戦後高度成長期の3県の対応の相違の伏線ともなったといえよう。

(4) 昭和恐慌

第一次世界大戦景気はそう長くは続かなかった。好況は加熱し、戦争が終結すると早速反動恐慌が訪れ、そこに未曾有の関東大震災（1923年）とその後の震災恐慌が襲いかかった。そして治安維持法と普通選挙法が制定され（両法とも1925年）、大正デモクラシーの時代は終幕となり、日本は次第に軍国主義・対外膨張主義へと傾斜していった。

昭和に改元されても社会はいっこうに明るくならなかった。1927（昭和2）年春早々、国会審議中に銀行の不良経営が判明し、中小銀行の取付・休業が相次いだ。さらに商社の鈴木商店、その機関銀行だった台湾銀行も経営が悪化し、モラトリアム勅令が出された。これが昭和の金融恐慌である。倒産した銀行は約30行、そのなかには石川県大聖寺に縁の深かった八十四銀行も含まれていた。

1929年に入ると金解禁・緊縮財政、アメリカから始まった世界恐慌、デフレ、米・繭の暴落による農村恐慌、労働争議・小作争議の激発と続き、長期にわたる昭和恐慌に陥った。この恐慌のそもそもの震源地アメリカは1920年代の繁栄から一転し、そこに輸出依存していた日本経済は二重の苦境に遭遇した。前述したように石川県の輸出羽二重の主要輸出先はアメリカであったわけで、その不況の影響をまともに受けてしまった。やむなく絹織物主体から人絹（化学繊維の一種）織物生産とその国内および対アジア向け輸出に活路を見出さなければならなくなった。また農村の疲弊は著しく、軍部、右翼・国家主義者らの組織的行動を通じて、日本は急激にファシズムへの道に進んでいった。

(5) 昭和の戦争

昭和恐慌のさなかの1931年、関東軍が満州事変と称して行動を起し、中国東北部（旧・満州）・内モンゴルに向けての侵略を開始した。翌32年には、かね

てからの計画にもとづき満州国を発足させた。そして満鉄を中心に財閥も加わって満州開発が積極的に計画され、また満州への大量農業移民も企画された。大新聞による報道などによって、多数の国民は侵略と排外主義に急速に引き寄せられていった。永井柳太郎が拓務大臣を務めたこともあって（1932年就任）、この満州移民には石川県からも数多くの人々が参加した。当初は零細農家の次・三男を主体とした武装移民であったが、やがて村ごとの集団的な入植へと拡大した。旧・満州の主として東側の地域に百万石開拓団、白山郷開拓団などを形成した。しかしこの移民政策は日本側の独善的な政策で、「王道楽土建設」とはまったく違った困難が現地で待ち受けていたのである。

　1936年の二・二六事件はファシズム化の方向を決定づけた。浜口首相狙撃事件（1930年）、五・一五事件（1932年）から続く一連のクーデターであったが、事件後政党政治は放棄され、軍部の政治への関与が一段と強まっていった。

　1937年7月7日盧溝橋での日中両軍の衝突以降、日中全面戦争の開始が決定的となり、翌38年には国家総動員法制定によって戦時体制が確立した。中国大陸での戦線が拡大するなかで中国側の猛烈な抵抗に直面し、南京大虐殺事件なども起こり、抗日闘争は激化してやがて大陸での戦争は行き詰まりを見せた。日中戦争拡大につれて米・英との対立も深まった。欧州ではイタリアのエチオピア侵略、ドイツの中欧侵略を前史とし、さらにドイツのポーランド侵攻（1939年）に対して英・仏は宣戦布告、第二次世界大戦が勃発した。1940年、日本は独・伊と三国同盟を結び、大戦のなかに突き進んでいったが、大戦はこの枢軸国側に対する米・英・ソ連などの連合国側の反ファシズム戦争という基本的性格を有していた。

　1941年12月8日、日本はアメリカとの戦争を開始し、同時にマレー半島・フィリピンにも戦線を拡大した。開戦から半年間、東南アジアの主要都市、インド洋・中部太平洋、ニューギニアへと侵攻し、占領地に軍政を布いた。しかし翌42年6月のミッドウエイ海戦での敗北以降、戦局は次第に悪化していった。国内では学徒動員・出陣、米・食料の配給制、大政翼賛会の活動などいわゆる「銃後」の厳しい戦時統制生活が強要された。

欧州では1943年9月に早くもイタリアが降伏し、日本でも本土空襲などを受け、1945年に入ると、戦況は悪化の一途をたどった。戦火は本土にも及び東京大空襲（3月10日）以降各地への絨毯爆撃、沖縄戦の終了（6月23日）、広島・長崎原爆投下、極東でのソ連参戦と続いた。石川県への空襲はなかったが、富山市では8月2日の激烈な空襲によって、市街地の大半が消失した。

　政府はようやく「ポツダム宣言」を受諾し、8月15日昭和天皇の玉音放送を通じて日本は無条件降伏、敗戦を迎えた。しかし直後の引き上げに際しては、満州にみられたように死の逃避行という新たな試練が待ち受けていた。

　この約15年間の無謀な戦争を通じて、日本人の死者は300万人、アジアにおける犠牲者は2,000万人を超えると推計されている。

(6) 占領と戦後改革

　アメリカ主導の連合国総司令部（GHQ）の占領支配下、日本の戦後民主化のための諸改革が進められていった。帝国憲法体制が破棄され、新しい日本国憲法（1947年施行）を頂点とする政治改革が取り組まれた。戦争放棄が宣言され、市民的諸権利が明確となり、主権在民・女性参政権のもとの総選挙も実施された。この時点での石川県の戦後状況は女性議員（米山久）と共産党議員（梨木作次郎）の当選で浮き彫りとなるが、さらに付言すればその後現在まで女性・共産党議員の選出は実現していない。その意味ではそれぞれ若干の政治動向に差はみられるものの、福井・富山も大きくは同じ流れであったといえる。

　経済改革としては貧困・食糧難と悪性インフレの除去に始まり、財閥解体、地主制撤廃の農地改革、労働三法の制定などの政策が押し進められた。教育面では教育勅語が廃止され、6・3・3・4制、男女共学、民主教育などの整備が進んだ。

　この戦後諸改革のなかで地方自治制・地方公務員制が導入され、住民自治の新しい時代も開幕した。石川県にはGHQのもとの軍政隊（米軍将校・下士官・兵の約30名）が派遣され、地方行政の指導と助言にあたった。敗戦直後の混乱期に労働農民運動が一挙に復活したが、2・1スト中止（1947年）後社会

情勢は次第に右傾化した。戦後改革による諸システムが機能し始め、経済復興の基盤が作られたのであった。

　一方、第二次世界大戦後の世界は米ソの対立が急速に深まり、冷戦体制はアジアにも及んで緊張した情勢を生み出した。中華人民共和国が成立するなかで、アメリカは日本をアジアにおける反共の防波堤として位置付けるようになった。

　米ソ両国の冷戦のなかで朝鮮半島は代表的な対立地域であった。1950年6月、突如朝鮮戦争が勃発し、5年を待たぬ間に再び極東は戦場となった。韓国と北朝鮮との戦争であったが、背後に米対ソ連・中国の対立をはらみ、戦局は38度線をまたいで激しく展開した。

　日本は開戦後警察予備隊を発足させ、講和条約と同時に日米安全保障条約を締結（1951年9月）し、参戦した米軍の実質的な後方支援に従事した。その結果国内各分野での経済活動は急激に活発化し、いわゆる朝鮮特需を得た。と同時に沖縄はもちろん本土全体が基地化し、周辺住民にさまざまな被害と苦痛を与えた。全国で反戦・反基地の運動が高まり、その基地問題の典型は石川県内灘試射場反対運動（1952～57年）であった。

　当時内灘は半農半漁の貧しい村で、砂丘地を利用した米軍の砲弾試射は地引網漁を不可能にした。有名な「金は一年、土地は万年」というムシロ旗を掲げた村民の必死の訴えは、全国に支援の輪を広げた。アメリカとの関係を重視する政府も必死で、補償という「金」を突きつけられた村当局は「内灘百年の大計」の実現と称して妥協してしまった。太平洋側も含めて接収候補地は他にもあったのであるが、内灘への決定経緯を考え合わせると、この時点でも開発の遅れた「裏日本」というイメージがこの地域にはつきまとっているように感じられる。しかし一部の農民は粘り強く抵抗し、危険な着弾地権現の森に座り込み、全国的な注視を浴びた。「うちなだ」は戦後大衆運動の原点で、大きくみれば60年安保の源流でもあったわけである。2003（平成15）年6月22日現地では内灘50周年の記念集会が開催された。

(7) 55年体制

　戦後復興に平行して政党の再編が進み、社会党の再統一（1955年10月）、保守合同による自由民主党の結成（同11月）となり、政治支配の安定化がめざされた。その以降を55年体制と呼ぶ。そのなかで石川県の政治的風土は、「保守王国」という別称によく表現されていた。1953（昭和28）年の第26回衆議院選挙以降、石川県選出国会議員は判で押したように社会党は1名だけで、他は自民党・保守系議員が占めた。とくに1972（昭和47）年以降は自民党王国でもある。

　こうした55年体制下、自民党・財界・官僚による政策立案が進み、その決定過程では社会共産両党は批判勢力の立場に終始し、高度経済成長への政策の方向性が明白となった。1956（昭和31）年版『経済白書』は、「もはや戦後ではない」と記し、団地生活や家電の普及など庶民生活が大きく変化していった。

2．伝統工業・地場産業

　前節では高度成長期までの約100年間の時間のなかで日本近代化を捉え、そこにおけるこの地域の特徴的な事柄をひろいだしたが、やや視点を変えて、近代化の過程における石川県の伝統工業、現代の地場産業の展開をここで論じてみたい。

(1) 加賀の伝統工業

　石川県の工業化の推進力は繊維と繊維機械工業だと指摘したが、もうひとつ忘れてならないのは歴史的な意味を持つ伝統工業とその現代版である地場産業である。「伝統工業がまだ大きな位置を占めているから裏日本なのだ」という評価も耳にするが、その具体的姿をここで見ておくことにしよう。

　金沢を「伝統的都市」と呼ぶことがあるが、それは明らかに加賀藩成立以降の歴史とのかかわりであるとみなければならない。しかも空襲にあわなかった

表1-1 金沢市の重要工産物（上位10品目）の産額

(単位：千円)

1898（明治31）年		1908（明治41）年		1918（大正7）年		1928（昭和3）年	
工産物	産額	工産物	産額	工産物	産額	工産物	産額
絹織物	314	絹織物	3,113	絹織物	13,114	煙草	12,353
清酒	289	清酒	542	煙草	3,390	絹織物	11,588
綿織物	256	陶磁器	286	製材	2,095	綿紡績	6,417
染物	192	製網	259	綿他織	1,443	菓子	3,550
箔	159	刺繍	254	陶磁器	1,136	洋服類	3,308
絹綿織	105	製靴	249	箔	1,087	箔	2,790
陶磁器	92	醤油	158	清酒	993	綿織物	2,489
漆器	68	箔	154	菓子	838	清酒	2,237
菓子	61	石燭	144	製糸	827	印刷	1,900
醤油	59	漆器	135	織機	802	製網	1,652
合計	4,350,071	合計	8,646,738	合計	38,390,924	合計	63,372,105

注：合計のみ単位は円。
出典：『金沢市統計書』より作成。

幸運もあって、近世の事物が現在まで比較的多く残っており、それが伝統を裏付ける根拠とされる。たとえば城下町特有の曲がりくねった小路とそれを囲む形で編成された街々など、都市化によって次第に侵食されてきてはいるが、近世城下町の雰囲気はたしかにある。

その金沢の伝統工業のなかでも代表的なものを挙げると、『稿本金沢市史』工芸編には、加賀藩時代の工芸品として刀剣・甲冑・鋳物・菅笠・彫刻・陶器・楽焼・彫金・漆器・染物・製箔の順に取り上げている。その工業は武士の日用生活品・必需品の生産が多くを占めており、したがって近代以降、士族の消滅と歩調を合わせて消えていった工産品も多い。

そこで1898（明治31）年以降、10年ごとの金沢市の重要工産品生産額を表1-1として作成してみた。

明治以来、絹織物がやはり上位に立ち、石川県の代表的工業を数字的にも明らかにしている。その他関連工業製品として綿織物・織機・製網などの品目や清酒・陶磁器・菓子などのいわゆる伝統的物産品が顔を見せている。これらの割合は減少しつつあったが重要工産品で、近代以降に存続した伝統的な工業生

産品であったといって差し支えなかろう。これらを加賀地域のレベルで具体的な産地表示とセットして書き表わすと、加賀友禅、金沢と美川の仏壇、金沢と山中の漆器、九谷焼、鶴来の清酒といった固有名詞となる。その近代における伝統工業の典型として製箔工業を摘出しうる。なかでも金沢の金箔生産は全国市場をほぼ独占する石川の特産品であった。

(2) 能登の伝統産業

能登の伝統工業といえば輪島漆器が全国的にも知れ渡っている。輪島塗は堅牢でかつ優美な品格を誇る高級漆器として名高い。良質な漆をふんだんに使い、丹念な手作業での塗りがまずその土台を作り、さらに沈金や蒔絵などの高度な装飾技術が施されるからであろう。また流通においても生産者が全国の顧客を自ら訪ねて直接販売し、同時に修理などのアフターサービスを行なうといった独自の販売方法が確立され、評価されてきた。江戸時代以来のこうした成果は、まさに伝統工芸工業の華といえるだろう。

その次には能登上布と総称される麻織物がある。生産地域は鹿島・羽咋の2郡にまたがるいわゆる邑知潟低地帯に集中していた。上布とはもともとは上納布の意味であったが、江戸中期に縞模様の絣織となった。それ以後手織りの家内工業として生産が行なわれ、明治以降も機械化が工夫されて性能は一定改良されたが、基本的には手作業が大切にされてきた。その意味では真の伝統工業であった。

もう少し大きく能登の伝統を考えた場合、これは工業ではなく産業といったほうがよいかもしれないが「祭り」行事を語っておく必要がある。能登は祭りの王国であるといっても過言ではない。とくに各地の夏祭りは昔から勇壮活発で、地域全体が活気付く。時期は7月初めから8月旧盆まで、次々と繰り広げられる。夜の祭りを主体とし、海浜・川辺などの水辺でキリコが乱舞するといった豪壮なものが多い。このキリコ祭りは能登の独特な衣装を誇るのである。火祭りを伴うものもあり、納涼祭とか祇園祭の影響を受けていると思われる。もうひとつの特徴は、特殊な神事や固有の民間習俗に関係する祭りが多いこと

である。羽咋の気多大社の「鵜祭り」は前者、奥能登各地で行なわれている「あえのこと」は後者の代表例である。どちらも夏祭りが一段落した後、秋から冬にかけて、執り行なわれる。その他正月行事の面様年頭、1月から2月の「アマメハギ」、そして大盛りのご飯を食べる「モッソウ祭り」なども有名である。

加賀地域には目立った伝統的祭りは少なく、そのせいもあってか祭りは能登を輝かせる。それがまた人気を呼び、祭りは能登の重要観光産業と位置付けられる。能登空港を得て、この地域がどのような独自性と評価を勝ち取るのか、今後を待ちたい。

(3) 現代石川の地場産業

北陸地域では地場産業という言葉をよく耳にする。同様の用語に産地産業とか地方産業があるが、1960年代以降は地場産業が一般的に定着しつつある。官庁的な定義となるが、それは「地元資本をベースとする中小企業が一定の地域に集積しつつ、地域内に産出する物産などを主原料として、または蓄積された経営資源（技術、労働力、資本など）を活用して、他地域から原材料を移入し、これを加工し、その製品の販路として、地域内だけではなく、地域外需要をも指向するもの」となる。

この基準に照らして、石川県では次の8業種を地場産業に選定している（「石川県地場産業実態調査報告書」）。食料品（水産加工品、野菜漬物、佃煮、和菓子、清酒など）、繊維（漁網、友禅、合繊繊維織物）、衣服、木製品、家具・装備品（建具、仏壇など）、窯業・土石（かわら、珪藻土製品、九谷焼など）、製箔、その他製造業（漆塗り、畳）である。これらを加賀・能登地域の産地に当てはめてみると（そのうち下線は伝統工芸工業品）金沢では<u>金沢箔</u>、<u>加賀友禅</u>、<u>金沢仏壇</u>、<u>金沢漆器</u>、漁網、清酒、和菓子、佃煮、家具、大野醤油、加賀では<u>美川仏壇</u>、<u>九谷焼</u>、<u>山中漆器</u>、鶴来の清酒、小松の絹織物・染色、合繊織物、となる。能登では<u>輪島塗</u>、<u>七尾仏壇</u>、珪藻土製品（七輪）、田鶴浜建具、耐火れんが、かわら、能登上布、合繊織物、七尾の水産加工、組ひも。

このように現代の石川県の地場産業をまとめると、いくつかの特徴が浮かび

上がってくる。下線を付したことからより明瞭となっているが、伝統工芸工業が大きな位置を占めていることが判明する。それに加えて繊維・織物の技術的蓄積を生かしたところのさまざまな全県的な繊維産業が目に付く。高度経済成長を経た現代において、江戸から明治・大正・昭和と生き抜いた石川県の地場産業が重要な意味を持ち続けており、そのなかで伝統工業が輝き続けているわけである。そのようななかで、高度成長期の経験は石川県にとってどのようなものであったのだろうか。

3．戦後石川の地域政策の展開

　本節では高度成長期以降の歴史の概略を述べつつ、その時期の石川県を中心とした地域性を解き明かしてみることにしよう。

(1) 高度経済成長と地域経済

　1960（昭和35）年日米安保条約改定にあたって、世論は賛成・反対に分かれ全国民的な大論争となり、反対運動はスト・デモなど空前の盛り上がりを見せた。国会で改定の自然承認後、岸信介内閣は総辞職し、池田勇人内閣にとってかわった。池田内閣は「寛容と忍耐」を掲げて三池炭鉱大争議を処理した後、所得倍増論を前面に押し出し、高度経済成長政策を本格的な軌道に乗せた。生産第一主義にもとづく経済計画は予想を上回る成長を示して岩戸景気（1958年6月から42カ月）・いざなぎ景気（1965年10月から57カ月）と続き、佐藤栄作長期安定政権（1964年11月から約8年間）を生み出した。

　この間の全国的な経済成長は①アメリカへのカラーテレビなどの家電輸出、②東南アジアへの重化学・石油化学工業製品の輸出、③家電・自動車などの国内販売に支えられていた。太平洋ベルト地帯には次々と石油コンビナートが建設され、同類の地域開発が各地で進行した。都市においても東京オリンピック（1964年）による都市改造を追いかけるように大規模開発が進んだ。その結果大都市への人口集中が進み、過密による都市問題（地価高騰、交通渋滞、水・

空気汚染など）が数多く発生した。都市を中心に住民運動が爆発的に起こり、革新自治体が各地に誕生した。

　一方、都市への人口流出は地方都市や農村の過疎問題を深刻化させた。さらに減反政策（1971年以降）で米作りが軽視され、収入不足を補うために農民は出稼ぎに行かざるを得なくなった。農村部では労働人口減・自治体財政難から行政サービスが停滞し、また成年人口が減少して老人と子どもの比率が高まり、正常な家庭生活が崩壊していった。

(2) ドルショックとオイルショック

　ドルショック、オイルショックという2つの大きな衝撃が日本を襲い、成長を続けてきた日本経済を震撼させた。1971年8月15日ニクソン米大統領がドル防衛・雇用促進などの新経済政策を発表し、その中心である金・ドル交換停止は国際通貨基金（IMF）による固定相場制を崩壊させた。その結果として大幅な円高を生み、輸出立国・対米貿易依存の日本経済に大打撃を与えた。

　加えて石油危機が到来した。1973年10月の第四次中東戦争によってOPECなどが原油供給制限を実施し、原油価格が急騰した。OPECに9割以上も依存していた日本ではガソリンが大幅に値上りし、買いだめ騒ぎが起こり、狂乱物価の経済危機となった。石油に依存し、大量生産・大量消費型の経済構造を見直す契機となった大事件であった。

(3) 高度成長の終焉

　1973（昭和48）年の第一次石油危機を転換点として、日本の経済成長率はそれまで年平均10％前後という高率から5％へと低落し、国内外で語られてきた「成長神話」に大きな翳りがみえてきた。この不況に対して企業はコストダウン、品質管理、競争主義、省エネ・省力化などの減量経営を徹底し、自動車、テレビ、工作機械など機械機器の「集中豪雨的」輸出拡大をはかった。政府はそれを後押しするように金融緩和政策、総需要拡大の景気政策をとって不況を克服した。

高度成長の陰の部分への批判も高まった。1960年代後半になって公害という言葉が一般に使われ始めたが、すぐに「恐るべき公害」と認識され、4大公害裁判としてその被害の実態が明確にされた。それは熊本水俣病・新潟水俣病・神岡イタイイタイ病・四日市ぜんそくである。公害裁判の特徴は当初企業・行政ともにその責任を認めず、長期間の裁判のなかで科学的に証明されてからようやく補償などの対策に着手するという共通点にあった。高度成長が生産第一主義で、その結果市民生活はたしかに豊かになったといえよう。しかしながら、それだけにとどまらない陰の部分も共有することを明らかにしたのである。

(4) ロッキード事件・政治不信

　田中角栄「日本列島改造論」は超成長論を唱えたが、狂乱物価・金権政治批判を受けて1974年に首相を辞任、その後ロッキード事件が拡大して前首相の逮捕という重大ニュースとなった。直後の衆議院選挙では自民党が敗北し、20年余にわたる自民党単独政権・55年体制は崩壊、政界は再編の時代に入った。

　ロッキード事件以降も日韓癒着問題、グラマン疑惑、鉄道建設公団の不正経理などが発覚し、政・財界の「黒い霧」と言われて政治不信が国民世論となった。

　こうした政治危機に加えて円高の進展、貿易摩擦、国債の累積による財政危機、さらに新しい事態としては産業構造のソフト化・高度化による再編という課題に直面した。この危機と課題への対応として打ち出されたのが「臨調・行革」路線で、そこでまず掲げられたのは「増税なき財政再建」(1981年) というスローガンであった。具体的には「分割・民営化」がクローズアップされ、専売・電電・国鉄が矢面に立たされ、とくに国鉄の民営化は労働組合も巻き込み大論争となった (1987年JRグループに移行)。

(5) 昭和時代の閉幕

　国鉄問題が峠を越えると、政策の基調は歳出抑制から民間活力利用・規制緩和に修正され、政府はプラザ合意とその後の急激な円高 (1985年)、ブラック

マンデー（1987年10月）を乗り切った。しかしその前後から大都市を中心に地価の上昇が始まり、リゾート法施行・四全総閣議決定（1987年）後は地価高騰の傾向が全国に波及した。そして土地高・株高→企業の含み益の拡大→企業の資金の増大→株・土地投資拡大、投機的資金の流入→一層の株高・土地高という連鎖構造が成立し、資産インフレが顕在化した。

日本経済は実体的水準を超え、空回り的に進行し、対策も有効に機能しないままバブル経済化した。買い占めやインサイダー取引、「地上げ」「土地転がし」が社会問題化し、一連の金融・証券不祥事が露呈した。

バブル化した社会状況のなかの1989年1月7日、昭和天皇崩御の報が全国を駆けめぐった。大正天皇の摂政宮時代を含めると実質70年、まさに激動の歴史を真正面に受け止めて昭和の時代は閉幕したのである。

(6) 中西陽一の長期県政

全国的な高度経済成長の展開の時期は、石川県では中西陽一知事による長期県政が展開した時期と一致する。以下、その時代を重ね合わせて見てみることにしよう。

1963（昭和38）年冬は「38豪雪」とともに、中西陽一長期県政の始まりの年として石川県民・金沢市民に広く記憶されている。それまでの戦後石川県政は保守盤石の地盤を誇るにもかかわらず、必ずしも安定したものではなかった。戦後最初の公選知事は柴野和喜夫（前滋賀県知事、1947年4月から2期）であったが、1955年の3期目の選挙では県出身の田谷充実（1955年4月から2期）が「農民・中小企業者・勤労者、とくに農民のための県政」をスローガンに激戦を制した。この田谷も病気のため2期で退いた後、総務部長・副知事を務めていた中西が跡を引き継いだ。中西は旧・自治省出身で石川県には縁が薄かったこともあって、当初は中央官庁から「落下傘で降下した知事」とか「学者知事」とか評され、前途多難を思わせた。この時点で、30年以上に及ぶ長期県政を誰もが予想しなかった。

中西県政のもとでの長期計画は次のような展開となった。知事の最初の公約

は「豊かな県づくり」「住みよい地域づくり　人づくり」と謳ったが、まずまとめられたのが『県勢振興基本方策』(1964年)である。県内外における地域格差の是正を強調し、そのための重点施策として産業の近代化、産業基盤の整備、生活環境の整備、労働力の確保と能力の開発の4点を掲げた。田谷時代を引き継いだ政策で、総花的な感じはぬぐえない。

　その後日本経済の高度成長を受けて、次の『石川県総合開発計画』(1968年)では10年の長期計画を想定した。そこでは「経済成長にはもとよりその重要性を認める」といいつつも、「あわせて健やかな県民性のかん養に資する」とし、重点施策として農業・工業の近代化、道路・鉄道・港湾などの交通体系の整備、都市・農漁村に応じた生活環境の整備、民生の充実、教育の振興の5点を列挙している。全国的な高度経済成長を前提としつつも、何とか石川県の地域色を打ち出そうとする姿勢がうかがえる。しかしその10年長期計画の後半は修正され、『県勢発展計画』(1972年)に置き換えられた。手直しされた部分は、交通通信網の整備を第一に強調し、また産業構造の高度化対応を次の柱にした点である。高度経済成長の波が石川県内にも押し寄せ、それを政策的に取り込んだ結果といえよう。一方、1970年代初頭はドルショック、オイルショックと続き、日本経済全体は高度成長からの曲がり角にいたっていた。

　続いて『県民福祉総合計画』(1977年)が作成される。冒頭、「本県は、医療、教育、文化、社会福祉など全般にわたり、全国的に見ても極めて高い水準にあり、もっとも住みよい都道府県の1つに数えられるまでになった」とし、「心のかよう環境づくり」「人間性豊かな人づくり」をもっぱら強調した。中西県政の最後となった政策は『21世紀へのヴィジョン』としてまとめられたが、それは中西の手で具体化をみることはかなわなかった。

　高度成長期から約30年間、石川県地域に大きな影響力を与えた中西県政はその主要施策を次の表1-2のようなものとして整理している。

　ここには太平洋側石油コンビナート型の大規模地域開発は見られない。中央大資本誘致に依存した地域政策を追求したのではないことはうかがえよう。別の観点から見ると、多くの地方自治体の成果によく登場するところの「はこも

表1-2　中西県政の主要施策

○地域開発	北陸自動車道の建設、金沢・七尾港の整備、小松空港の拡充、能登地域の開発と鉄道整備、手取川総合開発
○産業構造の高度化・ソフト化	基幹産業（繊維工業・機械金属工業など）の構造改善、伝統工業の振興、観光産業の振興
○農林水産業の振興	中核農家育成、米の生産調整と園芸・青果物生産化、農業研究機関の整備、林業・漁業対策
○教育・人づくり	金沢大学など高等教育機関の総合移転・整備、特色のある学校づくり、女性の社会参加促進
○福祉と医療の充実	生活福祉の向上、高齢化社会への対応、県立病院の拡充
○環境・地域政策	グリーンネットワーク構想、自然保護と公園整備、公害防止・環境浄化、都市空間とみどり、景観保全と都市再開発
○国際交流の推進	自治体の国際交流事業、環日本海交流の推進
○生活文化・スポーツ	文化諸施設の集積、新しい文化発信、健民運動の推進

出典：『これも天命――中西陽一半生記――』より作成。

の」、すなわち会館、博物館・美術館、体育施設などはあまり目につかない。一方「国際交流の推進」と謳っているものの、具体的中身は乏しく抽象的で、成果があったかどうか疑問とする項目もないとはいえない。

　中西県政における地域政策の姿勢について、それが十全に貫かれたかどうかは別にして、その自己評価を最後に紹介しておこう。「石川県の産業は地元の資本、労働力と頭脳によって育ってきたことです。ここに地元産業の強みがあります。そこで私は県政の方針としては、既存の地元中小産業の維持培養、拡張を基本とすべきだと考えております。いきなりコンビナートなどを持ってくることはなかろうということです」。こうした考え方は、いわゆる「内発的発展論」の考え方に通ずるといえよう。その評価は他の章で専門的に論ずることになろう。

(7) 石川県基幹産業の展開

　以上のような中西県政の評価とは別に、この間の石川県産業構造の展開をやや客観的な視角から、一応現状も意識して検討しておこう。そのために次の表

表1-3 石川県工業(製品出荷額)の推移

区 分	石 川 県			全 国
	1960(昭和35)年	1980(昭和55)年	1999(平成11)年	1999(平成11)年
機械金属	446 (37.8)	5,750 (40.9)	14,209 (56.1)	1,634,251 (56.1)
食料品製造	96 (8.1)	1,134 (8.1)	2,870 (11.3)	349,950 (12.0)
繊維工業	428 (36.3)	3,854 (27.4)	2,775 (10.9)	71,316 (2.5)
その他工業	210 (17.8)	3,319 (23.6)	5,496 (21.7)	855,340 (29.4)
合 計	1,180 (100.0)	14,057 (100.0)	25,350 (100.0)	2,910,857 (100.0)

注:出荷額の単位は億円。( )内は構比(%)。
出典:石川県、2001年『石川県の産業』より作成。

表1-4 石川県機械金属工業(製品出荷額)の推移

区 分	石 川 県		全国(構成%)
	1980(昭和55)年	1999(平成11)年	1999(平成11)年
鉄鋼業	289.3 (5.0)	338.4 (2.4)	6.9
非鉄金属	44.0 (0.8)	247.8 (1.7)	3.6
金属製品	578.2 (10.1)	1,175.8 (8.3)	9.3
一般機械	3,629.7 (63.1)	5,162.3 (36.3)	17.2
電気機械	862.5 (15.0)	6,818.4 (48.0)	33.6
機械輸送	344.1 (6.0)	451.6 (3.2)	26.8
精密機械	2.7 (0.0)	15.1 (0.1)	2.6
合 計	5,750.5 (100.0)	14,209.4 (100.0)	100.0

注:出荷額の単位は億円。( )内は構比(%)。
出典:石川県、2001年『石川県の産業』より作成。

表1-5 石川県繊維工業・食料品製造業(製品出荷額)の動向

区 分	繊維工業		
	石 川 県		全国(構成%)
	1985(昭和60)年	1999(平成11)年	1998(平成10)年
紡績	204 (4.6)	47 (1.7)	4.2
ねん糸	572 (12.9)	432 (15.6)	2.3
織物	982 (22.1)	450 (16.2)	11.2
ニット	293 (6.6)	139 (5.0)	2.8
染色整理	982 (22.1)	646 (23.3)	11.1
その他繊維	732 (16.5)	604 (21.8)	13.0
衣服・その他	677 (15.2)	457 (16.4)	55.4
合 計	4,442 (100.0)	2,775 (100.0)	100.0

表1-5 続き

区 分	食料品製造	
	石川県	全国（構成%）
	1999（平成11）年	1998（平成10）年
畜産食料品	378 (13.2)	13.9
水産食料品	216 (7.5)	11.5
調味料	42 (1.5)	5.1
パン・菓子	389 (13.6)	11.8
その他食料	686 (23.9)	26.8
清酒	156 (5.4)	2.3
飲料・たばこ・その他	1,003 (34.9)	28.6
合　計	2,870 (100.0)	100.0

注：出荷額の単位は億円。（　）内は構成比（％）。
出典：石川県、2001年『石川県の産業』より作成。

1-3、1-4、1-5を用意したが、紙幅の関係から主要工業（いずれも製造出荷額）の推移に限定し、その概略を述べる。

　表1-3は、この間の石川県工業の基本的動向を示していて興味深い。戦前期から石川県工業を担ってきた繊維工業は次第に後退し、それに代わって機械工業への傾斜が明らかである。そして現状から見れば、工業生産構成は数値的には全国的な構成に近似し、その意味で全国平均的な県といえよう。全国における石川県の一般的位置は「1％説」（人口、県民総所得などの基本的指標が全国の数値の約1％に相当する）で説明される場合があるから、1999（平成11）年レベルで考えると、全工業製品出荷額では0.87％、機械金属工業もちょうど同数値で工業先進県とは言い難い。一方、繊維工業は10％を有していて全国の4倍強の構成割合で、やはり繊維工業県としての性格を戦前からまだ引き継いでいるといえよう。

　続いて表1-4では、機械金属工業の動向を7つの業種に区分して作表した。中西県政期を通じて一般機械、なかでも繊維機械工業が主要な位置を占め、3分の2という圧倒的な割合であった。それは大きく見れば戦前期から継続した特徴で、石川県が絹織物などの繊維工業を主体とした地域であったことと密接

に関連している。しかしながら近年、電気機械工業の大きな伸びによって、首位の座が入れ替わったこともわかる。これは大企業や技術優位企業の工場誘致が進んだ結果によるものであろう。20年間で8倍の出荷額増で電気機械は数字的にも顕著であるが、一般機械も1.4倍増と着実な伸びを示している。電気および一般機械の2工業が牽引するという傾向は、今後の石川県では継続するものと思われる。

表1-5は繊維工業と食料品など製造業の最近の動向である。機械工業に押されているものの、石川県における繊維と関連工業の伝統的位置は健在で、染色、織物といった業種の割合の高さがそれを表現している。それらを含めて伝統産業的な製造業は出荷額が必ずしも表中に登場するほどの多額なものではないが、金属製品における金箔、食料品における清酒はその代表格といって差し支えない。構成比で見て全国と比較して、石川県は清酒生産県といえるが、一方意外なことに水産加工県とはいえない。

おわりに——地域の活性化と地域学——

昭和から平成に年号が変わった直後の1989（平成元）年末にピークを付けた株価は反転し、翌年の湾岸戦争危機によって暴落し始めた。やや遅れて地価の下落が起こり、都市やリゾートの乱開発から一挙に土地取引の閉塞の事態となった。バブル経済の崩壊である。

株価・地価下落を引き金としてGDP成長率も落ち込みはじめ、1998（平成10）年度にはついにマイナス成長へと転落した。日本経済は「失われた十年」と呼ばれる長期不況に突入した。その原因は将来的不安からの個人消費の長期的低迷、非製造業を中心とした設備投資の落ち込みにあると言われている。その後長期不況を現わすようにリストラ・デフレ・金融ビックバン・不良債権など暗いキーワードが続出している。

こうしたなかで2001（平成13）年4月小泉純一郎内閣が発足し、「聖域なき構造改革」「思い切った社会・経済改革の断行」を訴え、国民から高支持率を

獲得した。小泉内閣は郵政改革、不良債権処理、規制撤廃、透明な競争ルールの設定、税制改正、IT国家実現など具体策を矢継ぎ早に打ち出した。2005年の総選挙結果に表われたように郵政改革の方向性は示されたが、小泉改革の評価はなお不確定である。また、そうした改革のなかで地方がどのように処遇されていくのか、その先が一向に見えない現状でもある。

　不況が続くなかで国際化・情報化は、両者が一体となって加速度的に進展している。市場経済は世界規模に拡大し、資金・人・資源・技術などが国境を越えて移動し、情報技術の進化がそれに拍車をかけている。世界のモノと情報が瞬時にどこのお茶の間にも飛び込んでくる時代となった。環境問題もボーダレス化しつつある。黄砂が中国大陸から日本海を渡ってくることは昔から知られていたが、その黄砂とともに中国の悪化した環境も一緒にやってくる。その日本海の海洋汚染はロシアタンカー重油流出事故（1997年1月）の例のように、まさにグローバルな問題でもある。

　150年間の日本近代史を駆け足で見てきたわけだが、それが現在に近くなるにつれて「地域」の問題が日本社会全体だけではなく、それと否応なく結合してグローバルな動きのなかに引きずり込まれていることがわかる。そうしたことを歴史やその地域性を踏まえた上で、さしあたり次の3つほどの視点から考えている。

　今述べた環境問題を環日本海、石川県から見るとすると、東アジアのなかの日本という視点に1つはたどり着く。あわせてASEAN・中国・さらに極東ロシアの経済開放は、日本の今後の貿易進展の追い風ともなると予測される。一方、北朝鮮との関係では当面きわめて難しい課題に直面している。こうした東アジアのなかで地域が果たす役割を問い直したい。政府や中央が国家の「建て前」の前でたじろいでいる時、地域間のさまざまな交流、とくに民間の交流はそれを乗り越えてきた実績を有しているからである。

　今後を見通した時、住民参加の下の自治体経営を行ない、真の意味で生きがいのあるコミュニティを作ることが求められる。1999年に成立した地方分権一括法は国と地方を主従の関係から対等な関係に改めることが目的とされ、その

各論のひとつが地方への税源移譲問題である。この点は2003年6月「骨太の方針」「三位一体改革」として閣議決定された。経済活性化や将来的な財政確立などと一体化して、地方の問題は対応するという基本方針が確認された。しかしながら、地域の差異性や伝統性をその歴史と関わらせて考えてきた視点からすると、各地域を一括して捉え、その個性を見過ごすという立場にはどうしても立てない。少なくとも、その地域の歴史性を念頭においた地方分権と、その地域の政策づくりを展望しなければならない。

いずれにせよ、地方分権にふさわしい自治体とその地域の活性化が必要である。2002年はNHK大河ドラマ「利家とまつ」や金沢城公園をメインとした「加賀百万石博」で、石川県全体が活気を帯びたことは記憶に新しい。また、金沢市中心街（金沢大学教育学部附属学校跡地）に建設された金沢21世紀美術館は、開館後の入館者が150万人を数えるという人気である。地域が元気になる基礎は「賑わい」である。そのことが検証された1年だったと言っても過言ではない。

ところで2006年、小泉内閣の最終期にいたって地域の現状を自治体経営という角度から見るとすると、悲観的な状況が眼前には横たわっているといわざるを得ない。つい最近まで、市町村合併による地域の自立が政策的な後押しを受けて進められてきたことは周知のとおりである。しかしその後に待ち受けているのは、三位一体改革の中核としての地方交付税の大幅削減だ。これが各地域に深刻な打撃を与えているのである。

『朝日新聞』は2006年7月、全国1,848の市区町村へのアンケート結果を「削減、小自治体を直撃」という見出しで特集している（7月7日付朝刊）。ここではその結果のみを拾い出すしか余裕はないが、たとえば「自治体財政の逼迫で、医療や福祉、ごみなど、生活に密接にかかわる分野も、『聖域』なき見直しの対象となっている」。もう少し続けると、「公共事業費を実質的にゼロにした自治体」「人件費削減の柱は職員数のカット」、そして「さらに減なら再合併を検討」といった具合で、アンケート結果から地域の明るい方向性をうかがうことはむずかしい。

もうひとつ別な新聞記事、これも最近の報道で「『ご当地検定』続々」という『読売新聞』の特集（2006年6月30日付）を紹介する。この先駆けは「京都・観光文化検定」（2004年）などで、現在計画中を含めると札幌シティガイド検定からかごしま検定まで全国で60に上るという。京都では受験者が2万人を超えたそうだが、身近な例では昨年秋第1回の金沢検定には約3,000人が挑戦した。同記事はこの「ご当地検定」の広がりには地域活性化への期待が込められていると分析する。こうした状況の背後には各地の地域学、すなわち金沢検定を後押しする金沢学の存在といった関係を重視しておきたい。これについても述べる紙幅は残されていないが、とりあえず「特集地域学」（『地域開発』2005年11月号、日本地域開発センター）を参考文献として取り出しておく。特徴的な地域学の概略とその研究的意義がまとめられている。

　この地域学の推進者の一人、それを拡大する運動の代表的リーダーでもある赤坂憲雄氏（東北芸術工科大学教授）と対談する機会に恵まれた。氏は柳田民俗学の批判を出発点にして、東北地域の歴史的文化的社会的特徴に着目し、それをより深く研究する東北学を推奨する。そして山形学、会津学、さらには遠野学といったきめ細かな各地の地域学を通じて「いくつもの日本」を確認し、その「語り部」の育成といったことをわかりやすい表現で主張するのである。地域学を進めて、各地域の活性化の道を探ろうとする挑戦の試みといってよい。

　もちろん赤坂氏の主張には柳田民俗学の側からの反批判はありうるし、その「地域」概念に曖昧さは感じられる。しかしながら、現時点でそうした批判は果たして有効だろうか。「御当地通」といったホームページには全国各地の検定や地域学などの地域情報があふれていて、この「小ブーム」の先を予測する論者も登場する。われわれの「地域経済塾」も地域学の全国的な流れの一翼に位置付けられるかもしれない。それはともかくとして、地域に愛着を持ち、困難ななかでその活性化を追求する新しい動きを少し温かい目で見守っていきたいと思っている。

＜追記＞
　2007年以降、地域を取巻く社会情勢はとくに政治・経済面において、激変と呼ぶにふさわしい展開を示した。それを述べる余裕はないが、重要項目だけを列挙するとリーマン・ショック（2008年9月）、ポスト小泉自民党の政権たらいまわし（安倍・福田・麻生内閣）、米オバマ大統領への「チェンジ」（2009年1月）、民主党内閣への政権交代（同年9月）といった具合である。いずれもが地域の在りように何らか関わる重大事であったが、ここでは鳩山内閣の地域政策を見るにとどめる。いわゆるマニフェスト5本柱の4番目に、地域主義の確立を掲げ、地方の自主財源の大幅増、農業の戸別所得補償制度の創設などの課題を挙げている。しかし、目玉の一つとした高速道路無料化は早くも形骸化しつつあるように、地域が期待する成果は未知数であるといってよい。

　2010年3月、石川県知事選挙が行われ、中西県政の後を受けた谷本正憲知事の5選という結果で終わった。「5選は誤選」とわかりやすいキャッチフレーズの元民主党衆院議員等の候補を退けた。現職最多選の知事となったことからもわかるように、地域政策の基本は従来と大きな変化は見られない。谷本が選挙中に訴えたのは、安心と希望あふれる生活先進県、厳しい経済・雇用の改善対策で、その中身には北陸新幹線や白山トンネル投資が強調された。激動の時代の今後、手堅いが明るい地域の新展開はあまり期待できそうもない。

　「ご当地検定」と地域学について論じたが、その「小ブーム」の3年間、ここには皮肉な地域格差が生じている。京都検定を代表に3万人の受験者を誇る例がある一方、参加者ゼロで閉店という検定も報道された。それを象徴するかのように、紹介した「御当地通」というHPは今開店休業中のようだ。

　さて、地域の先行きが大いに懸念されるなか、北陸地域を念頭に置いていくつかのキィワードに将来を託しておきたい。「地産地消」、スローフードにも繋がる用語で、高齢化のなかで地域の存在感をこれによって高めたい。「里山・里海」、金沢大学はこれを掲げて能登地域の活性化を目指している。「クラフト創造都市」、2009年6月、ユネスコより認定を受けたが、これから先、金沢市のまさに創造的な活躍を期待しよう。

第2章

文化創造都市をめざす金沢の財政

碇山　洋

はじめに

　地域経済の内発的発展について論じるとき、金沢は、内発的発展の諸契機をもっともよく示す国内における典型的な事例として扱われてきた。近年では、内発的発展論を継承しつつも、都市の文化と経済の相互連関に着目し、金沢の文化創造都市としての発展可能性に関する研究も進みつつある。

　内発的発展論、創造都市論の分野で注目を集めている金沢であるが、その財政的側面に関する研究は、意外にもほとんど皆無というのが実情である。都市の政治経済学的規定において社会的権力が不可欠の契機である[1]以上、その物的活動である財政を組み込みつつ、内発的発展論・創造都市論は展開されなければならない。

　なお、この場合、都市における社会的権力・財政とは、本来、地方自治法に規定される地方公共団体としての金沢市とその財政に限定されるべきものではなく、国・県・市や、町内会・用水組合・入会集団などの本源的自治体、その他のインフォーマルな団体・機関などの社会的権力・管理と経済活動が関わる重層的・複合的なものであるが、そうした全体を一挙に全面的に理解することはできないので、本稿では研究の第一歩として、金沢市財政の経費構造についてその外形的特徴を把握することとしたい。

1. 内発的発展論、創造都市論による金沢経済の特徴づけ

　宮本憲一は、高度経済成長が完全に終結したのちの1975年のデータを用いて、金沢の都市経済が、都市型工業中心で、企業城下町とは対照的に産業の総合性と連関性が高いために付加価値の大きな部分が域内に帰着するところに強みを持っているとした。また、このような都市経済のあり方が、良好な都市環境の維持に繋がっているとしている[2]。

　中村剛治郎は、宮本の研究を深化・発展させ、①地域イノベーターやその担い手たらんとする市民の主体性、②地域に根をおろした創意性と地域中核産業の戦略的振興、③地域内産業連関的発展の重視、④独自の経済上部構造の強化と自立型本社経済の形成・維持、⑤量的成長よりも質的発展の重視、地域の総合的な発展の重視という特徴を備えたことにより、金沢の内発的発展が実現されたことを明らかにした[3]。

　中村が金沢の文化的発展の条件として産業の内発的発展を把握したのに対して、佐々木雅幸は、都市の文化芸術、創造性が金沢の経済発展の基盤にあることを指摘し、金沢の特徴として、①職人気質に富みイノベーションを得意とするフレキシブル生産の特徴を持つ中堅・中小企業群、②地域技術とノウハウの蓄積およびその連関性の保持、③第二次、第三次産業のバランス、④都市住民の創造力と感性を高める都市景観の美しさ、⑤経済余剰の都市内循環による「生活文化ストック」の高さなどを挙げている[4]。

　共通して、都市の伝統・文化と結びついた地元企業・企業家の主体的行動やイノベーション、域内産業連関などに注目して金沢経済を論じているが、行政の関与については、特徴的な事業や施策（たとえば金沢市民芸術村など）が内発的発展を支える条件として紹介されるにとどまっており、行政の主体的・能動的役割についてはほとんど論じられずにきている。

　創造都市とは、佐々木によれば、(a)自己革新能力に富んだ都市経済システムを備え、(b)文化施設が整備され非営利セクターが充実して創造支援インフ

ラストラクチャーとして機能しており、(c) 産業発展が住民の「生活の質」を改善して生産と消費のバランスの取れた発展をし、(d) 都市環境が保全され、都市景観の美しさを備えており、(e) 行政に対する住民参加のシステム、狭域自治と広域行政のシステムを備えた都市である[5]。この視点から今後の金沢の文化創造都市への発展を考えるためには、行政の主体的・能動的行動とりわけ財政のあり方を検討する必要がある。

2. 金沢の公共政策のフレームワーク

金沢の公共政策の特徴は、そのフレームワークが、高度経済成長期における地元財界の主体的な政策研究・提言活動に源流をもち、独特の個性を持つところにある。

(1) 財界の都市政策論

金沢では、都市が持つ歴史的・文化的特性に着目し、金沢モデルともいうべき独特の経済発展をめざす潮流が、経済界において形成されてきた。とりわけ金沢経済同友会の政策提言活動は、理論的な面からはもちろん、市の実際の政策に与えてきた影響の面からも注目されるべきものである。ここでは、同友会の主な政策提言活動を概観しておこう。

金沢経済同友会は、発足した1957年から大学の研究者の協力を得ながら地域問題に関する勉強会を継続的に開催し、早くも1960年には『石川県の地域経済開発諸問題』を刊行している。

『石川県の地域経済開発諸問題』は、「地域経済開発とは、すなわち、工場誘致であると考えたり」「低開発地域のみの発展を考えたりする」ことの不十分さを指摘し、石川県だけでなく富山、福井を含めた北陸というひとまとまりの地域を扱い、さらに「他地域の犠牲において、その地域の開発を進めたり行なったりしようという、いわゆる『地域エゴイズム』の考え方はもっとも排せられるべき」であるとしている[6]。そして、地域経済が直面している問題を解決

する上で、「地域独自の力において或程度解決し得る方向を見出し、その努力を続ける近視的立場」と「他地方の関連において、長期的に解決していく努力を怠らない立場」という2つの立場が重要であることを指摘し、「地域経済の開発という如き問題は、短時日に効果の上がるものではない事を深く認識せねばならない」と強調している[7]。「地域経済開発の投資と努力は肥料のようなもの——しかも即効性がある化学肥料ではなく、長い間に効果の表われる、堆肥の如き有機肥料のようなものである——」[8]との論は、40年以上前、日本全体が高度経済成長に突き進みつつある時代にあって、高い先見性を持つものといえる。

『石川県の地域経済開発諸問題』に述べられている北陸地方開発の基本構想は、行政から独立した地域経済開発のための機関の設立など重要な提起を含むものの、全体としては必ずしも具体的なものではないが、今日に繋がる地域開発の理念の起源の意義を有する。

金沢経済同友会は、1961年には『北陸地方総合開発関係文献集録』を刊行し、1966年に「保存と開発委員会」を発足させ、76年には『創造と伝統のまち金沢』を、79年には『明日の金沢のために』を提言している。

1988年に発表された『金沢の国際化構想』は、都市の国際化を東京型と金沢型に分け、無国籍都市・東京の対極にあって、都市の個性や差異性を深めた国際化をはかる国際都市を金沢型国際都市としている[9]。その上で金沢型国際化の視点を、①金沢の美しい原風景の保存、②文化芸術の交流、③基盤整備、④人材の育成の4点にまとめ、「経営者持株5％国際貢献基金運動」などを提唱している[10]。

金沢の都市経済の特徴を的確に評価し、その優位性を活かし発展させようとする政策提言活動が展開されてきている。

(2) 金沢市の世界都市構想

『金沢世界都市構想』は、「世界のなかで独特の輝きを放つ都市づくり」をかかげ、1995年に発表された。

『金沢世界都市構想』にいう「世界都市」とは、ニューヨーク、ロンドン、東京といった世界的なヒエラルキーの頂点に位置する世界都市とは異なり、「世界的、地球的な規模で小さくても自らの存在を主張しうるまち、自らの存在を世界に向けてアピールすることができるまち」とされ、金沢はその資格を十分に備えているとして、「世界のなかで独特の輝きを放つ世界都市をめざす」としている[11]。金沢経済同友会『金沢の国際化構想』と同じ文脈に位置付けられるものといえよう。

世界に向けてアピールする金沢の個性を、『金沢世界都市構想』はどのように把握しているか。金沢の個性は、第一に、恵まれた自然の立地条件とそれを生かした独特の都市構造であるとされている。第二に、歴史に根づいた文化伝統が挙げられる。第三に、各分野の中枢管理機能を集め、特徴のある都市骨格と深い文化伝統の上につくられてきた安定した経済構造、第四に、豊かな自然環境、特有の文化伝統、安定した経済構造を背景とした市民の定着度の高さと連帯意識の強さが挙げられている。こうした個性を確認した上で、世界都市への課題として、①安全な都市、②都市機能の充実、③豊かな福祉、④都市環境の保全、⑤学術・文化の高揚、⑥情報社会化とアジアとの交流による新たな発展、⑦市民主体が掲げられている[12]。

垂直的な縦の構造を持つヒエラルキーのなかでより頂点に近い上の階層をめざす都市間競争ではなく、水平的なネットワークのなかで、他との比較・競争とは離れた自然的、文化的、経済的な個性を基礎とした発展をめざしていることは、独自性の高い構想であると評価できるものである。こうした文脈のなかで、市民芸術村や職人大学校、こまちなみの保全、ふらっとバス、旧町名の復活などの施策・事業が進められ、全国的にも注目され評価されている。

同時に、『金沢世界都市構想』自体の記述は、将来の定住人口を57万人と想定し（2006年4月現在、約45万人）、広域交通・圏域交通ネットワークの整備や、テレコムセンターをはじめとする高度情報通信基盤の整備など、基幹的なハード面の整備を中心としたものになっている。この点では、コミュニティを基礎としたソフトの施策の積み上げとハードの整備の連関の提示に必ずしも成

功していないといわざるをえない。

3. 建設事業偏重型財政とその変容——金沢市財政の外形的特徴——

(1) 金沢市財政を分析する際の留意点と留保

　歴史的に形成されてきた金沢独特の文化は、佐々木が指摘するように生産・消費とその連関のあり方に影響を与えているばかりでなく、実は、財政のあり方にも大きく影響している。

　たとえば、消防は、藩政時代からの伝統を引き継いでその相当部分が市民の自治的な消防団によって担われており、消防車も多くは市の補助金は受けるが町内会が購入している。金沢市の平野部の犀川流域左岸側の河川は一部の二級河川を除いてほとんどが普通河川であるから、通常であれば市が管理者であるが、農業用水として農業者（手取川七ヶ用水土地改良区）が管理している。金沢市の平野部、犀川流域左岸側数千ヘクタールにおよぶ面積の治水は、事実上、農業者が一手に引き受けているのである。

　こうした住民自身の手による本源的自治がさまざまな領域において活発に行なわれていることが、金沢市における社会的共同業務遂行の特色であり、このことは金沢市財政のあり方にも大いに関連している。まず容易に観察されることは、消防費が他と比べてかなり小さいなど、住民によって（労働提供などの現物給付で、あるいは貨幣給付で）直接担われている分だけ、市の財政支出が節約されるということである。より重要なことは、単に金沢市財政の経費の節約だけでなく、市民が金沢市に納める租税などと、町内会や消防団などへの労働給付・貨幣給付の総体とで、市民の負担がどのようなものであり、それによって実現される社会的共同業務の質と量がどのようなものであるか、ということである。内発的発展論の発展のためには、市財政だけでなく本源的自治の領域での現物給付・貨幣給付も含めた総合的な分析が今後、重要になってくると思われるが、それは今後の課題として、本稿では金沢市財政の経費面に分析の

図2-1　歳出に占める主な経費（性質別）の割合（2004年度決算）

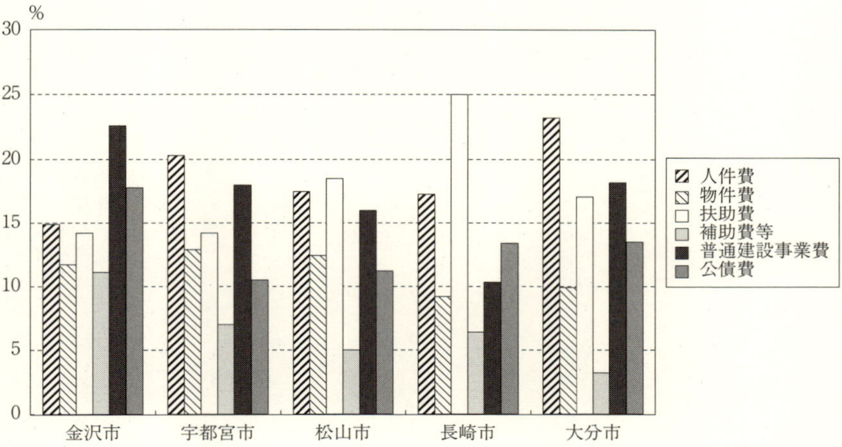

凡例：人件費、物件費、扶助費、補助費等、普通建設事業費、公債費

対象を限定する。

(2) 比較都市財政的特徴

　ここではまず2004年度決算を素材に、最近の金沢市財政の外形的特徴を見ておこう。比較対象として選んだのは、金沢市（2004年3月末現在、約45万人）と同様に県庁所在地である中核市のうち人口規模が同程度の宇都宮市（同じく約45万人）、松山市（約51万人）、長崎市（約45万人）、大分市（約46万人）の4市である。

　図2-1で性質別に歳出を見ると、人件費が14.9％と他の4市と比べてきわだって低くなっている。校務士の一人校化、ゴミ収集業務の一部委託化、中学校給食調理業務の委託化などが、人件費の割合を小さくしている。普通建設事業費は22.6％で、5市で最高の数字となっている。5位の長崎市（10.3％）と比べれば17.1ポイントもの差をつけている。長崎市は扶助費の占める割合の高さが顕著であり、被爆都市の特別の事情が財政に反映されていることが考慮さ

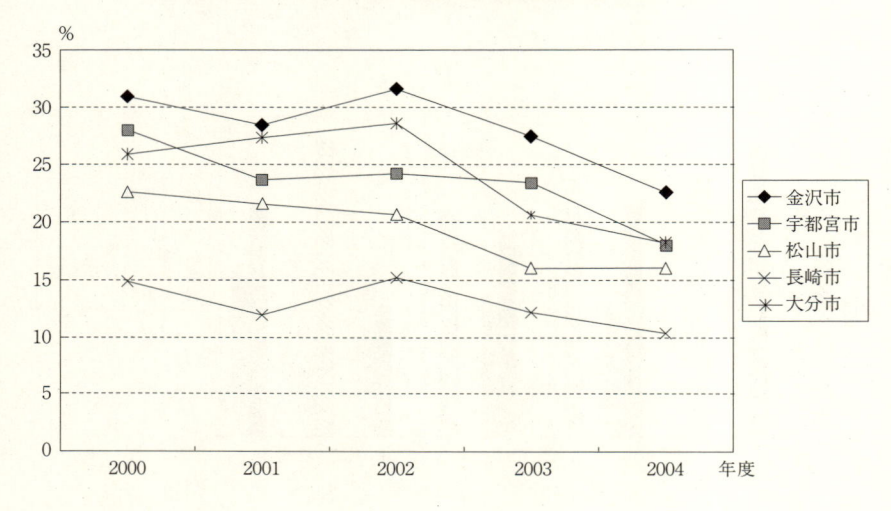

図2-2　歳出に占める普通建設事業費の割合（2000年代）

凡例：
- 金沢市
- 宇都宮市
- 松山市
- 長崎市
- 大分市

れる必要はあるが、長崎市を除いて他の3市と比べても金沢市財政に占める普通建設事業費の割合の高さには際立ったものがあるというべきであろう[13]（のちの議論との関連で付言すれば、5市のうち、図2-1に示した主な性質別経費6項目のうち、普通建設事業費と公債費がならんで1位・2位となっているのは、金沢市だけである）。

この「建設事業偏重型財政」ともよぶべき金沢市の普通建設事業費の最近の動向をさらに見ておこう。金沢市を含む先の県庁所在5市がすべて中核市となった2000年度以降について、歳出に占める普通建設事業費の割合の推移をみたものが、図2-2である。2000年代に入ってから、金沢市の普通建設事業費が歳出に占める割合は、5市中一貫して1位である。普通建設事業費の占める割合が高いことが金沢市の歳出の特徴であるが、全国的に公共事業が大きく削減されてきている2000年代においても、相対的にその特徴が維持されていることが注目される。

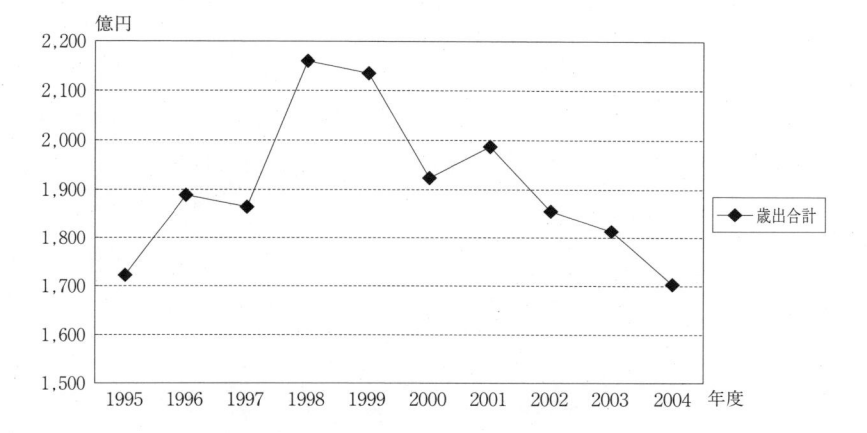

図2-3　金沢市の歳出合計

(3) 金沢世界都市構想以降の財政に表われた変化

『金沢世界都市構想』が発表された1995年度以降の金沢市財政について、とくに他都市との比較で顕著な特徴となっている普通建設事業費に注目しながら概観する。

まず、図2-3で1995年度以降の金沢市の一般会計歳出合計を見ると、1998年度をピークに縮小傾向をたどり、2004年度には1995年度と同等の規模になっている（決算ベース。以下、同様）。

次に、図2-4で、95年度から2年刻みで主な目的別経費の推移を見ておこう。土木費が歳出に占める割合は一貫して低下傾向にあるものの、2003年度まではもっとも高い割合を占めていた。ただし、2004年度には、上昇傾向にある民生費に1位の座をゆずっている。1995年度から2004年度まで、土木費の割合は7.4ポイント下がっている。逆に民生費は7.9ポイントの上昇である。この期間、大きく割合が高まったのは公債費で、11.6ポイントの上昇である。教育費は2001年度まで横ばいであったが、2003年度に大きく上昇している（なお、商工費が2003年度に大きく割合を下げているのは、ペイオフ対策で銀行預託を廃

図2-4　主な経費（目的別）の占める割合

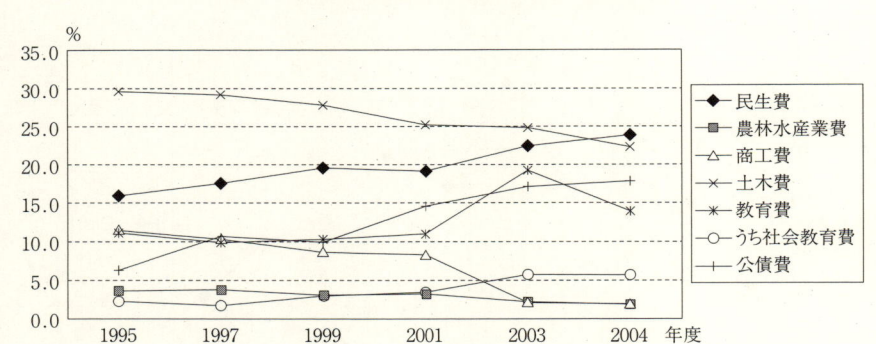

図2-5　主な経費（目的別）の推移（1995年度＝100）

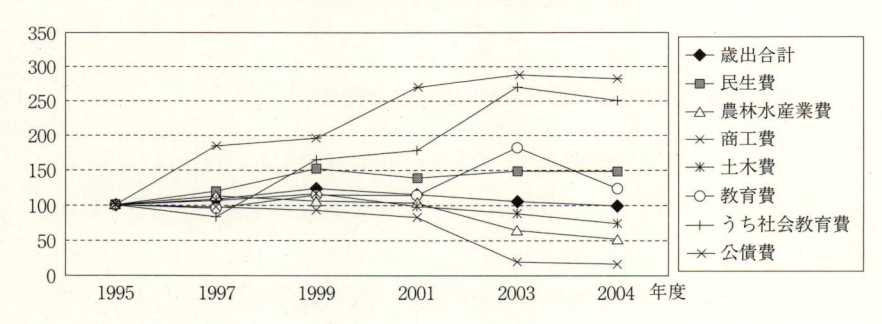

止したことによって、表面的に支出が大幅減となったことによっている）。

　1995年度を出発点に、目的別経費がどの程度増えたかを示したのが図2-5である。大きく伸びているのが公債費で、2004年度までに2.8倍になっている。ついで民生費、教育費が高い伸び率を示している。土木費はいったん増えたもののその後減少し、2004年度には1995年度の74.4％にまでなっている。

　ここで、市民の文化水準を高め創造都市づくりに資する重要な経費として社会教育費に注目すると、歳出抑制、公債費圧力増大のなかでも、期間中2.5倍と、公債費に次ぐ大きな伸びを示している。文化創造都市をめざす金沢市の財

第2章　文化創造都市をめざす金沢の財政　41

図2-6　主な経費（性質別）の占める割合

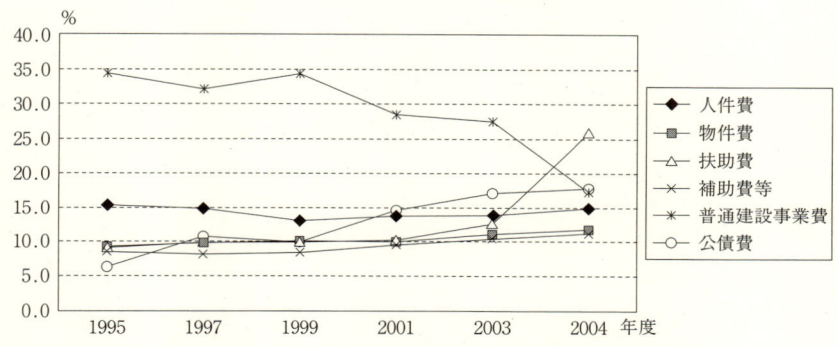

図2-7　主な経費（性質別）の推移（1995年度＝100）

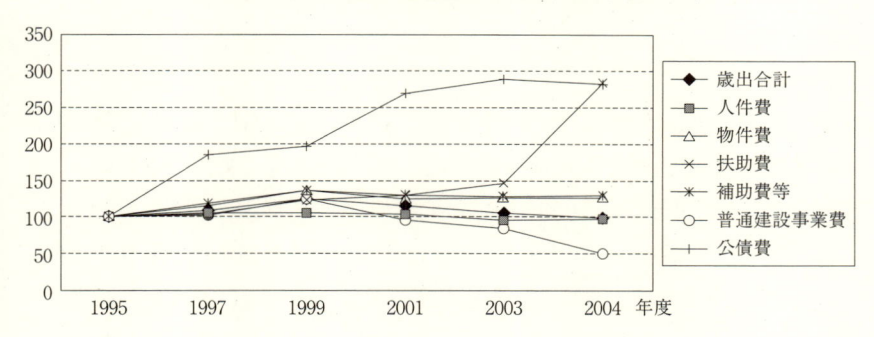

政においてまず注目されるべき点である。

次に、性質別経費の動向を見ておこう。前述したように、普通建設事業費の割合が高いことが金沢市の歳出の特徴であるが、2000年代に入り、その割合（図2-6）は大きく低下している。歳出に占める他の割合を見ると、この期間、人件費、物件費、補助費などはおおむね横ばいで、扶助費が横ばいから大幅に上昇している。

1995年度からの伸びは図2-7に示されている。2004年度時点を見ると、扶助費（2.8倍）、公債費（2.8倍）を例外として、ほぼ横ばいないし1.3倍程度に

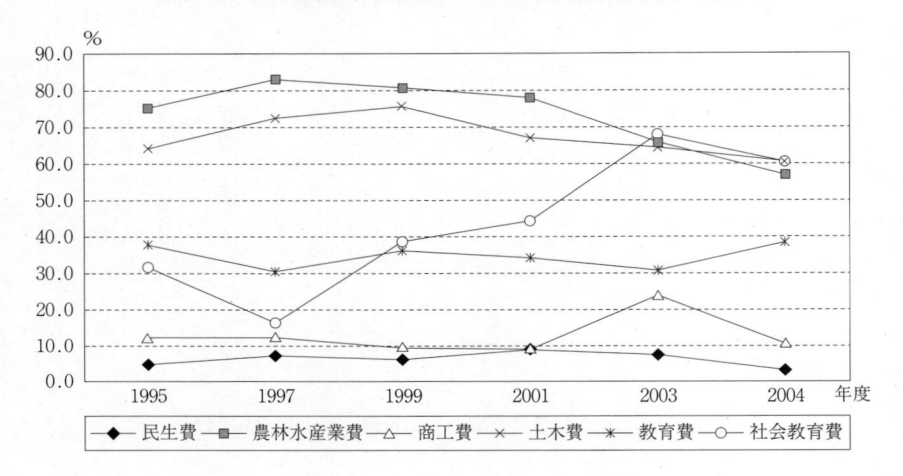

図2-8　主な経費（目的別）に占める普通建設事業費の割合

```
        %
    90.0
    80.0
    70.0
    60.0
    50.0
    40.0
    30.0
    20.0
    10.0
     0.0
        1995    1997    1999    2001    2003    2004  年度
  ──◆── 民生費 ──■── 農林水産業費 ──△── 商工費 ──×── 土木費 ──＊── 教育費 ──○── 社会教育費
```

なっているなか、普通建設事業費が半減していることが目を引く。『金沢世界都市構想』以後、「建設事業偏重型財政」は様相を大きく変えつつあることを確認することができる。

そこでもう一歩踏み込んで、各目的別経費に占める普通建設事業費の割合について、図2-8で見ておこう。農林水産業費は、その内に占める普通建設事業費の割合を2000年代に入って20ポイントあまりと大きく下げているが、民生費、土木費、教育費に占める普通建設事業費の割合は、1995年度から2004年度の間、10ポイント程度の振幅で多少の増減はあるが全体としては横ばい傾向にあると見ることができる（商工費は前述の事情により例外）。しかし、教育費のうち社会教育費についてのみ限って見ると、この期間に、普通建設事業費の割合は急上昇し、31.6％から60.4％へとほぼ倍加している。過半を建設事業費が占める社会教育費である。

『金沢世界都市構想』が発表された1995年度を節目に、1991年度から1995年度の5年間、1996年度から2000年度の5年間、2001年度から2004年度までの4年間に区切って、主な目的別経費に占める普通建設事業費の割合の期間平均を

第2章　文化創造都市をめざす金沢の財政　43

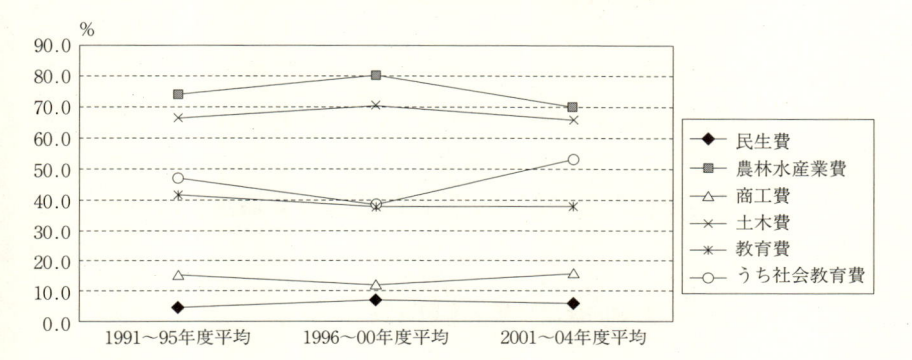

図2-9　主な経費（目的別）に占める普通建設事業費の割合（期間平均）

◆ 民生費
■ 農林水産業費
△ 商工費
× 土木費
＊ 教育費
○ うち社会教育費

示したのが図2-9である。『金沢世界都市構想』発表に続く5年間は、社会教育費を含め教育費が普通建設事業費の割合を下げているが、他の経費ではむしろ普通建設事業費の比重が高まったのであるが、2001年度以降では全体的に普通建設事業費の割合が低下しているなかで、社会教育費のみがその比重を大きく高めているのである。

以上をまとめると、金沢市財政の外形的特徴として以下の諸点が確認できるであろう。

第一に、一方で、2000年代以降も経費に占める普通建設事業費の割合が他都市との比較において相対的に高く、「建設事業偏重型財政」の特徴を維持している金沢市財政であるが、他方で、金沢市だけをとってみれば、『金沢世界都市構想』発表の時期を境に普通建設事業費の比重を低下させつつある。

第二に、普通建設事業費以外の経費（性質別）には『金沢世界都市構想』以後にも顕著な変化はみられず、財政硬直化が進むなか、公債費の増大分を普通建設事業費の削減で吸収した形となっている。その限りでは、公共投資の縮減は、『金沢世界都市構想』に示された政策理念への接近の結果であると短絡させることはできない。

第三に、社会教育費に占める普通建設事業費の割合が急上昇し、文化創造都

市をめざそうとする金沢の社会教育（今日では一般には生涯教育と呼称される）が「建設事業中心の社会教育費」に支えられていることが注目される。

　他都市と比べて相対的に公共投資に偏った経費構造にあって、公共投資の量的縮小と質的変化が起こりつつあるのが、今日の金沢市財政の姿である[14]。

4．内発的発展促進型財政か緊縮的建設事業偏重型財政か

(1) 財政危機下の緊縮的建設事業偏重型財政

　これまで見てきたように、絶対的にも相対的にも建設事業偏重型であることが、金沢市財政の経費構造の特徴であった。近年になって、普通建設事業費が縮小傾向にあるが、その直接の原因は深刻な財政難の進行である。

　図2-10のチャート図は、財政状況の健全性、改善・悪化を視覚化したものである。指標としては、財政力指数、実質収支比率、経常収支比率、公債費比率、借金／貯金比率の5指標を用い、5指標の点を結んだ線で囲まれる面積が広いほど財政状況が悪いといえる。金沢市と金沢都市圏の松任市（現・白山市）、野々市町、内灘町、鶴来町（現・白山市）の図もあわせて掲げておく[15]。

　この5市町では、野々市町を唯一の例外として全体的に財政状況が悪化傾向にあるが、金沢市の財政状況の悪化は著しい。とくに公債費比率は1995年度の10.7（チャート図では基準値をそろえるために5倍して53.5）から2002年度には20.0（チャート図では100.0）にまで悪化している。さらに悪化が顕著な借金／貯金比率は、1995年度の9.3（チャート図では同様に10倍して93）から2002年度には21.2（チャート図でははるか枠外の212）にまで悪化している。

　このような急速な財政状況悪化のなかで、金沢市財政における普通建設事業費の比重は低下しつつあるが、それは前述のように公債費の増大分を吸収した形になっており、政策方向の転換をただちに読み取ることはできないものであった。また、目的別経費をみれば、義務的に増大する要素の強い扶助費についで高い伸び率を示しているのが教育費であり、そのなかでもとくに社会教育費

第2章　文化創造都市をめざす金沢の財政　45

図2-10-(A)　金沢市財政状況チャート

図2-10-(B)　松任市財政状況チャート

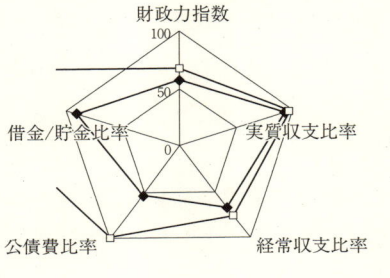

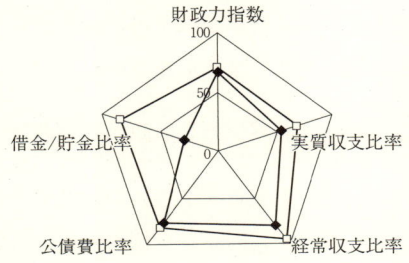

図2-10-(C)　野々市町財政状況チャート

図2-10-(D)　内灘町財政状況チャート

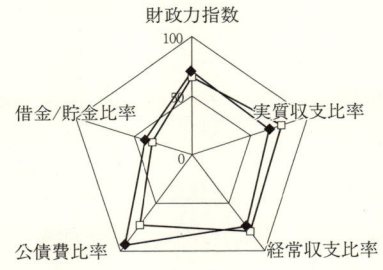

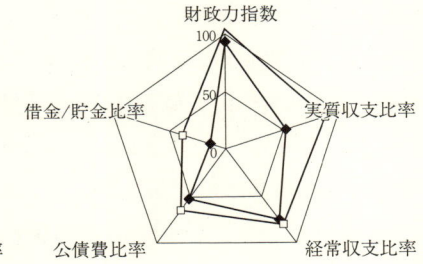

図2-10-(E)　鶴来町財政状況チャート

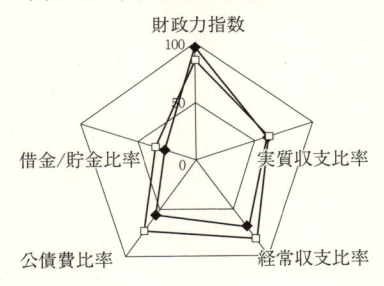

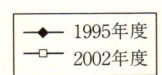

◆ 1995年度
□ 2002年度

であったが、社会教育費に占める普通建設事業費の割合は急速に高まってきている。ここに、財政危機下における建設事業偏重型財政の新しいタイプ、すなわち「緊縮的建設事業偏重型財政」に向かう傾向を見ることができるであろう。

(2) 内発的発展促進型財政への可能性

　金沢市財政を経費面から外形的に捉えると緊縮的建設事業偏重型財政への傾向がみられるが、同時に、個々の施策・事業をみれば、金沢市民芸術村の設立やふらっとバスの導入、まちなか居住の推進など、内発的発展論、創造都市論の文脈で新たな時代に対応しようとする政策傾向も確認され、全国的にも注目を集めている。金沢市の公共政策と財政は、いま、大きな転換点にさしかかっているのである。

　1980年代頃から21世紀はじめにかけて、社会は大きな転換期を経験している。ボーダレス化、資源制約、環境制約などがその根拠であり条件でもあるが、日本では、急速な高齢化と先進国のなかで例外的な状況にまでいたった財政危機がそれに加わる。

　『金沢世界都市構想』にも、こうした時代認識が色濃く反映されていることは疑いない。しかし、『金沢世界都市構想』に盛り込まれた具体的な施策・事業の中身や財政のあり方を見ると、従来型の継承という面が強いことは否定できない。一方で金沢市民芸術村の設立など新たな時代に対応した施策が取られているが、他方では北陸新幹線の建設促進や都心部再開発、辰巳ダム建設などが引き続き重要課題とされているし、財政における公共事業の地位は、他都市と比較しても高いものになっている。

　今日、大規模公共事業をはじめハードを中心とした政策の限界は明らかである。直接的には、財政制約がその限界となる。より根本的には、高齢者介護や保育といった今後ますます重要になっていく分野に典型的にみられるように、公共的に解決されるべき問題の多くが、個別的な対応の必要性の高いものになっていくので、ソフト中心の対策がいよいよ必要とされるようになってくる。

　公共サービスが個別サービスの性格を強めるほど、対象者とそのおかれてい

る条件の個別事情を具体的に把握しなければならないので、サービス供給の主体をより「下」に移す必要が強まる。1985年にヨーロッパ評議会が制定したヨーロッパ地方自治憲章は、その第4条で、住民にもっとも近い機関が課題を担当することを原則とし、そのほうがうまくいくことが明らかな場合に限って上層の機関が担当するという補完性原理を掲げている。政府間の関係でいえば、基礎自治体の決定を優先させ、上位政府の介入を最小限に留めるという基礎自治体優先主義である。

このような文脈であらためて見直すと、これまでその前近代的性格が強調され衰退が必然とさえされてきた町内会・自治会などの住民自治組織の再評価と現代的活性化が求められる。法的に地方公共団体と規定される市町村（基礎自治体）よりさらに個人・家族に近いところにあり、基本的には法的強制力に依拠せずに地域の慣例によって地域社会の共同業務を担う「本源的自治体」である。

組織と意思決定、運営の近代化・民主化などの課題が少なからずあるとはいえ、本源的自治体の活動では、金沢市は今後も継承し現代的に発展させるべきものを多く持っている。

たとえば、地域の実情に通じた地元住民によって組織される消防団は、高度な専門知識や訓練を必要とする高層建築物の火災や化学火災などは別として、阪神・淡路大震災などの教訓に照らしても、今後も一層重視される必要があるだろう。

本源的自治による問題対応の有効性は、より大規模な問題においても発揮される。たとえば、手取川七ヶ用水は、手取川（一級河川）から取水し犀川（二級河川）と海に排水する農業用水であるが、農地（5,154ha）の灌漑だけでなく、急速に宅地化する広大な手取川扇状地右岸側約8,000ヘクタールの治水を事実上、一手に引き受けている。この治水を県や市町が担おうとすれば大きな財政負担になるし、地域の雨の降り方、出水の仕方、土地利用の実態をよく知っている地元の用水管理者と同等の「専門性」を行政機構が代替することは非常に難しい。

基礎自治体のさらに「下」に存在するこれらの本源的自治体をどのように発展させていくかが、目的意識的に建設事業偏重型財政を脱却して内発的発展促進型財政の道に進み、財政危機のなかで住民の必要に応じた公共政策を充実させていく上で、決定的な意義を持つであろう。

おわりに

いよいよ深刻化する財政危機のなか、上からの市町村合併や「三位一体改革」が進められているが、地域間格差の拡大とさらなる財政悪化が進行するばかりで、こうした「改革」が成功しそうにないことが明らかになりつつある。破局的な状況にいたる前に、地方財政の改革方向について深刻な再検討がなされる必要がある。

量的・形態的に変化しつつも本質的には旧来型財政の継続である緊縮的建設事業偏重型財政か、本源的自治の現代的発展に支えられた内発的発展促進型財政か、その岐路に立つ金沢財政が今後どのような展開を見せるかは、金沢市民にとって重要なだけでなく、全国的な地方財政の改革方向に貴重な示唆を与えるものとして大きな意味を持つものである。

「世界のなかで独特の輝きを放つ世界都市」をめざす金沢の責務は重い。

1） 宮本憲一〔1〕、37-38頁。
2） 宮本憲一〔1〕、262-266頁。
3） 中村剛治郎〔1〕、129-130頁。
4） 佐々木雅幸〔1〕、186-168頁。
5） 佐々木雅幸〔2〕、217-220頁。佐々木は、現在の金沢を創造都市と規定することは慎重に避け、「内発的創造都市をめざす金沢」と表現している（105頁）。
6） 金沢経済同友会〔1〕、3頁。
7） 金沢経済同友会〔1〕、29頁。
8） 同前。

9) 金沢経済同友会〔2〕、3頁。
10) 金沢経済同友会〔2〕、4-6頁。
11) 金沢市都市政策部企画調整課〔1〕、5頁。
12) 金沢市都市政策部企画調整課〔1〕、14-21頁。
13) 実は、2003年度決算ではこの数字は一層顕著で、金沢市の普通建設事業費は27.4％で、5市中2位の宇都宮市（23.4％）に4.0ポイントの差をつけていた。
14) この確認の上に立って、①普通建設事業費とりわけ社会教育費における普通建設事業費の質的変化の内容を把握し評価すること、②経費の量的・質的変化が現実の事業・施策の場面で世界都市構想や文化創造都市戦略にどのような効果を与えつつあるかを分析すること、③それらを通じて、市民の生活と経営にどのような影響が生じつつあるのかを分析することなどが次の課題となる。またさらに大きな問題として、④従来の経費分類では捉えることのできない「財政の文化化」を評価する方法の検討が必要となるであろうが、これらは今後の課題としたい。
15) 財政状況チャート図については、千波主税〔1〕、31-33頁を参照。ここでは千波の手法に一部修正を加えて作成した。各指標の基準値は50で、数値が大きくなるほど状況が悪化していることになる。ただし、このチャート図はあくまで財政状況とその改善・悪化を視覚的に捉えやすいものにするためのひとつの工夫であって、面積そのものに厳密な意味があるわけではない。なお、合併後の白山市は、旧・白峰村をはじめ白山麓旧5村を含むなど、金沢都市圏とは呼びがたい地域をひろく含んでいるため、合併前の松任市と鶴来町のデータを使える2002年度を1995年度と比較した。

【参考文献】

金沢経済同友会〔1〕『石川県の地域経済開発諸問題』（金沢経済同友会、1960年）。
金沢経済同友会〔2〕『金沢の国際化構想』（金沢経済同友会、1988年）。
金沢市都市政策部企画調整課〔1〕『金沢世界都市構想』（金沢市、1995年）。
佐々木雅幸〔1〕『創造都市の経済学』（勁草書房、1997年）。
佐々木雅幸〔2〕『創造都市への挑戦——産業と文化の息づく街へ』（岩波書店、2001年）。
千波主税〔1〕『今日から始める市町村財政分析』（改訂版）（自治体研究社、1997年）。
中村剛治郎〔1〕「地方都市の内発的発展を求めて——モデル都市・金沢の実証的経済分析」（柴田徳衛編『21世紀への大都市像——現状と課題』東京大学出版会、1986年）。

宮本憲一〔1〕『都市経済論——共同生活条件の政治経済学』（筑摩書房、1980年）。

第3章

ローカル産業とまちづくり

神谷 浩夫

1. 北陸の気候風土とローカル産業

(1) 金沢の気候

　北陸の気候風土を一言で言い表わせば、「梅雨が年に2回ある気候」といえるだろう。この気候風土は、北陸地方の人々の暮らしに大きな影響を及ぼしている。そこでまず、北陸地方の気候について考察してみよう。

　図3-1a(A)～(C)は、金沢市と東京都、秋田市の気温、降水量、湿度を比較したものである。日本海側に位置する金沢市は、太平洋側の東京に比べると冬の湿度がきわめて高い点に特徴がある。年降水量を見ても、東京都が1,467mmであるのに対して、秋田市は1,713mm、金沢市は2,470mmときわめて多い。日本全体の年降水量は1,714mmであり、金沢市の降水量はその約1.5倍にも達している。同じ日本海側の秋田市と比べても非常に降水量が多いのは、金沢市が低緯度に位置するために気温が高く、飽和水蒸気量が大きいためである。とくに12月の金沢市の降水量は287mmにも達し、これは東京都の40mmの7倍にも及ぶ。図3-2は、県庁所在地における1人世帯当たり大人用雨靴の購入額と月の降水量を比較したものである。2枚の図を見比べると、かなり類似していることがわかる。相関係数を見ても、0.589となっており大人用雨靴の購入額と2月の降水量には相関があるといえる。つまり、購入額が

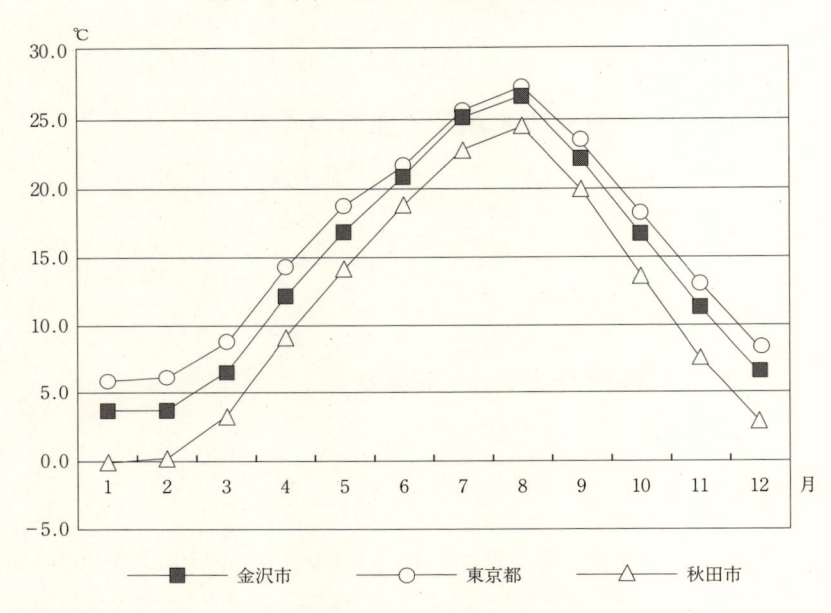

図3-1（A）　金沢市・東京都・秋田市の気温

大きいのは北陸や山陰地方であり、これら地域は冬の降水量が多い地域に相当する。

　「梅雨が年に2回ある気候」のため金沢市の冬の湿度は梅雨の7月とほぼ同じであり、冷たい雨がしとしとと降る天気となる。冬に日本海側で降水量が多くなるメカニズムは、シベリアからの乾いた冷たい季節風が日本海で暖かい対馬海流の水蒸気を大量に吸い込み、雲となって脊梁山脈にぶつかり急に斜面を昇ると、空気が冷やされて雪や雨となって降ることによる。同じ雪でも金沢市など北陸地方に降る雪は湿った重い雪であるので、道路には融雪パイプが設置され、地下水を汲み上げて噴水のようにノズルから水が噴き出すことで雪を溶かしている。このような融雪装置は北陸地方など日本海側の温暖な地域でみられ、北海道など寒冷な地域にはみられない。もし北海道で融雪装置を設置したならば、たちまち噴き出した水は凍結して自動車はスリップし、交通事故を引

図3-1（B）　金沢市・東京都・秋田市の降雨量

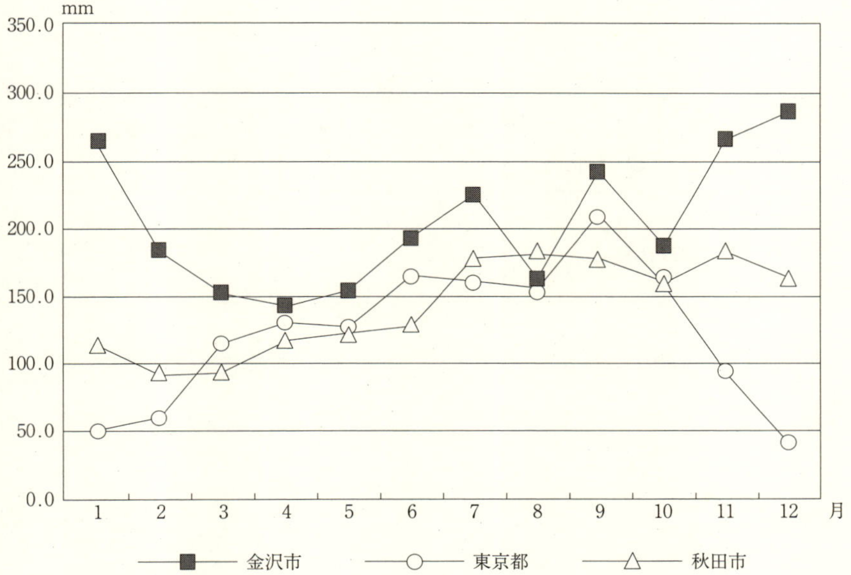

き起こすことになる。一方、夏には太平洋高気圧に覆われ、気温は太平洋側とほとんど変わりがない。

(2) 北陸の地形的特徴と河川

　北陸地方の平野は、比較的傾斜の大きな扇状地斜面と海岸部の潟湖（せきこ）（ラグーン）、その両者に挟まれた湿地帯、海岸部に列をなす砂丘といった模式図によって典型的に描かれる。北陸地方を流れる河川は急であり、明治時代にお抱え外国人技師として日本各地で河川改修にあたったオランダ人デ・レーケが「これは川ではない滝である」と述べたというエピソードを持っているのは、立山連峰に源を発する常願寺川である。

　さらに、北陸地方は上でも述べたように1年を通じて降水量が多く、しかも

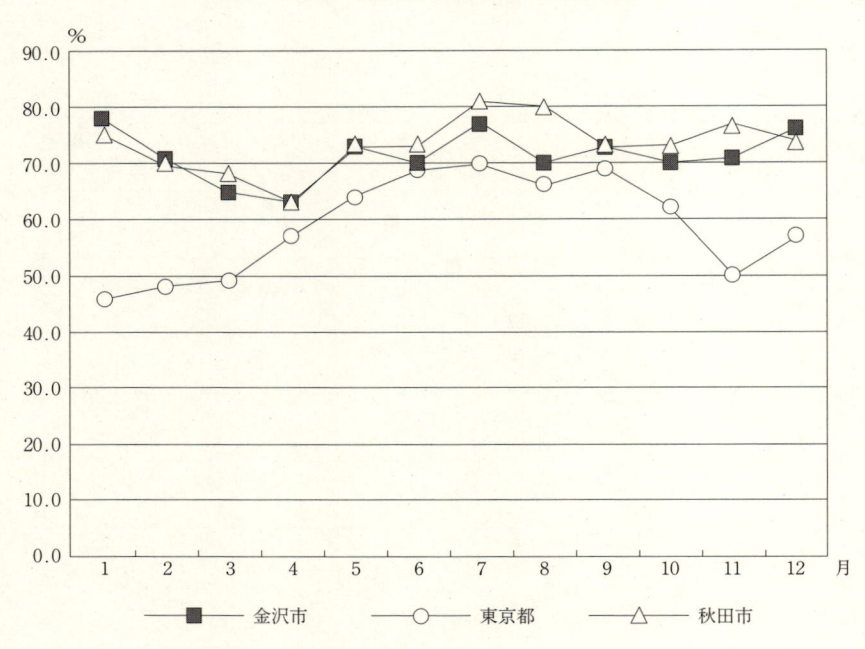

図3-1（C）　金沢市・東京都・秋田市の湿度

　　　━■━ 金沢市　　　━○━ 東京都　　　━△━ 秋田市

　高度差が大きいために水力発電に適した条件に恵まれてきた。なぜなら水力による発電量は、「河川流量×落差」にほぼ比例すると考えられるからである。そのため北陸地方には、黒四ダム（黒部川）、九頭竜ダム（九頭竜川）、御母衣ダム（庄川）など有名なダムが存在する。表3-1は日本の河川の概況を示したものである。北陸の河川は全体的に比流量（年間の河川流量を流域面積で割った値）が大きいために、年間を通じて河川流量が豊富であり、発電用ダムに適しているといえるだろう。

　中流域から下流域に広がる扇状地も、太平洋側に比べると傾斜が大きい。そのため、手取川扇状地や黒部川扇状地を流れる支流や用水路には明治以降に水車が設置され、近代化の初期には重要な動力となった。現在でも流域には低落差発電所が設けられており、発電量は小さいものの日本海側の河川の大きな特

図3-2　県庁所在地における1人当たり大人用雨靴の購入額と月別降水量
（A）雨靴金額

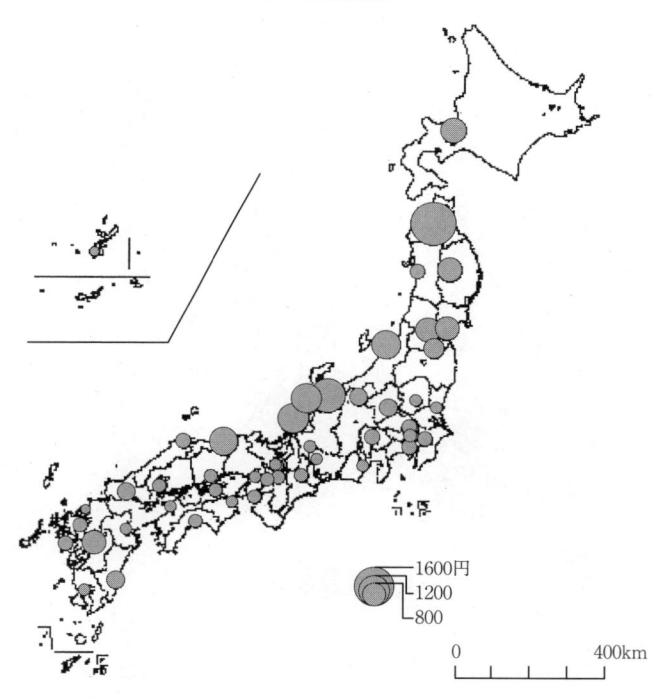

徴となっている。

　一年を通じて河川の流量が多いため、地下水にも恵まれている。冬季に道路の融雪に使われている水の大部分は地下水の汲み上げによってまかなわれており、融雪装置のある道路では、路面が赤茶けていることが多いのは、この地域の地下水に含まれる鉄分が酸化したためである。豊富な北陸地方の地下水は、立地する企業にとっても大きな魅力となっている。手取川扇状地にあるキリンビール北陸工場や東レ北陸工場は、地下水を大量に汲み上げている。

　冬季の強い北西季節風によって、北陸地方の海岸沿いに砂丘列が発達している。日本海側の砂丘といえば鳥取砂丘がもっとも有名であるが、北陸地方でも

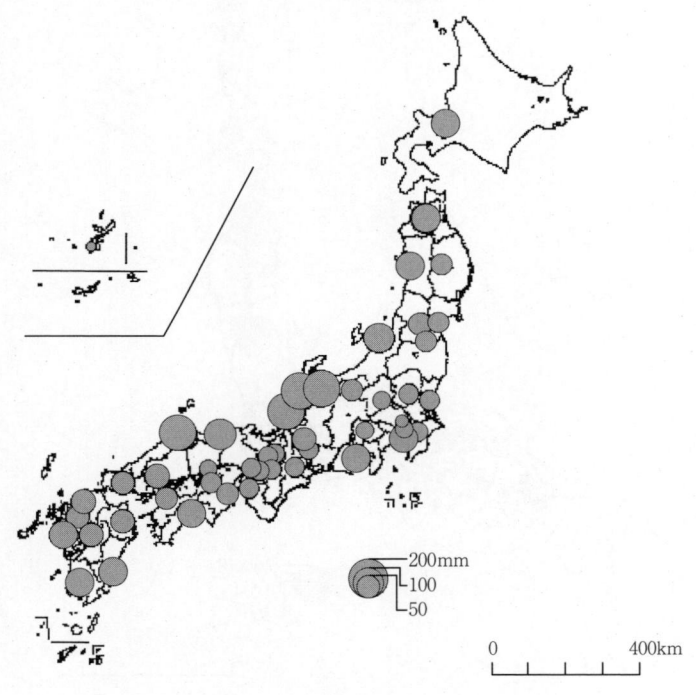

図3-2　県庁所在地における1人当たり大人用雨靴の購入額と月別降水量
(B)　2月降水量

砂丘は非常に発達している。小松空港も砂丘の上に立地している。砂丘は水が得られないため農地としての利用が進んでいないが、そのため逆に大規模開発の適地として残されてきた。内灘砂丘は金沢市から近いこともあって、住宅地としての開発が進んでいる。

そのため、日本海側の主要港湾は大部分が掘り込み港湾である。江戸時代の北前船は小さかったため、砂丘が広がる日本海側の浅瀬の港にも十分寄港できたが、現代の大型船舶が入港するため浚渫(しゅんせつ)が必要なのはこのためである。

砂丘の内側にはしばしば潟湖(せきこ)(ラグーン)が発達しており、福井県の北潟湖(きたがた)、石川県の加賀三湖(柴山潟、今江潟、木場潟(きば))、河北潟、富山県の放生津潟(ほうじょうづ)が

表3-1　1990年における日本の主要河川の概況

	観測所	流域面積 (km²)	最大流量 (m³/sec)	最小流量 (m³/sec)	平均流量 (m³/sec)	年総量 (百万 m³)	河況係数	比流量
手 取 川	中　　島	732	961	6	74	2,340	158	3.197
梯　　川	埴　　田	167	275	1	17	533	550	3.191
小矢部川	津　　沢	280	950	2	28	874	617	3.120
九頭竜川	中　　角	1,240	905	11	86	2,718	86	2.193
関　　川	高　　田	703	1,241	2	44	1,372	726	1.951
木 曽 川	犬　　山	4,684	5,665	44	282	8,896	130	1.899
円 山 川	府 市 場	837	3,263	1	50	1,590	3,138	1.899
豊　　川	石　　田	545	2,451	5	32	1,012	539	1.858
太 田 川	矢口第一	1,527	1,063	17	89	20820	64	1.846
吉 野 川	池　　田	2,315	7,796	21	132	4,174	365	1.803
神 通 川	神通大橋	2,688	2,413	48	152	4,806	50	1.788
筑 後 川	瀬 ノ 下	2,074	5,270	33	107	3,430	162	1.654
信 濃 川	小 千 谷	9,719	3,565	53	455	14,336	67	1.475
北 上 川	登　　米	7,868	3,881	69	365	11,503	56	1.462
由 良 川	福 知 山	1,344	2,469	2	62	1,948	1,259	1.449
天 竜 川	鹿　　島	4,880	3,196	79	220	6,935	41	1.421
淀　　川	枚　　方	7,281	3,949	89	258	8,148	44	1.119
石 狩 川	伊　　納	3,379	2,118	35	118	3,719	60	1.101
阿武隈川	阿 久 津	1,865	768	19	60	1,903	41	1.020
利 根 川	栗　　橋	8,588	4,472	31	240	7,563	145	0.881
矢 作 川	岩　　津	1,356	1,538	2	37	1,162	660	0.857
庄　　川	大　　門	1,120	1,234	5	26	817	257	0.729
黒 部 川	宇 奈 月	637	883	2	14	448	422	0.703

注：ゴチックは北陸4県。
出典：『96河川要覧』（山海堂）より。

形成されている。図3-3は、2万年前以降の加賀平野の古地理を示している。約2万年前といえば最終氷期のなかでももっとも寒冷な時期に相当し、海水準が現在よりも約100m低下したと推定されている。海岸線は現在よりも20kmほど沖合にあり、当時の手取川によって形成された扇状地が海に大きくせり出していた。その後海水準は急激に上昇し、約6,000年前頃にはもっとも海面が上昇したとされている（縄文海進）。その後海水面はゆっくりと後退し、海岸線に沿って砂丘が発達することにより、潟湖が形成されていった。これらの潟湖は江戸時代から次第に干拓が進められてきた。たとえば今江潟は戦後の食糧

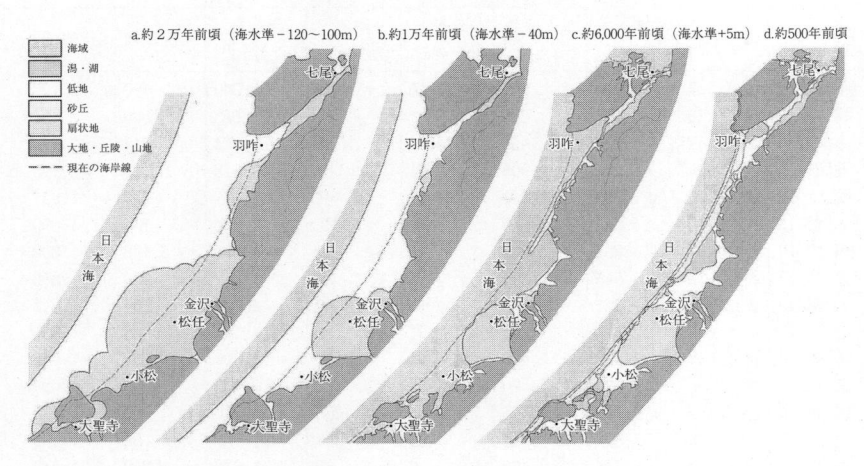

図3-3　加賀平野（七尾以南）の古地理の変遷

a.約2万年前頃（海水準－120〜100m）　b.約1万年前頃（海水準－40m）　c.約6,000年前頃（海水準＋5m）　d.約500年前頃

凡例：海域／潟・湖／低地／砂丘／扇状地／大地・丘陵・山地／－－－現在の海岸線

出典：アーバンクボタ編集室（1992年）「アーバンクボタ APRIL 1992」54頁。

難の時代に干拓され、現在では消滅してしまったし、河北潟の面積もかつての3分の1にまで縮小している。

(3) 気候風土とローカル産業

　北陸の高温多湿な気候風にもっとも影響を受けてきたのは、自然を相手にする農業である。冬に積雪が多く1年を通して湿潤であるため、北陸地方では太平洋側ほどには畑作が盛んではない。そのため稲作に特化した生産が行なわれ、昔から「水田単作地帯」と呼ばれてきた。このことは、表3-2に示す全国の地域別農業粗収益の比率からも確かめられる。北陸地方では、販売農家の粗収益に占める稲作の割合が7割近くを占めており、それに対して野菜や果樹、畜産の占める割合はきわめて小さい。大河川によって形成された神通川扇状地や庄川扇状地、手取川扇状地では、水田面積の割合が9割を超える純粋な水田単作地帯となっている。

　野菜生産は全般的に低調であるが、近年の地産地消の動きのなかで金沢市周

表3-2　地域別農業粗収益（販売農家1戸当たり、1997年）

(単位：％)

	稲作	麦作	いも類	野菜	果樹	工芸作物	養蚕	畜産
北海道	19.2	6.3	7.4	21.4	0.6	6.6		32.7
東北	46.5	0.1	0.2	15.4	9.7	2.9	0.1	16.1
北陸	67.1	0.1	0.2	9.3	3.8	1.3		9.8
関東・東山	21.6	1.4	1.4	30.4	11.2	2.1	0.3	19.9
東海	14.6	0.4	0.3	32.8	4.9	9.7	0.0	18.9
近畿	32.3	0.3	0.5	25.2	13.4	2.7		10.8
中国	37.3	0.4	0.6	18.1	12.5	2.2		17.3
四国	17.1	0.5	1.1	32.3	19.3	2.6	0.1	16.2
九州	18.8	0.4	2.0	21.8	9.0	8.9	0.0	28.6

出典：第74次農林水産省統計表。

辺の伝統的野菜を復権させようと運動が進められている。現在、「加賀野菜」として認定されている野菜は、さつまいも（五郎島）、二塚からしな、金時草、ヘタ紫なす、金沢一本太ねぎ、せり、くわい、金沢春菊、打木赤皮甘栗かぼちゃ、源助だいこん、加賀太きゅうり、加賀つるまめ、加賀れんこん、たけのこ、赤ずいき、の15種類である。れんこんは、加賀料理の代表的な料理である「はすむし」の素材として用いられているが、このことは金沢周辺にかつて低湿地が広がっていたことの証左である。この他、海岸沿いに広がる福井県の砂丘地帯ではらっきょうの生産が全国的に有名である。石川県内の砂丘地帯でもぶどうや梨、すいかの栽培も行なわれているが、主に地元市場向けのものが多い。

　北陸に立地している製造業も、北陸地方の気候風土から少なからず恵みを受けている。この地域の伝統的な地場産業である輪島漆器や山中漆器、越前漆器（鯖江市）などの漆器産業は、高温多湿な環境のなかで生育した木材を轆轤で丸く加工する木地師によって支えられてきた。この木地師の技術は、加賀市のチェーンメーカーである大同工業の創業に繋がる。石川県加賀市にある大同工業は現在でこそチェーンメーカーとして有名であるが、創業者は元来木地師として轆轤を使った木材の丸加工を営んでいた。明治に入って輸入されるようになった自転車を見て、その技術を活かして木製リムの製造を始めたことが、大

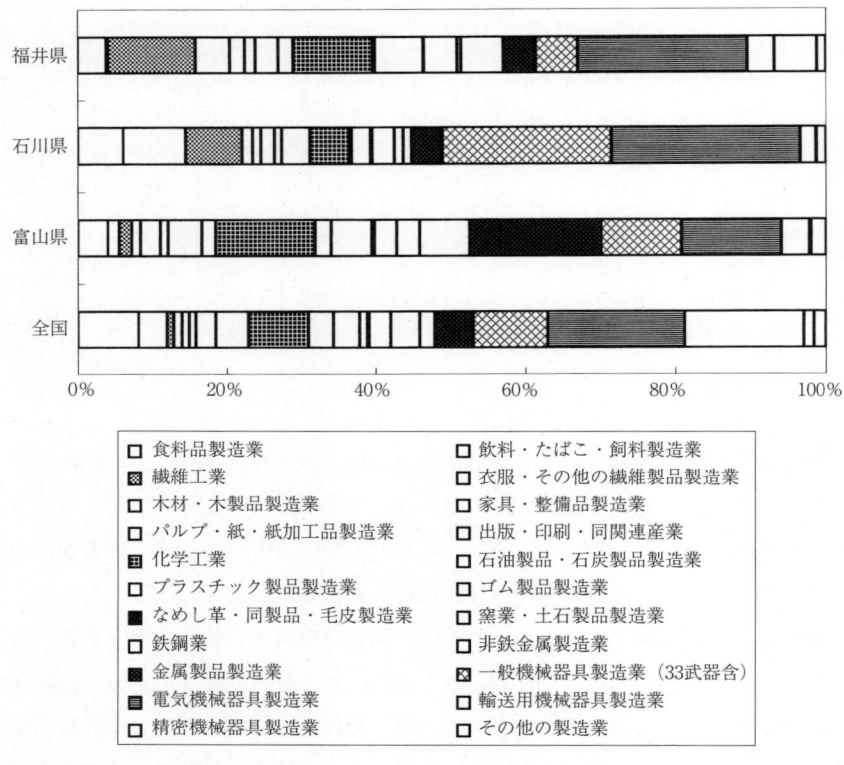

図3-4　北陸3県の製造業出荷額の内訳

凡例	項目	凡例	項目
□	食料品製造業	□	飲料・たばこ・飼料製造業
▨	繊維工業	□	衣服・その他の繊維製品製造業
□	木材・木製品製造業	□	家具・整備品製造業
▥	パルプ・紙・紙加工品製造業	□	出版・印刷・同関連産業
▤	化学工業	□	石油製品・石炭製品製造業
□	プラスチック製品製造業	□	ゴム製品製造業
■	なめし革・同製品・毛皮製造業	□	窯業・土石製品製造業
□	鉄鋼業	□	非鉄金属製造業
■	金属製品製造業	▨	一般機械器具製造業（33武器含）
▬	電気機械器具製造業	□	輸送用機械器具製造業
□	精密機械器具製造業	□	その他の製造業

出典：『平成13年　工業統計表』より作成。

同工業の創業に繋がるのである。

　北陸地方では、漆器産業の他にも豊富な水や湿潤な気候を利用した産業が多くみられる。繊維産業はその代表である。現在でこそ繊維産業の比重は大きく低下したが、それでも依然として製造品出荷額に占める繊維業の割合は福井県と石川県でかなり高い（図3-4）。全国的に見て繊維産業が北陸で盛んな理由は、高温多湿という気候条件の他に、水田単作地帯であり農閑期の余剰労働力が豊富であったことも挙げられる。さらに福井県では、染色など繊維から派生

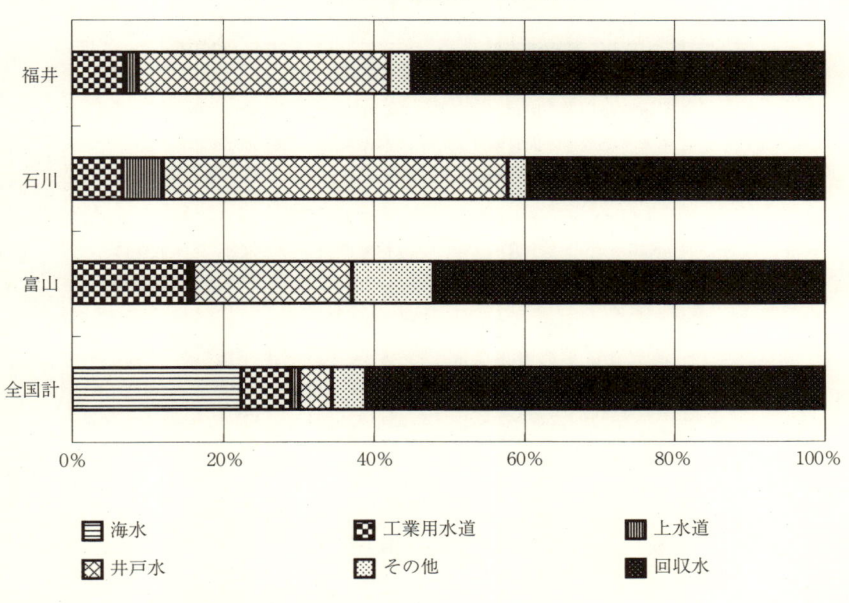

図3-5　製造業事業所の水源別用水

凡例：
- 海水
- 工業用水道
- 上水道
- 井戸水
- その他
- 回収水

出典：『平成13年　工業統計表　用地・用水編』より作成。

していった化学が比較的大きな比重を占めている。

　北陸三県の製造業事業所（従業者30人以上）における水源別の用水量を見ても、全国に比べて井戸水を利用する割合が非常に高いことがわかる（図3-5）。三県のなかでも石川県はとくにその割合が高く、全国の値が4.3％に過ぎないのに対して、石川県では45.7％にも達している。

　酒造業も豊富な地下水に支えられてきた。表3-3は、石川県内にある酒蔵を示している。1万石以上の大規模な酒蔵は、小堀酒造、菊姫酒造、福光屋の3つがある。このうち、小堀酒造と菊姫酒造は「萬歳楽」「菊姫」の銘柄が代表的であり、首都圏でもかなりの知名度を有する。両社とも手取川扇状地の扇頂に位置する旧鶴来町に立地している。手取川扇状地の扇央に位置する旧松任市には、「天狗舞」の車多酒造、「手取川」の吉田酒造などがある。

表3-3　石川県の酒蔵

所在地	会社名	銘柄	所在地	会社名	銘柄
金沢市	中村酒造	日栄	七尾市	鹿渡酒造	鹿渡
	武内酒造	御所泉		布施酒造	天平
	福光屋	福正宗		三谷酒造	山王
	やちや酒造	加賀鶴	鳥屋町	鳥屋酒造	池月
津幡町	久世酒造	長生舞		二羽鶴酒造	二羽鶴
松任市	金屋酒造	高砂	鹿島町	御祖酒造	ほまれ
	車多酒造	天狗舞	押水町	見砂酒造	朱鷺の里
	吉田酒造	手取川	輪島市	清水酒造	能登誉
鶴来町	小堀酒造	萬歳楽		谷川醸造	菊天女
	菊姫	菊姫		中島酒造	末広
小松市	加越酒造	関白日本醸造		中納酒造	若緑
	金紋酒造	春心		白藤酒造	白菊
	北森酒造場	富久舞		日吉酒造	白駒
	東栄松商店	神泉	門前町	沢田酒造	能登白鳳
	手塚酒造場	都乃菊鶴		中野酒造	亀泉
寺井町	山本酒造	登代正宗	能都町	数馬酒造	竹葉
辰口町	宮本酒造	福の宮		鶴野酒造	谷泉
加賀市	鹿野酒造	常きげん	内浦町	松波酒造	大江山
	橋本酒造	大日盛	珠洲市	桜田酒造	初桜
山中町	松浦酒造	獅子の里		宗玄酒造	宗玄

出典：石川県酒造組合連合会 HP より作成。

　富山県を代表する日本酒の銘柄といえば、「立山」「若鶴」であるが、その蔵元は、庄川扇状地の伏流水が豊富に得られる砺波市に立地している。福井県では、勝山市の「一本義」が日本酒の銘柄として有名であり、九頭竜川の清純な地下水を利用している。

2．都市の盛衰とサービス業

(1) 北陸の範囲と支店配置

　金沢は支店経済の都市であるとも言われる。その場合、北陸支店のエリアはどこまで広がっているのだろうか。ここでは、データの入手が可能な官公庁の

管轄区域から北陸の範囲を検討してみる。

　以下のリストは、石川県を管轄する中央官庁の出先機関名とその管轄区域を示している。圏点の印のある出先機関名は、金沢に出先が置かれていることを示している。そうでない場合には、出先機関が置かれている県名（または地区名）をアンダーラインで示している。なお、管轄区域の※は一部が含まれることを意味する。

〈財務省〉
　・金沢国税局：北陸3県
　・大阪税関：大阪府、京都府、和歌山県、奈良県、滋賀県＋北陸3県
　・北陸財務局：北陸3県
　・日本政策投資銀行北陸支店（石川県、福井県）、富山出張所
　・日本銀行金沢支店（富山事務所、福井事務所）

〈厚生労働省〉
　・東海北陸厚生局：東海4県＋石川県、富山県
　・近畿厚生局：近畿の2府4県＋福井県

〈経済産業省〉
　・中部経済産業局（東海3県＋富山県、石川県）
　・近畿経済産業局（近畿の2府4県＋福井県）

〈法務省〉
　・名古屋法務局（東海3県＋北陸3県）

〈総務省〉
　・郵政公社北陸支社（北陸3県）

〈国土交通省〉
　・東京管区気象台（関東甲信越＋東海3県＋北陸3県）
　・海上保安庁（第9管区：新潟県、長野県、富山県、石川県、第8管区：福井県、京都府、兵庫県、鳥取県、島根県）
　・北陸信越運輸局（新潟県、長野県、富山県、石川県）

・中部運輸局（東海4県＋福井県）
　　・北陸地方整備局（新潟県、富山県、石川県、福井県※、山形県※、福島県※、岐阜県※、長野県※）
　　・大阪航空局（愛知県、岐阜県、富山県以西）
〈農林水産省〉
　　・北陸農政局（新潟県、富山県、石川県、福井県）
　　・新潟食糧事務所（新潟県、富山県、石川県、福井県）
［林野庁］
　　・近畿中国森林管理局（近畿2府5県＋福井県、石川県）
　　・中部森林管理局名古屋分局（愛知県、岐阜県、富山県）
〈裁判所〉
　　・名古屋高等裁判所金沢支部（北陸3県）
〈その他〉
　　・住宅金融公庫（北陸支店：北陸3県）
　　・都市公団（中部支社）
　　・農林中金（金沢支店：北陸3県）

　以上のリストからもわかるとおり、①北陸3県を管轄する支店は多くの場合金沢に置かれているが、②新潟に置かれる場合もあること、③東京、大阪、名古屋の管轄に含まれることもあること、④北陸の3県が別個の管轄に含まれる場合もある。それゆえ北陸は、非常に地域としてのまとまりが弱い地域であると見なせる。
　新潟市と金沢市は、人口規模の点では新潟市の方が上回っているものの、これまで述べた官公庁の支店配置の面から見れば、日本海沿岸の拠点都市としての地位をめぐって激しく競争を繰り広げている。

(2) 都市起源と都市規模の変化

　北陸の諸都市の起源をたどってみると、かなり明瞭な特徴が浮かび上がる。

加賀百万石の藩域は広大であり、加賀、能登、越中の国に広がっていたため、富山県と石川県では城下町の数が比較的少ない。一方福井県は小藩が分立していたため、小さな城下町が点在している。なおここでは、城下町とは江戸時代に藩が置かれていた都市を指すものとする。七尾や魚津などには中世に城が築かれていたが、江戸時代には廃城となっているため、ここでは城下町起源の都市には含めない。

　北陸3県にある城下町起源の都市としては、富山市（富山藩10万石）、金沢市（加賀藩102万石）、加賀市（大聖寺藩7万石）、小松市（前田家隠居城、一国一城令で加賀藩の2つ目の城として例外的に残る）、福井市（福井藩50万石→25万石）、小浜市（小浜藩11万石）、大野市（大野藩4万石）、勝山市（勝山藩2.5万石）、鯖江市（鯖江藩5万石）、丸岡町（丸岡藩4万石）などがある。

　日本海沿岸の港町は、江戸時代には北前船の寄港地と栄えたところが多い。岩瀬（富山市）、放生津（新湊市）、伏木（高岡市）、七尾（七尾市）、輪島（輪島市）、黒島（旧門前町）、宮ノ腰（金沢市）、橋立（加賀市）、三国（三国町）、敦賀（敦賀市）、小浜（小浜市）などがその代表である。

　この他特色ある都市として、宿場町として発展した今石動（小矢部市）がある。また、平安時代に国府が置かれたのは、越中では高岡市、能登では七尾市、加賀では小松市、越前では武生市、若狭では小浜市であった。これらの都市は古い伝統を誇っており、地域のアイデンティティ形成に役立っている。

　図3-6は、1955年から2000年の期間における北陸の都市の人口増減を示している。この45年間に120％以上の人口増加を記録したのは、富山市、金沢市、松任市、小松市、加賀市、福井市、鯖江市、敦賀市である。一方、衰退傾向にあるのは、新湊市、氷見市、輪島市、珠洲市、羽咋市、大野市、勝山市、小浜市である。北陸本線や北陸自動車など幹線交通へのアクセスに恵まれた都市では着実な都市成長が見られるのに対して、幹線から外れたところに位置する都市は衰退傾向にあるといえるだろう。

　図3-7は、主要都市間の鉄道距離を模式的に示したものである。この図から読みとって欲しい点は、3つほどある。

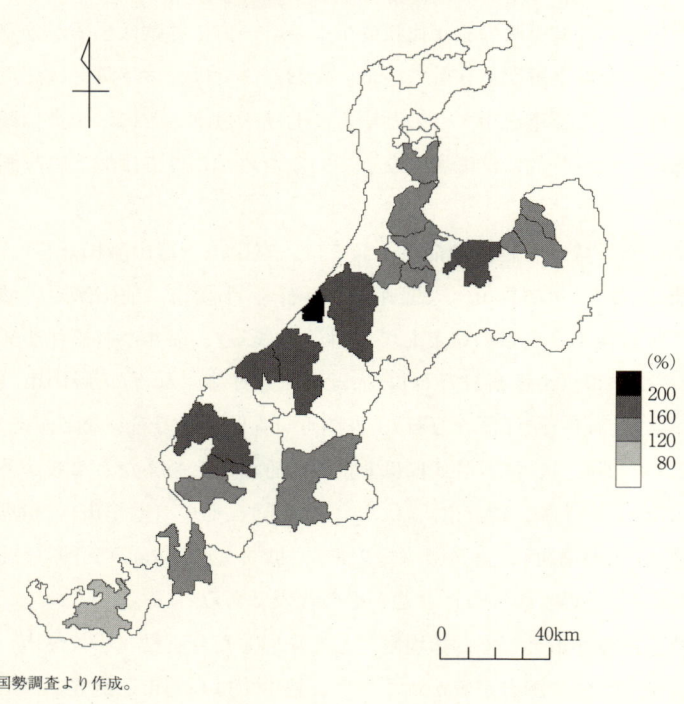

図 3-6　北陸の都市の人口増加率（1955〜2000年）

(%)
200
160
120
80

0　40km

出典：国勢調査より作成。

　第一に、金沢〜東京間の距離を計算すると461kmであり、これは東京〜大阪間の距離557kmよりもかなり短い。北陸地方は、首都圏や関西圏から距離的にかなり近いが、人口規模が比較的小さいために（富山県112万人、石川県118万人、福井県83万人、3県の合計は313万人）、吸引力が小さいといえる。
　第二に、富山〜福井間の距離は137kmであり、富山〜新潟間の254kmの約半分にすぎない。それゆえ、古代には越（または高志）というひとつの国を形成していた新潟県と北陸三県は、親不知・子不知という自然障壁で隔てられているため、実際には相互の結びつきは希薄である。新潟県は248万の人口を持ち面積も広いことから、北陸三県がひとつの地域的なまとまりを形成し、新潟

第3章 ローカル産業とまちづくり 67

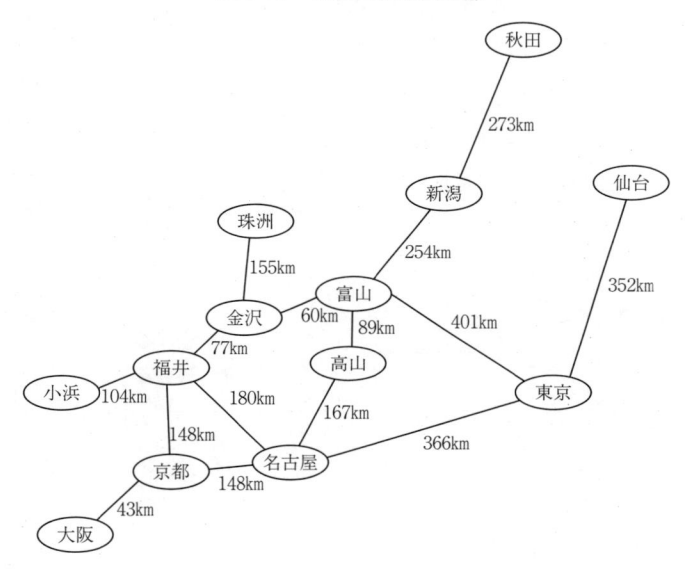

図3-7 北陸の都市間距離

```
                          秋田
                           |
                          273km
                           |
                  新潟
         珠洲      |
          |      254km          仙台
         155km    |              |
     金沢  富山              352km
      |  60km  89km   401km     |
     77km                      東京
   福井  高山
小浜 104km 180km 167km
         148km          366km
         京都  名古屋
             148km
         43km
         大阪
```

出典：『JR時刻表』より作成。

県は単独で首都圏と結びつくという構図ができあがっている。同様のことは、長野県と北陸三県についても当てはまる。

　ちなみに北陸3県を縦貫する国道8号線の断面交通量を見ると、県境付近で明瞭に断面交通量が減少している。交通量の面では、県境による分断効果はかなり大きい。福井県と石川県、石川県と富山県はともに峠が県境となっている。さらに、福井県と滋賀県の県境は（標高は低いけれども）太平洋と日本海の分水嶺となっており、富山県と新潟県は前述したように親不知・子不知の断崖で隔てられている。そのため、約人口100万人の3つの県がやや独立して並んでいる図式が描ける。

　第三に、珠洲～金沢間の距離が155km、福井～小浜間の距離が104kmという数値が示すように、比較的コンパクトな形状をした富山県を除き、石川県と福井県は県土が長く延びてアクセスがやや悪い地域が存在する。そのため、石

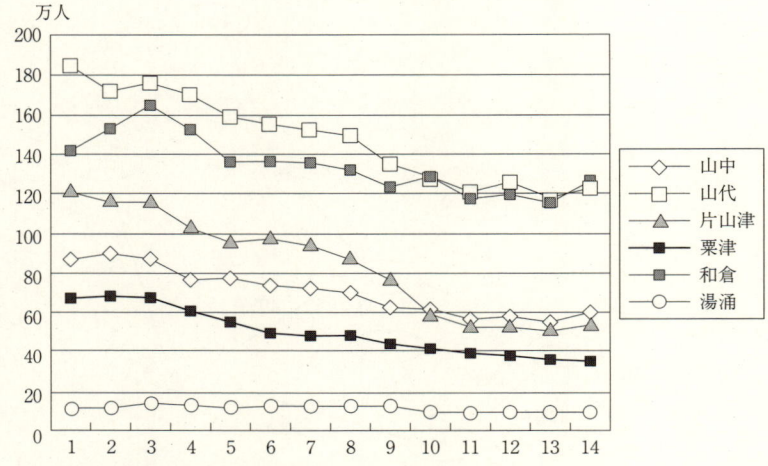

図3-8 県内主要温泉地の利用者数

凡例:
◇ 山中
□ 山代
△ 片山津
■ 粟津
▨ 和倉
○ 湯涌

出典：石川県刊行推進総室「統計から見た石川県の観光」より作成。

川県や福井県では、能登半島や若狭湾沿岸は県政から取り残される傾向がみられ、県土の均衡ある発展という観点からさまざまな施策が打ち出されている。

(3) 石川県の温泉観光地の動向

バブル崩壊後、県内の温泉地はどこも利用者数が頭打ち状態にある。図3-8に示すように、利用者数は平成元年をピークに減少傾向にある。ただ、和倉温泉だけは利用者数の減少がそれほど顕著には表われていない。北陸の温泉地は、高度成長期に「関西の奥座敷」と呼ばれ、会社の慰安旅行による団体客を集めた。しかし低成長時代に入り、旅行形態が団体客から友達同士や家族による少人数グループに変化し、それに伴い利用交通手段も鉄道や貸し切りバスから自動車の利用へと変わっていった。他地域の温泉旅館と同様に、北陸の温泉旅館の多くも団体客をターゲットとした経営が主体であったため、宴会目的にやって来る団体を効率よく受け入れる経営が中心であった。そのため、宿泊客

をできるだけ長い時間旅館内に滞在させ、旅行客の消費を施設内で完結させようとしてきた。その結果、少人数でやってくる旅行客のニーズには対応できず、滞在型・周遊型の旅行形態への対応を迫られている。

こうした旅行形態の変化への対応策のひとつとして、北陸の温泉地ではまちづくりとの連携が図られるようになっている。温泉地に車でやって来た観光客が町並みを徒歩で散策し、地元の資源（輪島塗や山中漆器、九谷焼など）を体験できるようなコースを設定したり、周辺の商店街と連携して地元の特産品を買い物できるよう、まちづくりが進められている。こうした努力は、和倉温泉や山代温泉、山中温泉、片山津温泉など、多くの県内温泉地でみられる動きである。また加賀市では、観光客向けの周遊バス（canバス）を走らせており、温泉地を市内の他の名勝・旧跡にも誘導しようとしている点がユニークである。

「加賀百万石ウォーク」という石川県の事業は、2〜3時間程度の小旅行を地元の観光ボランティアが案内するものであり、地域の人材を活用して地域の活性化に繋げようとしている。利用者の多くは地元の老人会や高齢者のグループが多く、新しい形態の観光のあり方を模索しようとする試みであると評価できる。

3．まちづくりの課題

(1) 北陸の家計の特徴

まちづくりの問題を考える際には、北陸の家計の状況を把握しておくことが良いだろう。平成12年度の国勢調査によれば、一般世帯の平均世帯人員は、富山県が3.09人、石川県が2.83人、福井県が3.14人である。この数字は、全国平均の2.67人を大きく上回っている。世帯規模が大きいことは、三世代同居世帯が多いことを意味している。

大きな世帯規模と密接な関係にあるのが、高い持ち家率である。平成10年度の住宅・土地統計調査によれば、富山県の持ち家率は全国でもっとも高く、

80.4%にも達している。福井県も全国で第5位であり、全国平均の60.0%を大きく上回っている。

人口千人当たり自動車保有台数も北陸地方は大きく、富山県が739.8台で第6位、福井県が733.6台で第7位となっている。

同様に平成12年度の国勢調査によれば、女性就業率（15歳以上女性就業者数／15歳以上女性人口×100）を都道府県別に見ると、富山県が第4位で51.4%、石川県が第6位で51.3%、福井県が第1位で52.6%となっており、全国的に見て非常に女性就業率が高い地域である。

対照的なのが、近年若年業者の増大として大きな社会問題となっているフリーターである。北陸地方は地方のなかでも比較的就業機会に恵まれているので、高卒無業者（つまりフリーター）の割合は全国的に見てきわめて低い。たとえば平成13年3月卒業者の場合には、全国平均の9.8%と比べると、富山県は2.8%、石川県は5.6%、福井県は4.0%とかなり少ない。

以上のように、高い持ち家率、大きな世帯規模、三世代同居世帯が多いこと、高い女性就業率といった要因が相互に絡み合い、郊外市場が形成されていった。

(2) 石川県のまちづくり

近年のまちづくりでは、官民協働が強く謳われるようになりつつある。官は自治体や商工会議所などが中心となった動きであり、TMOが設立された都市では、中心市街地の活性化のために重要な役割を担っている。一方民の側では、NPOがまちづくりに大きな役割を果たすと期待されている。石川県NPO活動支援センターの資料にもとづいて分野別のNPO団体数（法人格を持たない団体を含む）を見てみると、「保健・医療・福祉」(226)、「まちづくり」(135)、「環境保全」(131)、「文化・芸術・スポーツ」(125)、「青少年育成」(120)、「社会教育」(111)の順に団体数が多くなっている。保健・医療・福祉の分野では、2000年から始まった介護保険がNPO団体設立の大きな追い風となっている。介護保険制度の下で、NPO法人がサービス提供者として認められるようになったため、多くのNPO法人がヘルパー派遣事業やグループホームの運営に乗

表3-4　県内主要NPOの収支

(単位:万円)

	非営利事業					営利事業				
	収入	管理委託費	助成金	支出	人件費	収入	管理委託費	助成金	支出	人件費
歴町センター大聖寺	44	0	0	46	0	42	0	0	0	0
竹の浦夢創塾	773	154	2	736	182	1349	360	0	1,348	419
まちかど倶楽部たかまつ	135	80	0	131	57	225	0	98	225	121
やすらぎの里金蔵学校	160	0	0	144	0	0	0	0	0	0
こまつNPOセンター	431	330	0	449	221	0	0	0	0	0

出典:「石川県NPO支援センター資料」より作成。

り出すようになった。介護保険制度の下では安定した事業運営が可能であるため、多くの団体が法人格を取得して高齢者福祉の事業を手がけるようになった。「保健・医療・福祉」と比べると、「まちづくり」「環境保全」「文化・芸術・スポーツ」「青少年育成」「社会教育」の分野のNPOは、安定した事業運営が難しいために経営が不安定な状態にある。

平成15年9月から施行された指定管理者制度によって自治体は施設管理の受け皿としてNPOに大きな期待を寄せている。美術館や博物館、郷土資料館といった施設、運動場・体育館、女性センター（男女共同参画センター）、青少年向けの施設、図書館、老人福祉センターといった施設は、指定管理者制度の下でNPOのみならず民間企業にも運営委託の門戸が開かれるようになった。この制度によって、まちづくりNPOが地域の活性化のための施設を運営するようになり、安定した事業運営が可能となるかもしれない。しかし一方で、従来の委託契約よりも条件が悪化し、単なる行政コストの切り下げの効果しかもたらさないかもしれない。もちろん、指定管理者制度は行政コストの削減が主目的であるが、民間企業やNPOが運営主体となることで、行政による運営では実行が容易ではない市民との連携が活性化する可能性もある。

表3-4は、「まちづくり」を主な活動とするNPO法人のうちで平成16年度法人収支の状況が把握できた5団体の概要を示している。行政から受託事業が

ある場合には予算規模が大きくなるが、そうでない場合は100万円を超える事業規模を維持するのは容易ではないことがわかる。さらに意外な点は、助成金の金額がごく僅かにすぎない。そのため人件費の支出もごく僅かであり、フルタイムの職員を雇用するのが難しい状況が浮かび上がる。やはり、今のところボランティアによる無償奉仕活動で運営せざるを得ないのが実態である。

NPOによるまちづくり活動を活性化させるためには、豊富な専門的知識を持った有能な人材が求められるだろう。現状では県内NPO法人は魅力的で有能な人材を引き付けることのできる魅力的な職場とは言いがたいが、能力に見合った処遇のできる職場環境づくりも、まちづくり活動を活性化するために重要な課題だろう。

(3) 金沢市のまちづくり

上で述べたように、金沢市も他の県庁所在都市と同様に都心部の空洞化が進んでいる。ただ、戦災に遭っていないことから市街地中心部の街路は細く、それが逆に郊外化を遅らせてきたという面もある。金沢市の商業機能の郊外化は、富山市や福井市に比べると遅れて始まった。それでも1990年代に入って急速に郊外化が進み、同時に中心部の空洞化も深刻化しつつある。県庁の移転はこの傾向に拍車をかけると予想されるため、石川県と金沢市はさまざまな対策を練っている。

金沢市のまちづくり事業は、城下町の伝統を重視して観光客誘致に繋げようと意識している点にも特徴がある。東山茶屋街は国の重要伝統的建造物群保存地区に指定され、廓の雰囲気が維持されている。また、金沢市独自の景観施策として、「伝統環境保存区域」と「近代的都市景観創出区域」が指定されている。前者は、東山地区の他、寺町、長町など36の地区が指定され、後者は、金沢駅や香林坊周辺など13の地域が指定されている。さらに、城下町の伝統的まちなみ保全に重点を置いた「こまちなみ景観条例」も用意され、10の地区が指定されている。

金沢の都市景観施策として、市街地を走る用水路にも注目が集まっている。

洪積台地である小立野台地の末端に築かれた金沢城の城下町は、洪積台地から沖積平野の境界部分に広がっているため、それほど水の便に恵まれた地域ではなかった。そのため、金沢城の内堀や外堀に導水するために辰巳用水や鞍月用水が建設され、現在でも市街地のなかに重要な水辺景観が残されている。

城下町の伝統を維持しようとする運動は、旧町名復活にもみられる。近年になって復活した旧町名には、主計町や飛梅町、下石引町、柿木畠などがある。これら旧町名は、1965（昭40）年頃に相次いで新しい住居表示に変更される過程で消滅したものである。金沢市の旧町名復活の動きは、全国的な旧町名復活運動の先駆けとなっている。

こうしてみると、金沢におけるまちづくりの動きは、比較的順調に進んでいるように見えるかもしれない。しかし都市は生き物であり、さまざまな力がぶつかりあいながらその姿を変えていく。

金沢のまちづくりを支配している力学を単純化してみれば、次のように整理できるだろう。

①観光都市としてのアイデンティティ強化
　加賀百万国の城下町という伝統が金沢にとって重要なアイデンティティであり、その強化が都市経済にとってもプラスの影響をもたらすため、まちなみ保全や用水のある水辺景観の保全、旧町名復活に積極的に取り組もうとする動き。
②北陸三県の中核都市としての成長志向
　支店・営業所の立地によってもたらされる経済効果を維持・強化しようと意図して、県庁の庁舎移転などを通じた駅西副都心の開発や環状バイパスの建設を推進する動き。
③都市成長に付随した郊外化と都心空洞化
　石川県内での金沢への一極集中によって、金沢市は、北陸地方のなかで相対的に高い成長を維持してきた。これは、戦後の経済成長という日本全体の長期的な動きに対応するものであるが、それは同時に地場資本の衰退と外部

資本の流入を引き起こし、他の都市と変わらない金沢市郊外の景観を生みだした。

　金沢のまちづくりに強く影響を及ぼしてきた要因を以上のような形で整理すると、今後行政や市民が取り組まなければならない問題が浮かび上がってくる。第一の問題は、都心周辺部の人口空洞化への対策として打ち出されている「まちなか居住」を伝統的まちなみ保全と両立させる方策が見あたらない点である。人口の郊外分散は、所得水準が上昇するにつれて広い居住スペース（と駐車スペース）を求める住民の欲求を反映したものである。まちなか居住を推進する際に、郊外住宅地で得られるはずの広い居住空間というアメニティをどのように確保していくべきだろうか。古い町屋を現代的住宅に改造するだけでは現代人のアメニティを満足させることは難しく、その結果都心周辺部では集合住宅の建設が進みつつある。都心周辺部における高層マンションの増大は、金沢の伝統的な景観を台無しにする可能性が大きい。

　第二の問題は、都市成長を指向した副都心開発が必然的に都心空洞化を加速し、ひいては金沢の大事な魅力であったはずの伝統的まちなみ地区には、誰も居住しなくなってしまうという点である。その結果、観光の目玉として売り出すはずの伝統的まちなみの維持・管理が次第に行政に依存するようになりつつある。これは由々しき問題である。人間の息吹が感じられないまちなみは、ショーウィンドウに飾られた写真と同じである。観光客向けの都心周辺部の空間、地元の人々が生活する郊外の空間という明確に仕切られた金沢の都市空間が出現したならば、果たして観光客を呼び込むことができるだろうか。

　金沢の今後のまちづくりにとって、上述したような矛盾したベクトルを持つ動きを調和させるための方策を見つけだすことが重要となるに違いない。

第4章

北陸地域産業集積の構造と機能

田口 直樹

はじめに

　近年、地域経済あるいは地域産業の活性化に向けて産業集積論、産業クラスター論、あるいは知的クラスター論が積極的に議論されてきているが、北陸地域でもこうした文脈のなかで新しい産業クラスター、知的クラスターの形成にむけてさまざまな取り組みが行なわれている。たとえば、福井県では産業用機械メーカーである㈱松浦機械製作所、福井大学、県産業支援センターなどが連携し、高性能レーザーの開発に力を入れており、石川県では予防型社会システムの構築をめざし「早期痴呆診断支援システム」をかかげ、計測器メーカーの横河電機㈱を誘致し、金沢工業大学、金沢大学、石川県産業創出支援機構、地元の精密機械・電子関連企業が連携し、脳科学の分野で知的クラスター形成の取り組みをはじめている[1]。
　また、「富山の薬売り」をはじめ和漢薬製造の伝統を持つ富山県でも「バイオ先進県」をめざす産学官研究がはじまっており、「富山バイオバレー構想」を展開し、新規事業の創出や産業集積の形成をめざしている。
　地域経済の活性化は、新規事業創出や産業集積の形成を伴い、地域の持つ固有の資源、すなわち地域に存在してきた既存産業や伝統工芸、文化といった歴史的に形成されてきた技術や人材、慣習などと結びついて地域の持つ固有の競争力として展開していくことが求められる。こうした観点から見たとき、北陸

地域は非常に興味深い研究対象である。北陸地域は繊維の産地であり、とりわけ福井県、石川県の合繊長繊維の出荷額では、今もなお高い全国シェアを占めている。歴史的には絹織物から出発して産地形成をしてきたわけであるが、この形成過程で繊維機械工業の発展を促し、そこから派生して工作機械産業をはじめとする産業用機械などの中堅機械メーカーを生み出し、競争力を有するいわゆるニッチトップ企業を多く輩出し、北陸地域の経済において重要な役割を果たしてきた。とりわけ、石川県の金沢都市圏は、こうした「内発型発展」の典型的な事例として宮本［1989］や中村［2004］によって、さらには「創造都市」という概念から佐々木［2000］［2001］によって研究されている。

石川県において繊維工業と繊維機械工業が二大基軸産業として北陸地域の産業発展に果たしてきた歴史的役割は非常に大きいものがある。しかし、1970年代の石油危機、2000年初頭のバブル崩壊、また近年の中国をはじめとする後発国の工業化の過程のなかで当然のことながら右肩上がりの成長とはいかなくなっている。繊維産業が衰退傾向にあるのは北陸地域に限らず日本においてはどこでも多かれ少なかれ同じであるが、とりわけ川中部門が集積する北陸の繊維産地においては賃加工が中心であったことから、どういった分野で生き残りを図っていくかが非常に難しい問題としてある。繊維の産地を形成する福井県も石川県も出荷額に占める割合は依然として高く、単純に斜陽産業として位置付けられない存在である。ゆえに、両地域において新規事業を創出していくことは当然必要であるが、既存産業をどう再構築していくかということが上述の観点から見た場合、非常に重要である。

この点で福井県と石川県の繊維産地を比較した場合、同じ川中部門を中心とする集積であるが、福井県は非衣料分野とりわけ産業用資材分野での新市場への展開に一定の成功を収めており、一方で石川県の場合は新分野に必ずしも展開できているとはいえない。結論を先取りすれば、この違いは、ある程度自立的な展開をしてきた福井県の繊維産業と原糸メーカーの系列下で展開してきた石川県の繊維産業との違いということができる。

そこで本章では、石川県の繊維産業の歴史的な展開過程とそこで果たしてき

た役割を押さえた上で、1970年代以降の展開過程を原糸メーカー、産元商社、機業の関係を中心に分析し、その限界性を明らかにする。その上で福井県の繊維産業の展開過程を分析することで既存産業の再構築のひとつの方向性を示すことにする。

1．北陸地域産業の特徴

(1) 北陸地域産業の統計的概観

　北陸地域（福井、石川　富山）では、さまざまな経済指標が全国構成比の3％前後に集中している。たとえば、面積で3.1％、人口2.5％、県内純生産2.4％、工業出荷額で2.6％であり、全国の2～3％台の小規模な経済圏である。地理的には東京、大阪、名古屋の3大都市圏から300km圏内とほぼ等距離にあり、能登空港の開業や北陸新幹線、東海北陸自動車道の整備も進み交通インフラも整備されてきている。また、伏木港（富山）をはじめとして湾岸施設も整備されており、日本海を介して北東アジア地域との中継基地となりうる性格を有している。

　工業出荷額の業種別内訳を見ると表4-1・図4-1のような結果となっている。福井、石川の両県を中心に世界的な合繊長繊維織物の産地を形成している繊維工業の構成比は福井県で12.1％、石川県で8.7％となっており、特化係数（業種別構成比の全国平均に対する倍率）は、それぞれ11.7％、8.3％を示していることからも繊維へ特化していることがわかる。この合成繊維織物は全国シェア58.8％を占める産地となっている。

　機械工業のなかでは、精密機械に分類される眼鏡が福井県の鯖江市を中心に集積しており、眼鏡枠の全国出荷額の約98％（1位）を占める産地を形成し、眼鏡に関しても68％（1位）を生産する産地になっている。また、金属製品を見ると富山県が特化係数3.4％と高い数値を示しているが、これはアルミサッシが全国出荷額の約4割を占め、産地形成していることを反映している。

表4-1　北陸地域の工業出荷額の内訳

(単位：1億円)

	福井			石川			富山			全国	
	出荷額	構成比	特化係数	出荷額	構成比	特化係数	出荷額	構成比	特化係数	出荷額	構成比
食料品・飲料・たばこ・飼料	760	3.8	0.3	2,754	10.8	0.9	1,918	5.5	0.5	351,146	11.6
繊維	2,445	12.1	11.7	2,219	8.7	8.3	692	2.0	1.9	31,620	1.0
衣服・その他繊維	878	4.4	3.6	383	1.5	1.2	451	1.3	1.1	36,743	1.2
木材・木製品・家具	674	3.3	1.6	831	3.3	1.6	1,277	3.7	1.8	62,314	2.1
パルプ・紙・紙加工品	515	2.6	1.0	260	1.0	0.4	1,541	4.4	1.7	79,858	2.6
出版・印刷・同関連	388	1.9	0.4	964	3.8	0.9	636	1.8	0.4	130,521	4.3
化学・石油石炭製品	2,008	10.0	0.9	1,396	5.5	0.5	5,374	15.4	1.4	332,562	11.0
プラスチック製品	1,158	5.8	1.6	688	2.7	0.8	1,897	5.4	1.6	106,063	3.5
窯業・土石製品	916	4.5	1.5	813	3.2	1.1	1,041	3.0	1.0	89,787	3.0
鉄鋼	97	0.5	0.1	363	1.4	0.4	1,043	3.0	0.8	119,630	3.9
非鉄金属	1,026	5.1	2.5	256	1.0	0.5	2,319	6.7	3.2	62,189	2.0
金属製品	975	4.8	0.9	1,167	4.6	0.9	6,150	17.7	3.4	155,868	5.1
一般機械器具	1,139	5.7	0.6	5,539	21.7	2.2	3,491	10.0	1.0	304,132	10.0
電器機械器具	4,990	24.8	1.3	6,947	27.2	1.4	4,808	13.8	0.7	595,817	19.6
輸送用機械器具	636	3.2	0.2	491	1.9	0.1	1,231	3.5	0.2	444,474	14.6
精密機械器具	1,251	6.2	4.6	17	0.1	0.0	142	0.4	0.3	41,189	1.4
その他	279	1.4	0.5	457	1.8	0.6	833	2.4	0.8	91,911	3.0
合計	20,135	100.0	1.0	25,545	100.0	1.0	34,844	100.0	1.0	3,035,824	100.0

出典：経済産業省『工業統計表』(2000年)による。

　地域の主要産業である一般機械を見ると、建設機械や軸受・ロボット、繊維機械の大手メーカー、金属工作機械の中堅メーカーが立地しており、とくに石川県では21.7％と高い割合を示している。繊維機械と金属工作機械の生産額の推移を見てみると図4-2のようになっている。これからもわかるように、金属工作機械に関しては全国シェア10％台を維持している。繊維機械に関しては30％前後のシェアを常に維持しており、金属工作機械、繊維機械の一大生産拠点を形成していることがわかる[2]。工作機械についていえば、世界的に見て工作機械産業の集積がみえる地域としては、ドイツ（ケルン、M．グランド、バ

第4章 北陸地域産業集積の構造と機能 79

図4-1 北陸地域の工業出荷額の全国比

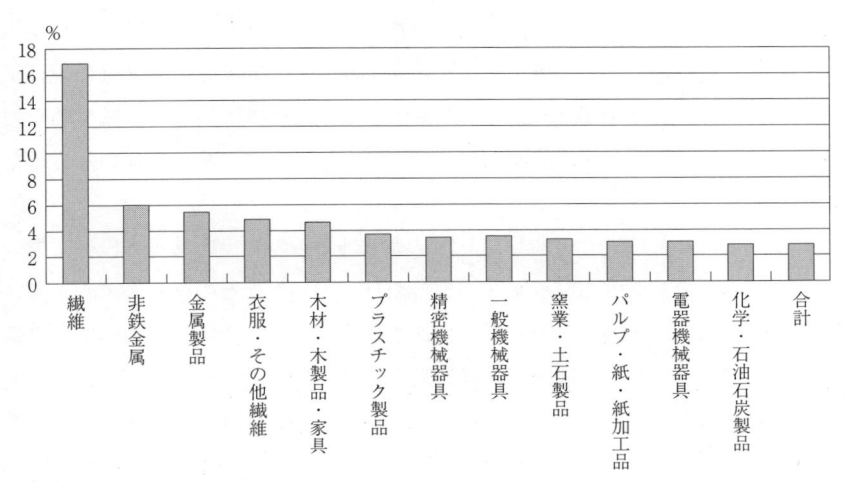

項目	比率(%)
繊維	約17
非鉄金属	約6
金属製品	約5.5
衣服・その他繊維	約5
木材・木製品・家具	約4.8
プラスチック製品	約4
精密機械器具	約3.7
一般機械器具	約3.8
窯業・土石製品	約3.5
パルプ・紙・紙加工品	約3.3
電器機械器具	約3.3
化学・石油石炭製品	約3.1
合計	約3.2

出典：経済産業省『工業統計表』(2000年) より作成。

図4-2 金属工作機械、繊維機械の全国シェアの推移

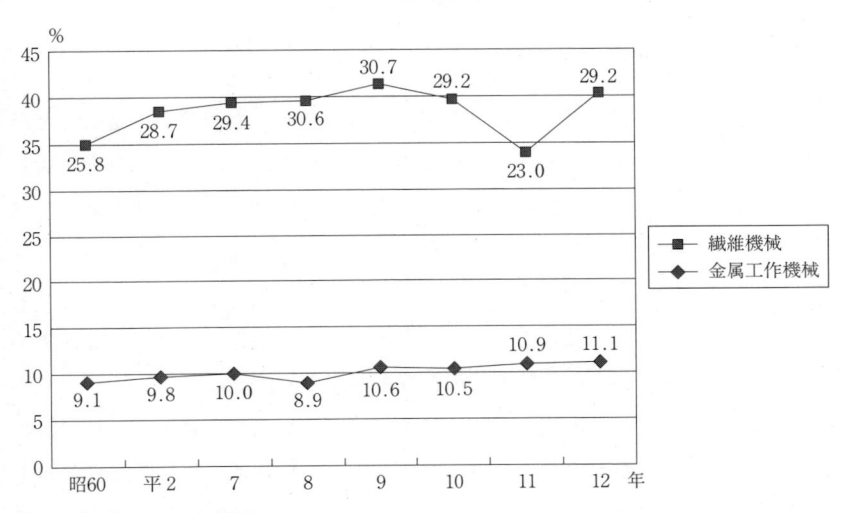

繊維機械：
昭60: 25.8, 平2: 28.7, 7: 29.4, 8: 30.6, 9: 30.7, 10: 29.2, 11: 23.0, 12: 29.2

金属工作機械：
昭60: 9.1, 平2: 9.8, 7: 10.0, 8: 8.9, 9: 10.6, 10: 10.5, 11: 10.9, 12: 11.1

出典：経済産業省『生産動態統計』より作成。

ッハ、ケムニッヒなど)、イタリア(ミラノ、ボローニャ、ピアチェンツアなど)、中国(北京、瀋陽、上海など)、台湾(台中、桃園など)があり、日本においては、中京、長岡、北陸に主な集積が形成されている。北陸3県の規模は愛知県につぐ規模である[3]。金属工作機械や、繊維機械は製造業の基盤的な技術に位置する。こうした観点からも北陸地域の技術水準の高さを伺い知ることができる。

電気機械は3県に広く立地しており、地域外からの進出もあって機械工業のなかでは伸びが目立っているが、抵抗器やコンデンサなどの部品事業所が多い。

富山県では、早くから水力発電が推進され、化学、合金鉄などの鉄鋼、炭素電極や研削剤の窯業など電力多消費型産業の工場が早くから立地しており、近年では麻酔用の笑気ガスやスポンジチタンおよびニューセラミクス材料などの生産によってファイン化路線が推進されてきた。

以上、北陸地域の統計的な特徴を示したが、繊維工業の比重が依然として高く、また一般機械に関してもこの地域の持つ技術競争力としての存在意義が大きいことがわかる。

(2) 業種構成の特徴

北陸地域は日本海側では有数の産業集積地域である。水資源が豊富なことから低廉な電力を利用した重化学工業やアルミ工業が立地し、湿潤な気候に適した繊維工業も盛んで、さらには多彩な工業を支える機械工業の集積が存在している。

繊維や食品をはじめとする気候、風土、文化などと深く結びついた地場産業と、得意分野に絞り込んで技術開発に取り組み、その最先端で確固たる地位を高めつつある企業の存在が北陸の特徴のひとつである。

たとえば、富山県では大正から昭和にかけて豊富な水力を利用した発電事業が盛んになり、そこから生じた余剰電力を利用した特殊鋼、化学肥料、アルミ精錬などの産業が生まれる。昭和初期にはこれらの企業は富山県を中心に立地し、現在でも高岡市、黒部市には、YKK㈱、三協立山アルミ㈱(旧・立山ア

ルミニウム工業㈱、旧・三協アルミニウム工業㈱)、北陸アルミニウム㈱、などの日本の代表的なアルミ製品企業が集まっている。

　石川県では、加賀市周辺には大同工業㈱を軸とするチェーン・リム関連の集積、小松市においては㈱コマツを頂点とする加工分野の幅広い集積があり、熱処理、プレスなどの基盤的技術分野を担う企業も多い。松任市(2005年2月1日より白山市)、金沢市を含む石川郡以北については、繊維機械大手向けの機械部品、鋳物、鋼材の供給、工作機械メーカー、電機機械関連の幅広い集積がみられる。

　もう少し具体的に見ると、産業機械関連では、小松市を中心に㈱コマツを頂点とした一次、二次、三次下請企業が展開し、企業城下町を形成している。集積の幅は広く、素材加工からユニット組立まで地域内で対応できる。とくに切削加工、溶接、鍛造の分野では高い技術水準を持っている。2002年にジェイ・バス㈱(旧・日野車体工業㈱)が小松市の串町工業団地に本社を移転し、バス生産の集約的拠点として小松工場の操業を開始している。総合的なものづくり技術を要する自動車メーカーの移転は、小松・松任地域に広がる基礎的・汎用的技術集積の水準が一定の高さにあることを示しているといえる。電器機械関連では、企業の誘致の結果、㈱金沢村田製作所、㈱ナナオ、㈱PFU、㈱アイ・オー・データといった企業を中心に、電子デバイス、本体組立、CRTディスプレイ、周辺装置といった川上から川下にいたるハードウエアの生産基地となっている。こうした電器機械関連企業の進出は、金属プレス関連の受注拡大にも繋がっている。

　サービス業では、産業用機械関連業種の広範囲な集積により、一般機械・電機機械修理業、建設機械・鉱山機械修理業の集積が高まり、プラスチック成形業では、日本最大のプラスチック漆器産地を背景に、機械の軽量化、電機・電子産業の集積に合わせて主要部品を生産するプラスチック成形業者が増加している。

　もう少し別の角度から見ると、中小・中堅企業については、新製品開発・新分野進出に意欲的な中小企業群、ニッチトップ企業が多いことも特色である。

表 4-2　機械金属関係のトップ・シェア企業

(単位：%)

トップシェア製品	推定シェア	企業名
ゆで卵機	100	㈱石野製作所
脱式車椅子用階段昇降機	100	大同工業㈱
洗車機（トラック用、ノーブラシ）	85～100	㈱ニッポー技研
オートバイ用スポーク	90	㈱月星製作所
自動ワインダー	90	加賀村田㈱
ダンプ用土砂脱落防止機械	85	田村機械㈱
バイメタルシリンダーブロック	80	㈱明石合同
農機用ホイール	80	大同工業㈱
大型軸受鍛造リング	80	平鍛造㈱
自動揚げ物機、自動焼き物機	70	アサヒ装設㈱
カバーリングマシン	70	片岡機械工業㈱
BGA ハンダボールマウンタ	70	澁谷工業㈱
公衆電話ボックス	70	㈱能登
通信機・AMラジオ用セラミックフィルター	70	㈱ハクイ村田製作所
原子力発電用放射線遮蔽扉	70	㈱富士精工本社
農業施設用集塵装置	70～80	明和工業㈱
小型ラジアルボール盤	70	ヨシオ工業㈱
軸受け用円筒形ローラー	65	東振精機㈱
ブルドーザー	60	㈱コマツ
クリーンチューブ	50～60	㈱久世ベローズ工業
クリーンフィッティング	50～60	㈱久世ベローズ工業
オートバイ用リム	60	大同工業㈱
オートバイ用チェーン	60	大同工業㈱
大型建設機械鍛造リンク	60	平鍛造㈱
織機	62	津田駒工業㈱
ジェットルーム	60	津田駒工業㈱
トンネル用非常電話ボックス	60	㈱能登
回転寿司用コンベア	50	日本クレセント㈱
電子点火装置	50	アールビーコントロールズ㈱
業務用水洗脱水機	50	㈱稲本製作所
業務用乾燥機	50	㈱稲本製作所
高周波用誘電体フィルタ	50	㈱金沢村田製作所
エアジェット用プロファイルリード	50	㈱木地リード
液体瓶詰め装置	50	澁谷工業㈱
自動レンズ芯取り機	50	中村留精密工業㈱
垂直搬送機	50	ホクショー㈱

出典：石川県『石川県の産業』『ギネス石川』より作成。

石川県がまとめたトップ・シェア企業を見ると表4-2のようになる。石川県のニッチトップ企業数、約40社という数字は全国第3位である。機械金属関係・繊維関係を中心に多様な事業が展開されており、単純に企業城下町あるいは産地的な経済発展ではなく、そうした基盤を生かしながら自立性の高い事業展開も行なわれているのが特徴のひとつであるといえる。

では、この北陸地域産業集積の特徴をより明確にするために、この産業集積が歴史的にいかに形成されてきたかを次に見てみる。伝統文化、伝統産業と結びついた産業集積という意味では石川県の産業集積の形成のあり方が典型的であると思われるので石川県の産業集積の形成過程を見てみる。

(3) 産業集積の歴史的系譜

石川県の産業集積を系譜にしたものが図4-3である。加賀百万石の礎を築いた前田家は、江戸の武家文化と公家文化の融合を図る「加賀文化」を創造し、金沢の文化的発展の基礎を築いた。このなかで、学術・芸能・工芸に関する一流の人材を全国から集め、大名調度品などを製造していた「加賀藩細工所」では、細工職人を優遇し、製造環境を整備した。また茶道と能を奨励したことで、金箔が茶箱などの蒔絵に活用され、加賀友禅も茶室に合う落ち着きと気品を特徴とし、九谷焼などの陶磁器、山中漆器などの伝統工芸品も発展し、独特の食文化は、多くの食品機械メーカーの創業を促した。また、山中漆器は、自転車の木製リムの開発へと結びつき、これが自転車用チェーンに展開、大同工業㈱の動力装置へと繋がっていった。

さらに前田家は、京都西陣織から羽二重織の製法を導入、士族の授産事業として撚糸会社や機織り場を設立、織機製造など機械工業の展開の基盤となった。明治33年には津田米次郎により羽二重用の自動織機が開発され、これが津田駒工業㈱の技術基盤となっている。織機の開発は、工作機械製造の土台となり、ＮＣ旋盤の中村留精密工業㈱などの創業に結びついている。

一方、大正時代に銅山経営を行なっていた竹内鉱業㈱は、小松鉄工所を分離し、同社は鉱山用機械を開発、のちに農用トラクター、建設機械製造へと展開

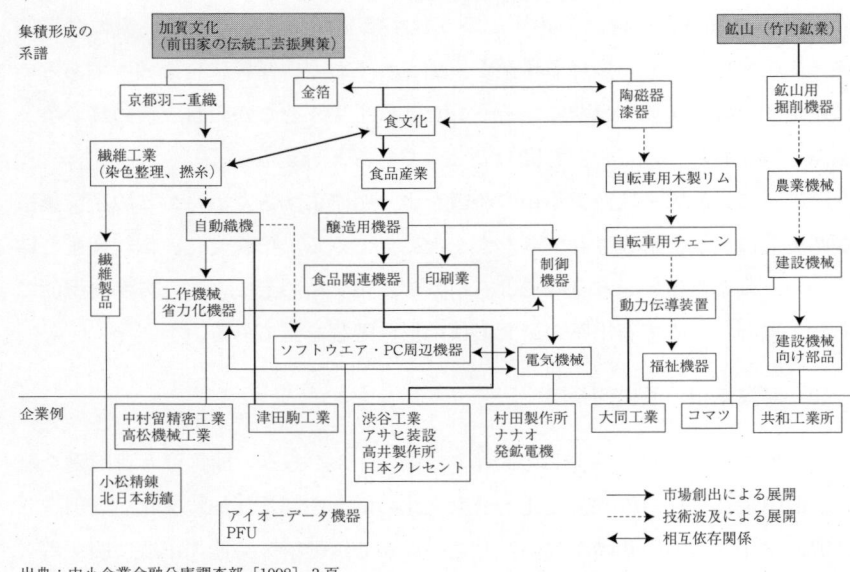

図4-3　石川県の産業集積の系譜

出典：中小企業金融公庫調査部［1998］3頁。

し、これが現在のコマツ㈱へと発展していった。同社の創業者である竹内明太郎は、「技術」を重要視し、技術者育成に取り組んだ結果、多数の関連企業が創業した。また建設機械の集積は、建設機械向けボルトの㈱共和工業所のような関連部品の有力企業を生み出した[4]。

　こうした各種工業の展開により、裾野の広い中間財加工技術が集積した。具体的には、多様な産業用機械の生産企業およびこれらの組立型企業を支える業種の集積、合成長繊維産業の中間工程（糸加工〜製織〜染色・精錬）全般にわたる企業群による世界最大規模の長繊維織物産業の集積、織機製造業関連の鋳鍛造、機械加工、表面処理の集積、糸加工、検査機などの繊維関連周辺機器メーカーの集積が形成されてきた。

　このように、石川県の伝統産業、とくに繊維産業は、一般機械を中心に基盤的な技術を形成し、電気機械も含め新しい産業を形成せしめた革新的な役割を

果たしてきたといえる。しかし、図4-1でも明らかなように、依然として、繊維産業の比重は高く、この分野の構造転換が必要であることは明確である。よって、以下では、北陸地域産業の展開に大きな役割を果たした繊維産業の展開過程について詳細に検討し、北陸地域産業における繊維産業の位置付けを明確にする一方で、今日において繊維産業において構造改革が進まない要因を明らかにする。

2．北陸繊維産業の歴史的展開課程

　北陸繊維産業の展開過程については、石川県金沢地区の内発的な産業発展の歴史的分析として繊維工業と繊維機械工業の発展を中村剛治郎が、原糸メーカー、産元商社、機業家の系列関係を中心に北陸産地の構造を丹野平三郎が詳細に分析している[5]。ここでは1980年代前半までの北陸繊維産業の展開の特徴を両者の分析に依拠する形でまとめ、論点整理を行なう[6]。

(1) 産元商社を中心とした産地形成

①繊維産業の成立条件と問屋資本の産元商社化

　金沢地区の織物業は、①繊維に適した多湿地帯という気候を条件とし、②資本として、士族・小地主を主体とする新興機業家の登場、③労働力として工場労働力を析出する周辺農村の機構的特質があり、④労働手段として織物業と織機製造業者が地域内で相互関連的に発展してきたことを条件として展開してきた。この展開過程は加賀百万石の遺産をもとに独自に進められた工業化ではなく、後発地方都市が先進地へ追従する工業化である。後発地であるがゆえに、付加価値の低い輸出羽二重の生産で活路を見出し[7]、マニュファクチュア、機械制工場制度へと展開していく。西陣、桐生といった先進地は付加価値の高い内地向け絹織物が中心であり、かえって機械制工場制度に立ち遅れることになる。同じ羽二重でも福井産地に対する立ち遅れと外国機業家との競争から軽目羽二重（福井は重目羽二重）を開発し独自の需要を開拓していく。この軽目羽

二重は製品の特性上、力織機化が容易であり、このことが機業と織機業の相互発展の基礎を築いた。

　第一次世界大戦中に、日本経済は急速に発展し、輸出羽二重機業もその例外ではなく、好景気が鉄製力織機の採用を促した。これにより機業家は産業資本としての基礎を固め、自立性を強めていく。産業資本の自生的な成長が産地問屋機能の発揮に障害となる危険を感じ取った金沢の生糸・羽二重問屋資本は、自ら大規模有力工場を創設して近代的産業資本に転化する。こうして問屋資本と産業資本の性格を併せ持つ産元商社が中小機業への優位を確保する構造ができあがる。

② 人絹への転換と産元商社の自立性の確保

　第一次世界大戦後の反動不況から昭和恐慌へと続く慢性不況に際して、金沢織物産業は輸出羽二重から富士絹[8]、そして人絹へと製品を転換していく。こうした製品転換は大量生産・大量販売という資本主義の発展段階において、産地構造の再編を余儀なくするものであった。羽二重時代においては原糸（絹糸）メーカーが小規模分散的であり、絹織物は現物の品位の確認を必要とするなど、大量取引にはなじみにくい。その結果、機業と密着する産地問屋資本は、原糸メーカーや大手商社に支配されることなく、相対的に自立性を保持していたといえる。

　富士絹の原糸は東洋紡績㈱や鐘淵紡績㈱、人絹の原糸は帝国人絹会社、旭絹織㈱、東洋レーヨン㈱といった少数の大企業による寡占支配であり、これらの織物の販売をめぐっては、原糸メーカーや大手商社の支配に陥る危険性がある。実際、福井産地においては、この時期、原糸メーカーの系列子会社化や大手商社への依存度を高めることにより織物生産においては石川産地を上回る成長を達成している。すなわち、福井産地では産地問屋資本は自立性を犠牲にすることにより成長を維持した。

　これに対して、石川産地では、産元商社を頂点とする独自の産地機構を創出して、産地の自立性を維持しつつ大量生産・大量販売時代に対応する。代表的

な産元商社である岸商店（現・岸商事㈱）と一村商事（現・一村産業㈱）は、富士絹を単独で取り組むのは困難と判断し提携、多数の企業を傘下に集めて1923年にマルサン富士絹組合を結成する[9]。組合は、大企業に対抗する中小企業の地方的「カルテル組織」をめざし原糸の共同購入で原糸メーカーに、製品の統一価格による共同販売で大手商社に対応した。これに限らず、他の産元商社も織物共同組合を結成し、組合の主導権を握っていた。

　この組合の仕組みは、組合の主導権を握る産元商社があらゆる経済上部機能を独占し、工業生産機能においても、製織技術の研究や研究開発などは産元商社の指示のもとに生産現場機能に専念する、という産元商社―直系工場―傘下機業の垂直分業システムを形成した。このことは、産業資本としての機業家が自立性を奪われ、賃織業者化する過程でもある[10]。この結果、産元商社が原糸メーカーから糸を買い、傘下の機業をして独自ブランドの織物を製織せしめ、都市部に多数の特約販売店を組織して市場拡大に努めるという、自立的な産地機構の成立が可能となった。

③産元商社の産地代理店化

　1950年代の朝鮮特需の反動不況の結果として、人絹糸価格の暴落や輸出キャンセルなどが、織布企業や産元商社に大きな影響を与える。原糸メーカーは、織布企業の弱体化に対して、原糸代金回収不能に陥ることを回避するために、メーカー賃織方式を採用した[11]。1950年代半ば以降、ナイロン、ポリエステルという新しい繊維を市場に送り出していた合繊原糸メーカーは、織布＝染色加工業者がその取り扱いに慣れていないために、最終製品の生産に深く介入するようになり、「糸売り布買い」方式と建値制にもとづく指定工場制度を実施し、織布企業の系列化を進める。この系列化は、石川県においては産元商社を媒介する形で行なわれた。これは、有力織布企業が、ほとんど産元商社の直系工場であり、かつ産元商社主導の織物協同組合に組織されていたからである。こうした転換は、産元商社を原糸メーカーの産地代理店というべき存在に引き下げるものであった。

1960年代以降、合繊転換と高度経済成長に支えられて、合繊ブームが広がるが、一方で合繊原糸メーカーは寡占競争が激化する。「糸売り布買い」の委託加工方式のもとでは、合繊原糸メーカーは系列賃織機業に対して織物製品の価格変動リスクを負担しなければならないため、1965年の過剰生産による合繊不況の際には大きな打撃を受けることになる。そこで、原糸メーカーは「糸売り布買い」方式を流行の変化が少ない量産に適する主力商品に限定し、その他は「糸売り放し」方式をとった。産元商社はこれを歓迎し、売れ筋のメーカー・チョップ[12]品の賃加工を行なって手数料を稼ぐ一方、流行品の自主生産を拡大して商社機能を強化することになった。

　1968年から1970年代半ばまでは、ポリエステルを中心に合繊ブームがおこり、1967年の構造改善事業[13]に支えられつつ拡張し続けてきた産元商社の成長期であった。この時期は、石川県の産元商社のメーカー・チョップ比率は低下し、自主生産販売比率が高まっていく過程であり、自主生産販売を織物にとどめず、アパレル分野にまで広げ、コンバーター化を進める産元商社も現われ、その自立性が高く評価された。

④産元商社の経営危機と原糸メーカーの系列化
　拡張路線を基本とする構造改善事業が供給力過剰を生み出すことは必然であった。輸出強化に捌け口を求めた結果は、1970年の対米繊維輸出自主規制であり、71年には円切り上げ、ドルショック不況、73年秋には石油危機が生じ、産元商社は深刻な経営危機に陥った。もともと産元商社は自己資本比率が低く、0.1％から高くて4％台と徹底した借入金依存経営であり、自主生産も資金的には大手商社に依存するものであった。産元商社は糸を買って以後、仮撚りなどの準備工程に1カ月、製織に2カ月、精錬染色に1カ月、製品を販売して手形を受け取るまでに1カ月、計5カ月間の資金繰りをつけるため、「宇宙遊泳」とよばれる空売りを行なっていた。当面、本当のユーザーではない大手商社に帳簿上織物を買ってもらい、その手形を割り引いて資金繰りをし、手形の期限がくるまえに織物を買い戻すというもので、産元商社はこの間の金利とマージ

ンを支払わねばならない。こうした方法は、高度成長期には循環するが、一度不況になり在庫増加や、大手商社が協力を拒否すれば破綻する。アパレル部門まで展開すればさらに期間は延び、必要資金は膨大となる。

1970年代後半には大手商社が不況の繊維に見切りをつけ、資金繰りの協力を停止したことにより、産元商社の経営危機が表面化する。この経営危機に対して合繊原糸メーカーが直接人を派遣するなどの全面介入を行ない、再建に取り組み、自主生産の縮小、メーカー・チョップ品の賃織り拡大、つまり、コンバーターとしての商社機能を縮小して産地加工業者を統括する工業生産者機能に徹する対策をとった[14]。こうして自立性を保持し独自の産地システムを形成してきた産元商社は大手合繊原糸メーカーの系列下に組み込まれ、結果として産元商社の自立性は喪失していった。

(2) 繊維機械工業の展開

石川県のもうひとつの柱である繊維機械工業の展開を見ると、1900年には、金沢の津田米次郎が半木製の津田式絹力織機を完成させる。1900年の恐慌で力織機の導入の必要性を痛感させられた金沢の新興機業家水登勇太郎は、開発されたばかりの津田式絹力織機を30台採用し、絹織物業における産業革命の先駆となる[15]。1920年には津田式の鉄製の力織機が完成し、1930年には、絹・人絹織機のひとつのエポックを画したと評される津田式NS型が開発された。これらは金沢の機業場と連携しながら織機の使い勝手など現場情報を入手しながら機業に最新の改良力織機をいち早く供給することによって、機業の生産力向上と競争力強化に寄与した。

一般的に繊維機械工業の場合、紡績技術の発展が糸の供給過剰を生み出し、そのことが織機技術の発展を促し、織機技術の発展が糸の供給不足をもたらし紡績技術の発展を生み出すという相互発展関係がみられる[16]。1960年代以降は、絹・人絹織物工業が長繊維合繊織物工業へと転換していく過程であり、合繊原糸メーカー自身の生産力水準に見合うよう製織・加工工程の近代化を求めることになる。1951年に津田駒工業が開発したものの実用化されなかった絹・人絹

自動織機が改良され、長繊維合繊自動織機としてようやく機業に導入されるようになる。そして1967年からの織布業における構造改善事業により、合繊織機ブームが興る。

戦後復興期、金沢の長繊維織機メーカーは中小企業25社により全国生産の90％近くを独占していたが、構造改善ブームの時期には6社になっていた。これは普通機から自動織機、超自動織機へという高性能織機の開発競争のなかで織機メーカーが淘汰されていく過程であった。この過程で1980年前半までには石川県の織機メーカーは基本的に津田駒工業に収斂されていく。

1970年代以降の不況の影響を受けて、津田駒工業も経営危機の時代に直面するが、他の大手織機メーカーが事業を多角化していくのとは対象的に、専門メーカーとして寡占競争を生き抜くことを選択する。織布機械部門に徹することにより、革新織機を多角的に開発し、海外輸出を強化して市場を拡大することを選択する。1976年にはようやくウォータ・ジェット・ルームの開発に成功し、1977年には他社に先駆けてエア・ジェット・ルームを開発する。後者は短繊維織物に適する超自動織機であり、これによって同社は、総合的な織布機械専門メーカーとしての地位を確立する。

こうした石川県における繊維機械工業の展開は、繊維産業の発展に寄与しただけではなく、前掲の図4-3で示した中村留精密工業㈱や高松機械工業㈱、あるいは共和電気工業㈱といった競争力を有する中堅機械メーカーを生み出した。これらの企業は津田駒工業や倒産はしたが当時、津田駒工業とならんで第二の織機メーカーであった北陸機械工業の従業員がスピンオフして展開した企業あるいは自動織機や超自動織機へ展開する過程で育てられた電装品メーカーである。さらには鋳物などの底辺の周辺産業も育成し、北陸産業の技術基盤を形成するのに非常に大きな役割を繊維機械工業は果たしたといえる。

(3) 1970年代までの北陸繊維産地の評価

以上のように石川県は産元商社が中心的な役割を果たして産地を形成してきたわけであるが、1970年代前半までの石川県と福井県の産地を比較して、丹野

[1974] は概括すると、次のような評価をしている。

　石川産地では、生産、流通両面に渡って主導的役割を担っている有力産元商社の組織的統括のもとに、地区別工業共同組合が編成されており、これがグルーピングという形態で構造改善貸与条件の適正規模を満たし、設備近代化を果たしえた[17]。これに対し、福井産地では、弱小商社が乱立し、しかも石川産地のように有力産元商社が少なく、その上、織物業者は商業的、投機的気質を払拭しえず、組織的統括機能を発揮し得ないで、グルーピングに取り組めなかった。

　もともと福井産地においては、原糸メーカーならびに総合商社の支配力が強く、石川産地では有力産元商社の掌握力が強かった。昭和40年の合繊第一次不況を契機として、原糸メーカーは系列方式を変更し、総合商社ならびに特定有力産元商社に原糸取り扱い業務を大幅に委譲する。その結果、福井産地においては、原糸メーカーならびに、総合商社主導のもとに、上層規模機業の系列的再編が強化され、他方、非系列である中小・零細企業群は弱小・零細問屋と賃織関係を維持するといった体制になり、生産流通両部面での二重構造的体質を温存することになった。一方、石川産地においては総合商社の進出を阻止し、原糸ならびに織物の取扱高を増大し、より一層経営基盤を強化したのである。元来、石川産地の有力産元商社は織布部門のみならず、撚糸部門そしてニット部門などの有力工場を直系子会社として経営し、流通業務機能、問屋制金融といった問屋機能のみならず、石川産地の大規模機屋を自ら経営することによって、生産、在庫調整による原糸、織布の需給調整機能を発揮し、福井産地に比べて、産地全体を掌握する組織的統括機能を保有している。しかも、石川産地の有力産元商社は特定の大手原糸メーカーや総合商社との結合度を強めることを避け、複数取引を原則としている。これは産元商社の自主取引体制を確保するための一策といっても良いであろう。このように見てくると、石川産地では、有力産元商社がシステムオルガナイザーとなって垂直的グルーピングによる機業集団の形成を推進するものと思われる。

　福井産地には200以上の流通担当企業が存在しているが、広撚㈱を除くと、

原糸メーカーや大手商社の代理的産元商社か、単なるマージンを取得する買い継ぎ商的性格の商社が多く、石川産地の有力産元商社のように自主企画、自主販売を手がけている企業がきわめて少ない。また、それぞれが担当業種の専門機能を持っているが、システムオルガナイザーとしての組織的統括力を発揮し得る生産業者が少なかった。

　以上のように丹野は、福井産地と比較し、1970年代前半までの石川産地が自立的な展開をしていくものとして産元商社の役割を評価している。しかし、中村［2004］が指摘するように、その後の展開は、1970年代半ばからの不況により、産元商社はまるごと原糸メーカーの系列下におかれ自立性を失っていく[18]。

　1970年代の両産地の評価はおおむねこういったところであるが、今日の両産地を比較すると、福井産地のほうが、相対的に自立性を持って独自の展開を行なっており、石川産地は系列色が依然として色濃く残っている。合繊メーカー主導の産地システムが、いかに地域産業としての産地システムの機動性を損なっているかという観点から今日的特徴を以下で検討する。

3．新市場分野と繊維産業の展開

(1) 石川産地の現状

　1968年から2002年までの石川県と福井県の繊維工業の製造出荷額をみたものが図4-4である。この表から明らかな傾向を見出すことができる。1970年代半ばまでは両産地とも同じような成長率を見せるが、1970年代後半から1980年代後半までは明らかに福井産地のほうが成長率は高く、石川産地は鈍化している。両産地とも1992年のバブル崩壊を境にして同じような凋落傾向をたどっている。

　1970年代半から1980年代半ばにかけての福井産地と石川産地のこの開きは、2で主に展開してきた産地形成のあり方の違いがでたものといえよう。すなわち、石川県の場合、少数の有力産元商社の支配下に産地全体がおかれることに

図 4-4　石川・福井の繊維工業出荷額の推移

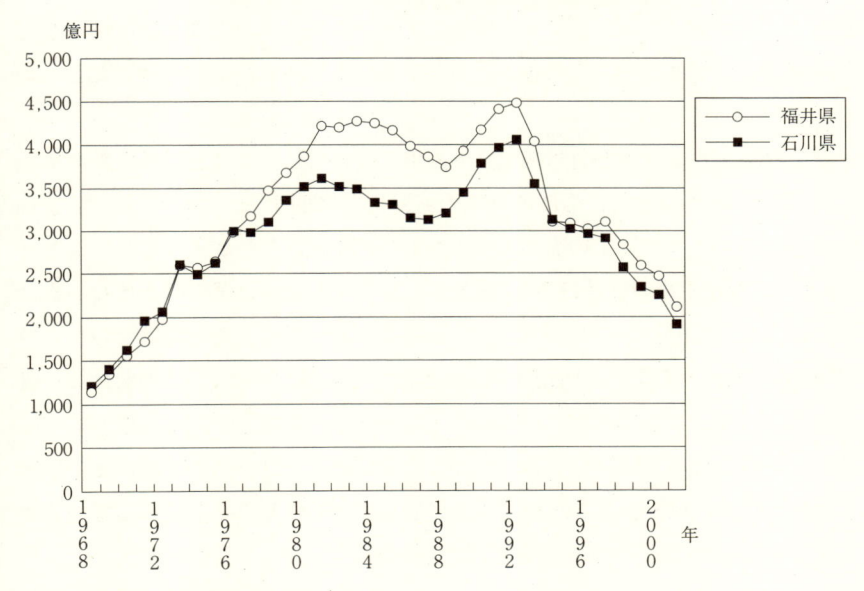

出典：石川県、福井県各『工業統計』より作成。

よって合繊原糸メーカーや大手商社から自立性を保ちながら成長してきたわけであるが、1970年代不況にこれらの産元商社が直面し経営危機に陥るなかで、当然、その影響は傘下の機業にも影響を及ぼし、産地全体としてリスクを負った結果と見ることができる。他方、福井産地においては、石川産地における産元商社のようなコーディネーターが不在であることが問題として指摘されたが、逆に、1970年代の不況の際に、有力な産元商社が不在であること、すなわち数多くの地元流通業者が分散的に存在していたことが、このリスクを分散させ、産地全体としては石川産地ほどの影響を被らなかったといえる。

　1992年以降、すなわちバブル経済崩壊以降の傾向は、後発国の本格的な追い上げもあり、構造的不況というべきものである。とりわけ川中部門が集積する福井、石川産地においては、最終製品ではないために、こうした影響がもろに

出やすいといえる。ゆえに、この時期からはいかに川下部門を意識した製品に転換できるのか、自社ブランドを構築しアパレルメーカーなどとどういった連携を構築し、賃加工から脱却していくかが本格的に問われてくる時期だといえる。

　北陸経済調査協会が2004年秋に県下の繊維業者に対して「石川県繊維産業における産業集積の動向と集積の今後のあり方」に関するアンケートを行なった[19]。この10年間の売上の変化に関しては、「増加した」とする企業は24％、「ほとんど変化がない」は11％、「減少した」とする企業は65％であった。また、この10年間の取引先との関係の変化を見てみると、際立った特徴はないものの、「原糸メーカーとの取引比率が減少した」とする企業が14％、「県外商社との取引比率が減少した」が13％、「輸出向け比率が減少した」が11％と続いている。この3つの変化が上位にくるということは、原糸メーカー、大手商社そして輸出という従来の取引の基本的パターンが崩れてきていることを意味している。自主生産の基本となる新製品開発・研究開発を見ると、「製品を開発した」とする企業は40％、「新（製造・加工）技術を開発した」とする企業が24％、「取り組んだことがあるが、成果が上がっていない」とする企業が22％と続いている。事業連携については、「共同の研究開発を行なった」が35％である一方で、「何も行なっていない」も35％あり、「異業種交流活動に参加した」が17％、「共同の販売・マーケティングを行なった」が10％、「共同受注を行なった」が4％となっている。これらの事業連携の連携先を見ると、「県外商社」が23％、「県内同業種（繊維関連）メーカー」が20％、「原糸メーカー」が16％、「県内商社」「公的研究・試験機関」が12％と続いている。

　全体の傾向としては、取引先や同業者との連携により研究開発や技術開発を積極的に行ない自立化の方向を模索することや、原糸メーカーに対して優先的な地位を獲得することにより事業の継続の可能性を模索するという動きとして解釈することができる。しかし、過半数を超える企業が売上高を減少させていることからも、必ずしもこうした取り組みが軌道に乗っているとはいいきれないのが現状である[20]。

(2) 新たな取り組み

　川中部門が集積する石川県や福井県の産地において、基本は素材を提供することであり、最終製品ではない。アパレル部門と提携して自販品を増やしていく動きもみられなくはないが、長年、賃加工を基本としてきた機業にとって簡単には進まないのが現実である。定番品に関しては明らかに後発国の製品にとってかわっており、衣料分野において競争力を保持しているのは明らかに高機能繊維と言われるような部門と日本の固有の慣習に根ざしたような分野の繊維部門ということになるであろう。いくつかのヒアリング調査[21]で共通しているものは次のような分野である。ひとつはスポーツ部門である。各種スポーツの運動機能を高めるような素材の提供である。そしてこうしたスポーツ素材を応用展開したカジュアル部門、防水性、吸湿性などの機能をコートなどに応用したカジュアル部門、婦人服とりわけブラックフォーマルやユニフォームなど日本固有の慣習に根ざしたようなものに関しては国内市場をまだ捉えている。絹織物などでもチャドルなどの中東の民族衣装に関しては、その高い発汗性から依然として高い輸出競争力を持っている。

　各企業の動きとして共通するものは、2つあり、ひとつはいわゆるメーカー・チョップと呼ばれる委託加工の割合を減らし、自販品を拡大していく動きである。しかし、依然としてチョップ品の割合は高く、自販品の割合は2～3割程度である。もうひとつは、非衣料分野への展開である。カーテンを代表とするインテリア商品はもとより、産業用資材あるいは工業用資材の割合を高めていく取り組みである。これも割合的には2～3割程度にとどまるが、潜在的市場としては大きなものがあるといえる。品質管理基準が高くなるが、カーシートやエアバックなど自動車関連資材で安定的な収益を上げている企業も存在する。

　以上が共通した傾向であるが、しかし、技術開発・研究開発の部分についていえば、合繊メーカーと産元商社とアパレルメーカーとの関係が中心であり、高い技術力と提案能力で合繊メーカーとの関係を強固にしているという関係が基本である。なかには、後発メーカーであったことから産元商社と関係を持た

ず、中央商社との取引を中心にしてきた企業で、紙でつくった繊維を開発し「カミール」という独自ブランドをつくり、また、美濃の和紙を使用した和紙炭で炭素繊維をつくり、吸臭性、吸湿性の高い靴下を製品化したり、電磁波吸収素材を開発したりして、販路も中央商社を通すことなく独自に展開を行なっている企業も出てきてはいる。しかし、こうした企業はごく一部である。石川県の現状を見ると、高い技術力・開発力をもった産元商社とその直系の機業、そして高い技術力・開発力をもった産元商社と合繊メーカーとの縦系列の関係が依然として強く、このことが自販品への展開あるいは非衣料分野への展開への大きな足かせになっているといえる。現在、石川産地で経済産業省の中小繊維自立事業で進めているのも「東レ合繊クラスター」であり、合繊メーカー主導で行なわれている[22]。

　一方で福井県は、120あまりの産元商社が1970年代に石川県のようにリスクを取る経営をしてこなかったことや、合繊メーカーの系列下におかれることが基本的になかったことにより、石川県とはすこし違った展開を見せている。福井県繊維協会は、非衣料分野を需要分野全体の50％にすることを目標にかかげ、現在では、生産高の45％程度が非衣料分野となっている。4,000万円クラスの高収益企業が60社近くあり（石川県は十数社）、その3分の2の企業が非衣料分野である[23]。非衣料分野、とりわけ産業用・工業用資材となると安全実験や耐性試験など、長いものでは、たとえば航空機関連などでいえば10年間の安全実験が必要となったりするため、当然、この間は商売にならず、開発コストの負担が非常に大きい。この観点からすると衣料分野よりもリスクは高く、失敗すれば取り返しがつかない側面もある。また、土木資材関係の素材を提供しようと思えば、土木屋にならなければ、必要とされる素材を提供できないという側面もある。こうした側面を考えると、衣料分野から非衣料分野への展開は非常にハードルが高いといえる。福井産地は、繊維協会、県工業技術センター、大学が一体となって非衣料分野を推進し、セーレン㈱、サカイオーベックス㈱、マルサン、日華化学㈱といった大手企業が経営改革を進め[24]、福井産地全体として一定の成果を生み出しつつあるといえる。

福井の繊維産地に詳しい富澤［2005］は、1990年以降の展開で、福井経済同友会の繊維政策委員会を母体とし、繊維関連企業の若手経営者によって設立されたFTT（Fukui Textile Tomorrow）16社の行動宣言や、地元大手企業の事業の多角化、あるいは福井県繊維協会産地活性化検討会の非衣料分野への大胆な政策転換などに着目し、中国展開などによる合繊メーカーの戦略と賃加工を主体としてきた産地システムのズレが生じるなかで、リスクを取る経営を含んだ、産地企業の新しい仕組みの模索として一定の評価を行なっている[25]。

4．補　節

　石川県の繊維産業の歴史と現状を見ると、一方で機業と織機業の相互発展による内発的発展、革新性の側面、他方で、今日的には系列支配による柔軟性の欠如という両側面がある。しかし、本章の前半で指摘したように、ニッチトップ企業が多く存在するなど、新規事業創造の産業インフラとしては、ある程度の条件が整っている。これを裏付けるデータとして、日経ベンチャービジネスが2005年に調査した「ベンチャー企業を生かす都道府県」がある[26]。調査項目は、①「企業進出に期待が持てる都道府県」、②「新産業育成に期待が持てる都道府県」、③「税収増に期待が持てる都道府県」、④「雇用に期待が持てる都道府県」、⑤「研究開発に期待が持てる都道府県」の5項目について調査している。この結果を示すと表4-3である。これで見ると、②新産業育成策の評価は第2位、④雇用に期待が持てる都道府県は第6位、⑤研究開発に期待が持てる都道府県は第1位と高い評価を受けている。すなわち、石川県の政策を大いに評価しており、かつ研究マインドの高い企業が多く、研究開発を前向きに行なう土壌があるということを示している。しかし、一方で、①企業進出に期待が持てる都道府県、③税収増に期待が持てる都道府県という評価項目に関しては、圏外である。このことの含意は、成長性の高い企業が育っていないということであり、市場としての魅力に欠けていることが如実に現われており、ここに政策的課題があるといえる。

表 4-3　ベンチャー企業による都道府県の評価

_	総合			企業進出に期待が持てる都道府県			雇用に期待が持てる都道府県					
順位	都道府県	点数	順位	都道府県	得票数	順位	都道府県	人	順位	都道府県	人	
1	東京都	329.01	1	東京都	61	1	群馬県	16.6	11	栃木県	5.4	
2	千葉県	305.50	2	大阪府	41	2	大分県	16.0	12	愛知県	4.9	
3	埼玉県	256.31	3	愛知県	24	3	埼玉県	15.5	13	京都府	4.8	
4	石川県	250.63	4	神奈川県	19	4	東京都	14.2	14	長野県	4.6	
5	群馬県	231.27	5	福岡県	15	5	千葉県	11.2	15	神奈川県	4.4	
6	神奈川県	224.16	6	千葉県	14	6	石川県	8.1	16	新潟県	4.1	
7	兵庫県	214.08	7	北海道	9	7	兵庫県	7.1	17	島根県	3.9	
8	静岡県	201.02	7	埼玉県	9	8	静岡県	5.9	18	茨城県	3.8	
9	愛知県	199.03	9	静岡県	7	8	福岡県	5.9	19	愛媛県	3.6	
10	福岡県	190.99	10	宮城県	5	10	大阪府	5.6	20	北海道	3.3	

	新産業育成政策の評価			税収増に期待が持てる都道府県			研究開発に期待が持てる都道府県					
順位	都道府県	点数	順位	都道府県	万円	順位	都道府県	万円	順位	都道府県	万円	
1	北海道	3.5	1	千葉県	40,905	1	神奈川県	16,046	1	石川県	8,329	11	愛知県	2,830
2	石川県	3.3	2	福島県	38,012	2	北海道	11,665	2	新潟県	7,281	12	長崎県	2,162
3	山口県	3.2	3	鹿児島県	35,511	3	京都府	11,471	3	兵庫県	6,113	13	北海道	2,124
4	兵庫県	3.1	4	埼玉県	29,271	4	愛知県	11,300	4	茨城県	5,052	14	埼玉県	2,098
5	愛媛県	2.9	5	愛媛県	27,933	5	和歌山県	8,690	5	徳島県	5,020	15	大阪府	2,072
6	広島県	2.8	6	静岡県	27,818	6	長崎県	7,560	6	神奈川県	4,889	16	栃木県	2,027
7	鹿児島県	2.7	7	東京都	26,580	7	大分県	6,508	7	京都府	4,652	17	島根県	2,018
8	福岡県	2.6	8	島根県	24,632	8	茨城県	6,410	8	東京都	3,443	18	福岡県	1,412
8	京都府	2.6	9	群馬県	23,047	9	福岡県	5,689	8	千葉県	3,397	19	群馬県	1,208
8	徳島県	2.6	10	広島県	18,628	10	大阪府	4,824	10	静岡県	3,355	20	山口県	818
8	茨城県	2.6											

注：総合評価は、各項目の1位の数値で除し100を乗じて得点化。政策評価は「非常に不満」を1点と「よく知らない」0点の段階評価。
出典：『日経グローカル』No. 40, 2005. 11. 21より作成。

産業集積が機能するためには、クリティカルマスというものがある。すなわち、集積が機能するための一定の量的集積が必要である。その意味では、研究開発を行なう土壌および政策的条件はあるが、効果を発揮する企業の数が絶対的に少ないといえる。ゆえに、県内企業の育成はもとより県外企業を誘引するような「場」＝誘因として石川県が機能する必要があるであろう[27]。

おわりに

　以上、繊維産業を中心に北陸地域の産業展開を見てきた。とりわけ石川県をみた場合、繊維工業と繊維機械工業の歴史的展開が文化的な背景と重なって、競争力のある中堅機械メーカーや関連産業を生み出し、そのことが北陸地域産業の一定の技術基盤を形成してきた。この意味で北陸繊維産業の果たした役割は非常に大きいものがある。しかし、その主導的な役割を果たしてきた繊維産業は、なかでも中心的な役割を果たしてきた産元商社の自立性の喪失により、繊維産業の世界的な動向に対して産地として受動的な実体の性格を強め、現在もその性格から脱し切れていないといえる。福井産地は非衣料という分野で新たな境地を構築しようという傾向がみられるが、石川産地に関しては、従来の枠組みを超え切れていないのが現状であろう。決して技術や開発能力がないわけでなない。むしろ、長年蓄積されてきた技術やノウハウには非常に高いものがある。こうした技術やノウハウが基本的には合繊メーカーとの関係においてでしか発揮されていないのが現状であろう。

　本章の冒頭でも述べたように、産業クラスターあるいは知的クラスターとしてさまざまな取り組みがなされているが、こうした取り組みが、繊維産業のような既存産業の資産をいかに活用し、新たに生み出していくかということがクラスター政策を成功させる鍵であり、既存産業を再生する鍵であろう。

1) 石川県の知的クラスターの取り組みに関しては、知的クラスター創成試行事業トランスディシプリナティ研究会『金沢地域における知的クラスター形成の戦略』（2004年）に基本的な考え方と戦略について打ち出されている。
2) 富山の㈱不二越や㈱日平トヤマといった企業は自動車のシリンダーブロックを加工する専用機において国際的に見ても高い技術を有している。
3) 北陸地域の工作機械の産業集積を研究したものとして、鈴木［2005］が詳しいので参照されたい。
4) 産業集積の歴史的系譜に関しては、中小企業金融公庫調査部［1998］を参照した。
5) 中村も丹野も主に1970年代後半までの石川県あるいは福井県の繊維産業の展開に関して詳細に分析している。業績も主にこの年代のものである。
6) 以下の繊維産業の展開に関しては、主に中村［2004］を参照しまとめた。
7) 絹織物のひとつ。経緯ともに撚っていない生糸などを使用した、平織の後練織物のこと。羽二重とは、製織するときに筬の一羽に、経糸二本を通すことから取られた名称で、1本だけ通した素入りよりも、経方向に筬目ができる。最近では合繊のものも製織されている。また重量によって軽目羽二重、中目羽二重、重目羽二重などに分けている。
8) 明治39（1906）年頃に富士瓦斯紡績株式会社が命名した、経緯ともに絹紡糸を用いた、卵色の平織物。羽二重の代用となる実用的絹布として、無地染、捺染などが施され、裾まわしや、じゅばん、風呂敷その他に広く用いられる。
9) 1930年にマルサン織物工業協同組合に改組。
10) 機業家の側面から見ると、この枠組みに入らないと原糸が確保できないという事情と同時に、産元商社に依存したほうが仕事を請けやすいという安易さがあった。
11) 原糸メーカーが織布企業に原糸を製織期間中貸与し一定の工賃を保証する委託工賃織のこと。
12) メーカーからの委託発注を一般的にメーカー・チョップという。
13) 内容は、国よる巨額の低利融資を梃子にして、設備の近代化と過剰設備の処理、企業の集約化・グループ化による生産規模の拡大を目的とするものである。
14) 合繊メーカー側からすると、自らの経営戦略上、川中部門の強化の一貫および産地を統括する代理店として産元商社を再建する必要があった。
15) 中村剛治郎は、津田米次郎と水登勇太郎を金沢経済形成期のイノベーターと位置付けている。
16) 技術史的にイギリス産業革命時のウォーターフレームから力織機の開発の過程

17) 13)に示した内容が、既存グループのなかで上手く機能したといえる。
18) 当然、丹野もこの問題については「一歩間違えれば、系列企業形成の強化に繋がるといってよかろう」と指摘しており、まさにそのとおりになったといえる。
19) 金沢大学院大学の竹見能成教授が座長を務めるプロジェクトで筆者もプロジェクトメンバーとしてこの調査研究に参加した。
20) 売上高の推移と研究開発、事業連携などに関するクロス集計も試みたが、明らかな特徴は見出せない。製品開発を行なっている企業でも売上高の増加に繋がっている企業もあれば全く繋がっていない企業もある。
21) 2004年11月から2005年1月にかけて、金沢と福井の産元企業、織布企業を、繊維協会、協同組合などの14の企業・団体のヒアリングをもとにしている。
22) 北陸繊維産地の企業などと技能集積集団「東レ合繊クラスター」で環境適合素材活用の大型共同案件として進められている（『北陸中日新聞』2005年3月12日付）。
23) これらの数値は福井県繊維協会でのヒアリングによる。
24) 福井のセーレン㈱の会長は、イタリアを真剣に調査し、赤ちゃんの段階からアトリエにいる感性の創られ方と、セーレンに入ってくる大学、専門学校で多少学んで同社に入社してくる18歳、23歳の若者の感性の創られ方の違いを比較し、イタリアには絶対にかなわないと判断し、資材部門に本格的に力をいれだしたという。
25) 富澤［2005］は、福井繊維産地の構造調整史を第1期（1877年から第一次世界大戦まで）：輸出向け絹織物産地へ、第2期（第一次世界大戦から第二次世界大戦まで）：絹から人絹へ、第3期（第二次世界大戦後から1967年まで）：人絹から合繊へ、第4期（1967〜1990年代初めまで）：構造改善政策、第5期（1990年代初め以降現在まで）：産地と合繊メーカーとの関係変化に時期区分し、各時期の課題、イノベーター、生産などを分析しており、福井県の繊維産地の変遷を概観しているのでこちらを参照されたい。
26) この調査は、「独立心旺盛な経営者が率いる株式未公開企業」で、注目度の高いベンチャー企業950社（伝統産業、下請、大手企業の子会社は除外）を対象に行なわれている（詳細は、『日経グローカル』No. 40, 2005. 11. 21を参照）。
27) ベンチャー企業が生まれやすい地域として京都が挙げれるが、そうした理由を分析しているものに、末松［2002］がある。金沢と京都は文化的な背景や大学が多いなどの共通性も多く、京都と金沢の違いを検討する材料としては面白い文献であり、ぜひ参照されたい。末松が指摘する京都ベンチャー＝京様式企業の特徴は、①世界市場で、あらゆる企業とオープンな取引関係を築き、高いシェアを持

っている。②系列を否定し、自主独立路線を敷き、自己資本比率が高い。③最終製品にこだわらずに、ひとつの技術に特化している。④独自の哲学を持つ個性的な創業者がおり、それも技術系が多い。⑤京様式企業の商品が当初は日本市場で受け入れられず、米国で成功し、その実績とブランドを逆輸入したという歴史がある。⑥キャッシュフロー会計、実力主義の徹底など「合理的な経営」を実践。⑦独立独歩、「自分は自分」という独創性を持ち、日本的な他人同調指向がない。

【参考文献】

石川県商工労働部産業政策課『地域における産業集積の変化と今後のあり方に関する調査研究ヒアリング参考資料』(2004年)。

小川陽一『日本の産業構造調整と地域経済』(アジア経済研究所、1992年)。

経済産業省『工業統計』各年版。

経済産業省『生産動態統計』各年版。

佐々木雅幸『創造都市の経済学』(勁草書房、2000年)。

佐々木雅幸『創造都市への挑戦』(岩波書店、2001年)。

鈴木孝男「北陸地域にみる産業集積の形成と変容――工作機械産業を例に」(『商工金融』第55巻、第5号、2005年)。

末松千尋『京様式経営――モジュール化戦略』(日本経済新聞社、2002年)。

丹野平三郎「繊維産業の新しい方向とその課題――特に北陸産地を中心にして」(『金沢工業大学研究紀要B』第1号、1974年)。

丹野平三郎「北陸機業の現状と問題点」(『経営経済』大阪経済大学、第11号、1975年)。

丹野平三郎「高度成長過程における北陸機業の変貌と再編成」(『日本経済政策学会年報』29号、1978年)。

知的クラスター創成試行事業トランスディシプリナティ研究会『金沢地域における知的クラスター形成の戦略』(2004年)。

中小企業金融公庫調査部『地域産業集積の現状と今後の活性化等に関する調査報告書(石川県石川地域編)』(1998年)。

富澤修身「福井繊維産地の構造調整史――産業集積のダイナミズムの分析――」(『経営研究』大阪市立大学、Vol. 5、No. 3、2005年)。

中村剛治郎『地域政治経済学』(有斐閣、2004年)。

日経消費産業研究所『日経グローカル』No. 40、11. 21 (2005年)。

日本経済新聞社『北陸の中堅120社』(1999年)。

第4章　北陸地域産業集積の構造と機能　103

福井県繊維協会『繊協ニュース』No.280号（2004年）。
北陸三県繊維協会『北陸繊維業界の現状と産地再生プラン』（2003年）。
『北陸中日新聞』（2005年3月12日付）。
宮本憲一『地域経済学』（有斐閣、1989年）。

＜追記＞

図4－5　石川・福井の繊維工業出荷額の推移（2）

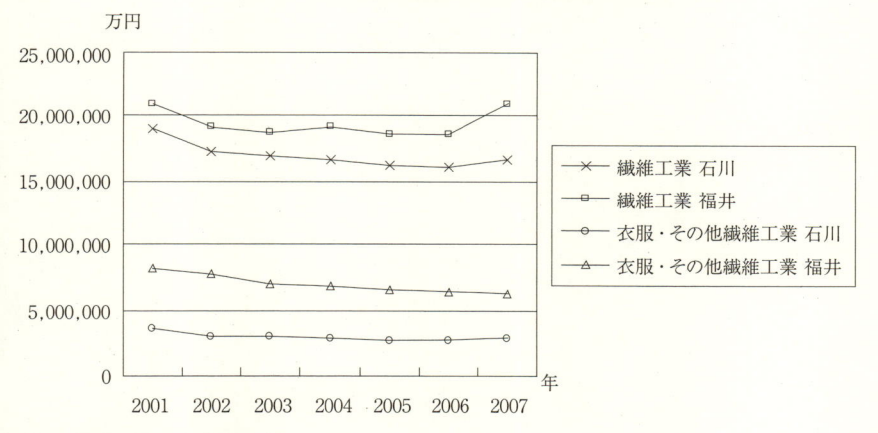

[グラフ：2001年から2007年までの石川・福井の繊維工業および衣服・その他繊維工業の出荷額推移を示す折れ線グラフ。凡例：繊維工業 石川、繊維工業 福井、衣服・その他繊維工業 石川、衣服・その他繊維工業 福井。縦軸は万円、単位は5,000,000刻みで0から25,000,000まで。]

出典：石川県、福井県各『工業統計』より作成。

　本章3において、石川県と福井県の繊維工業の展開について、福井県の繊維産地の動向として非衣料部門への展開を軸に構造転換を図っている趣旨を述べた。本章を叙述した段階では2002年以降のデータは得られていなかったが、その後の出荷額の動向を示すと図4－5に示す推移となっている。石川県の「繊維工業」の2007年の工業出荷額は2001年比で、86.7％であり、およそ14％減らしている。それに対して福井県は同比、99.9％であり、ほぼ出荷額の水準を維持している。また、「衣服・その他繊維工業」でみると、石川県は同比81.3％であり、約19％減、福井県は同比、76.1％であり、約24％減少している。
　石川県は「繊維工業」「衣服・その他繊維工業」両者において出荷額を減らしている。他方、福井県は「衣服・その他繊維工業」においては石川県よりも減少率は大きいが、「繊維工業」においては出荷額を維持している。このことの含意は、福井県が試みている衣料分野から非衣料分野すなわち工業資材等への構造転換が一定の成果を現しつつあるということである。

日本の産業競争力の一つは資本財産業の競争力にある。中国をはじめとする東アジア諸国の台頭にもかわわらず、資本財産業の輸出は一貫した伸びを示している。中国が経済発展をすればするほど日本の資本財輸出が伸びるという構造が出来上がっている。北陸地域産業集積の強みは資本財産業の厚みである。生産のアジア化を特徴とする今日のグローバル経済の下で、日本の資本財産業の比較優位性がますます明らかになっている。福井県の繊維工業の取り組みもこうした観点から見た際に理にかなったものである。

　今後、北陸産業集積における既存産業の強みを「IT」「環境」「安全」をキーワードに展開していくことが北陸地域経済の活性化にとって鍵となるであろう。

第5章

金沢都市圏の産業構造とその展開

佐無田　光

はじめに

　本章では、金沢都市圏の産業構造を分析する。金沢に焦点を当てるのは、この地域が北陸地域を代表する特徴的な発展極であるためである。金沢経済は行政地域としての金沢市域を超えて展開するが、石川県のなかでも歴史や性格の異なる小松、加賀、能登とは区別して論じられるべきであり、金沢を中心にして南北に広がる「都市圏」を分析対象とする。統計分析ではデータの入手可能性から、石川中央広域市町村圏（金沢市、白山市、かほく市、野々市町、内灘町、津幡町の合計6市町）のデータを利用する[1]。

　金沢都市圏の産業構造の特徴を定量的に把握するのが本章の課題のひとつであるが、それは、日本経済の一段面あるいは何％圏をデータで見るということにとどまらない。産業構造という経済現象にも、地域固有の歴史的・社会的背景がある。金沢の産業構造を特徴づけているのは、後発の工業化を余儀なくされた都市ゆえの限界性と創意工夫であり、時代ごとに自律性と適応力を試されてきた人々の意識、戦略、組織力、交渉力である。金沢では、大企業を頂点に国土を効率的に立地配分する国内分業論とは一線を画した、独自の自律的な産業集積・産業連関の構造の存在が論じられてきた。

　地域産業構造は時代ごとに変容し、地域内外における経済的・社会的環境変動への適応力を試される。現在、日本社会は、近代化・工業化・成長の段階か

ら、成熟化・ポスト工業化（知識社会化）・維持可能性（サステイナビリティ）の段階へと移行しようとしている。構造不況業種の再編成、国際分業に対応した製造業の再建、住民の「生活の質」ニーズに応えるサービス産業の伸長、新機軸を創発する起業の叢生、などを含めて、地域の産業構造全体の転換が迫られている。金沢においても、ポスト工業化段階の産業構造への脱皮が課題になっているが、それは地域経済の歴史の教訓を踏まえ、地域社会のニーズを反映したものでなければなるまい。

本章では、まず、地域産業構造という分析方法を確認した上で、先行研究を参考に金沢・石川の地域発展の歴史を概観する。次に、1980年代以降における金沢都市圏の産業構造の変遷を産業連関表を利用して分析し、最後にポスト工業化時代の地域内産業連関という視角から現在の金沢における地域産業政策を検証する。

1. 地域内産業連関の理論

はじめに、経済の地域内循環の基本構造を確認しておこう[2]。国家間の取引関係である輸出・輸入に対して、地域間の取引関係を移出・移入と呼ぶ。国民経済よりも開放体系である地域経済は、地域内で自給自足に完結することはなく、他の地域の産物を移入しなければ成り立たない。他地域から産物を調達するには対価が必要であり、全国的・国際的な競争力を備える移出産業によってこの対価が獲得される。移出産業の生産のためには、多くの種類の部品、機械、サービスの投入が必要である。この中間投入財・サービスを地域外から調達する場合もあるが（域外リーケージ＝漏出）、地域内から調達すれば（移入代替）、地域内で産業連関を通じた生産誘発効果（波及効果）が発生する。

模式化すると図5-1のようになる。移出産業（a）およびその関連産業（b）からは付加価値（個人所得、企業所得、税金など）が発生し、一部は域外に流出するが、一部は消費、投資、公共支出などの最終需要の形で再び地域に還元され、地元市場向産業（c）を形成する（所得循環）。域外からの所得流入（直

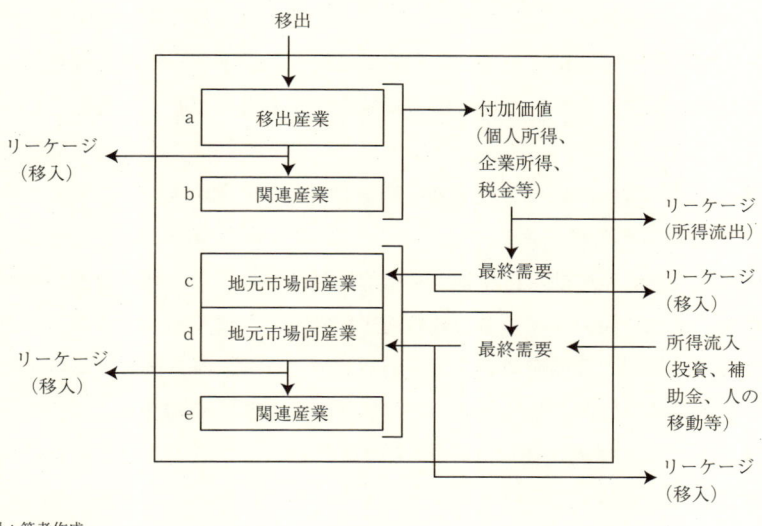

図5-1　経済の地域内循環

```
             移出
              ↓
    ┌─────────────────────────┐
    │  a [移出産業]  ──→  付加価値      │
    │                    (個人所得、   │
    │                    企業所得、    │
リーケージ ←── b [関連産業]     税金等)       │
(移入)  │                              │           リーケージ
    │                              │ ──→  (所得流出)
    │  c [地元市場向産業] ←── 最終需要 │
    │                              │           リーケージ
    │  d [地元市場向産業] ←── 最終需要 │ ──→  (移入)
リーケージ ←──                              │           所得流入
(移入)  │  e [関連産業]                │           (投資、補
    │                              │           助金、人の
    │                              │           移動等)
    └──────────────────────────┘
                                    ──→ リーケージ
                                         (移入)
```

資料：筆者作成。

接投資、補助金、人の移動など) からも最終需要向けの地元市場向産業が喚起される (d)。これら地元市場向産業 (c) (d) から域内に関連産業が誘発される (e) と同時に、再び付加価値が生み出され所得として循環する。産業連関および所得循環によって地域内で価値の循環が繰り返し行なわれるほど、地域の産業生態系は豊かに発展する。

　問題は、このような地域内経済循環が形成されるプロセスである。単純に移出産業があれば、自動的に資金が還流して他の地域産業を潤すわけではない。全国的・国際的な競争力を持つ産業を後発地域が作り出すことは容易ではない。往々にして地方の産地は、大規模資本の支配する生産・流通機構の末端に組み込まれ、高いマージンを取られて地元にあまり対価が還元されない構造に陥りやすい。移出産業を外部から誘致する開発政策もあるが、外来企業は地元産業との連携が弱く、営業余剰も外部の本社に移転されてしまうため、必ずしも効果的な地域内産業連関に発展しない場合が多い。域外リーケージが大きく、地

域内経済循環の小さな産業構造となってしまう。また、幸いにしてある時期に競争力のある移出産業が成長したとしても、特定企業・特定業種に依存した構造（モノカルチャー経済）では、国際的な経済変動の下で、不況業種化したり企業が移転・撤退したりした場合に、地域全体が衰退してしまう危険性に常にさらされる。

　では、経済の地域内循環が豊かで、競争力のある産業が次々と登場してくるような持続力のある産業構造はいかにして形成されるのか。まず、地域の資源・資本・人材、全国的な市場動向を冷静に見極めた上で、特定分野の産業や経済機能の創出に注力する独自の戦略構想抜きには、競争力のある移出産業の創出は考えにくい。移出産業を支える周辺の関連支援産業も同じくらい重要である。域内産業が移出産業に水準の高い原材料、部品、製造機械、専門サービスを提供すれば（移入代替）、移出産業の競争力をより高めることになる。移出産業に資材を供給する関連支援産業もまた、地域内外の同系異種の供給業者と高い水準で競争する。移出産業と相互に刺激を与えあって技術力を高めた関連支援産業のなかから、地域外市場にも供給可能な次世代の移出産業が成長したり、質の高い裾野産業が広がることで、それを基盤にして近接領域の移出産業が発展したりする。専門化した地域経済は、「地域内産業連関」を通じて、多角化した地域経済に発展する可能性を持つ。

　もうひとつの重要なポイントは、企業の意思決定・研究開発・マーケティング・財務や、金融、商社、専門ビジネスサービスなどの「経済上部機能」である。他地域企業の立地戦略や国の公共事業に無批判に頼るアイディア性の乏しい受身的経済振興では、経済上部機能は地域に蓄積されない。地域の人々、企業や諸機関が、技術・市場などの制約に立ち向かい、独自の発展戦略、技術開発、販路開拓、組織形成を工夫することで経済上部機能は発達し、高度な第三次産業を成長させて、地域内経済循環を豊かにする。地域に意思決定権が残り、営業余剰は地域にとどまり、地域内に次の戦略的投資が行なわれる。単なる組立工場＝製造現場しかなければ、優秀な人材は地域外に流出するが、経済上部機能があることで、地域内外の人材に多様な就業機会を提供し、地域の専門的

労働市場が形成される。地域に愛着を持つ優秀な人材の滞留こそが、次世代の発展の基盤となる。このためには、雇用機会だけでなく、文化・環境・福祉・コミュニティを含む暮らしの魅力や愛着が必要であり、「地域性」や「生活の質」を破壊するような経済開発一辺倒では地域の長期的発展は見込めない。

地元市場向産業もまた地域経済に重要な役割を果たす[3]。住宅、交通、教育、医療、小売、芸能、スポーツ、公務など、公共サービス部門や消費者サービス部門は、快適な都市環境や、多彩な文化芸術・知的刺激、充実した社会生活サービスなど、地域の「生活の質」の作り手である。もし地元市場向産業に個性がなく画一化されていると、安売りチェーン店を通じて地域内消費が漏出する傾向が強まるだけでなく、便利であっても面白みのない地域文化となり、創造的人材を地域につなぎとめられなくなる。逆に、質の高いサービスの提供は、質の高い顧客層を地域に創出する。地域の課題に応じた具体的で厳しいユーザーの要求と、切磋琢磨する同業他社間の競争が地域内にあるならば、地域市場で成功したビジネスモデルは、全国的・国際的市場での競争力を先取りする。地域内で消費される消費者サービスであっても、ある分野の先端を極めることで、その分野の専門的情報、人材、技術、文化に触れようと、世界中から人を呼び寄せる中心地になりうる。

工業化初期のキャッチアップ型経済では、工業製品の移入代替や、地域外市場を対象とする移輸出製造業が地域経済の軸となったが、ポスト工業化段階の成熟した地域経済では、地元市場向けのサービス業が多様に展開し、地域内市場のなかから次々とイノベーションを生じさせる内需主導の産業構造が、持続力のある地域経済の鍵となる。

2．金沢の内発型工業化

前節で説明した地域経済学の理論は、抽象的に机上で議論されてきたのではなく、ここ金沢の経済発展を歴史的・実証的に分析するなかから創成されてきた。金沢は地方都市版経済発展のモデルとされる都市である。モデルといって

も、はじめから理想的な条件や発展経路をたどったわけではなく、危機、限界、失敗、工夫を繰り返しながら、人々の経験と価値判断が積み重ねられてきた結果である。本節では優れた先行研究を参考にしながら金沢の内発型工業化の特徴と構造を説明する[4]。

(1) 金沢の地方都市版産業革命

金沢は、文化都市、観光都市だとみられがちであるが、人口44万人、都市圏では70万人を超える規模の経済を支えてきたのは、観光や伝統工芸産業ではない。工業の自律的な発展こそが、明治以降の金沢の発展の原動力であった。

金沢では明治維新後、支配階層であった士族が没落し、最大で13万人程度までいた人口は8万人規模まで減少した。明治政府の殖産興業政策の下、太平洋側では「上からの」工業化が推し進められたのに対し、日本海側地域は産業基盤形成で後回しにされ、「裏日本」と呼ばれる国内格差が顕著となった。金沢地域としては、国の殖産興業策に頼らずに、自力で工業化、復興を企図せざるをえなかった。

明治初期には、士族授産の目的で当時のリーディング産業であった繊維産業を導入しようと、当時富岡製糸工場に次ぐ全国2番目の規模の製糸工場となる金沢製糸会社（1874年）や金沢撚糸会社（1877年）が設立された。これらはいずれも短期間で閉鎖に追い込まれたが、一時は職工百数十名を数えた従業員が、金沢周辺の農村部で小工場を設立したり職工となったりして、その後の金沢の絹織物産業の発展に貢献することになった。1890年代になると、桐生の技術を導入して成功していた福井や小松・加賀に触発されて、輸出羽二重（生糸を織り込んだ上質の白生地）の生産が金沢でも開始され、復興の原動力となっていく。利益率は高くなく市場も大きくないが、高度な技術や大きな資本を必要としないニッチ（隙間）領域の輸出羽二重を振興産業として選択するという、後発の工業都市ゆえの戦略であった。

金沢撚糸会社と協力する形で絹力織機の開発を行なっていた地元の技術者、津田米次郎は、1900年に安価で軽便な半木製力織機を開発した。在来品と差別

化をはかるために軽目羽二重の量産化を企図していた新興機業家の水登勇太郎は、津田式力織機をいち早く導入し、これによって金沢羽二重産業の機械制工場制度への道を拓いた。資本力や技術面では産業発展条件は決して良くなかったが、地元の企業家が創意工夫し、織物業にとどまらず織機工業を生み出したことは、福井と異なる金沢経済の特徴である。織物業からは、撚糸、染色、精練、繊維卸売などの関連業種が展開し、機械工業からは圧延、切削、溶接、鍛造、鋳物、鍍金、機械器具卸売など、機械生産に不可欠な裾野産業の集積が進んだ。こうした産業構造の多角化は、地域経済の安定と将来の産業転換の可能性を広げることになった。

　力織機の導入による工場制機械工業への転換のためには資金調達が不可欠であった。独立性の強い有力機業主は地元銀行と結びついたが、中小機業主は県外銀行支店の融資を受ける委託商（生糸問屋）に支配された。明治初期の金沢には藩営的色彩の濃い金沢為替会社や国立の金沢第十二銀行（富山第十二銀行として合併し、現・北陸銀行）などの大銀行が存在したが、これら士族主導の銀行は松方デフレ期に破産したり拠点性を失ったりして、かわりに地元財界が設立した加州銀行（現・北國銀行）などが織物金融を支えた。繊維工業や機械工業の旺盛な資金需要を背景に、金沢に金融機能が集積したのである[5]。

　大正期には、大量生産方式で寡占化が進んだ大手糸メーカーの市場支配力が強まった。製品販売でも統一銘柄による大量取引を背景に大手貿易商社が支配力を強めた。これに対して金沢産地では、有力生糸問屋が生産分野に進出したり有力機業が問屋経営に進出したりして、問屋資本と産業資本の両性格を併せ持つ産元商社が登場した。産元商社は、地域の中小機業を再編成し、大企業に対抗する地方版カルテル組織を形成した。岸商店と一村商事を頂点とする「マルサン織物工業組合」が金沢の製織を独占した。当時の主力製品、富士絹の月産は国内約10万疋であったが、このうちマルサン組合が6万5千疋超を取り扱っていた。

　福井産地では、有力産地問屋が大手原糸メーカーの系列下に入ったり貿易商社への依存を深めたりすることで、織物生産現場としては石川産地を上回る成

長を遂げたが、機械工業や卸売、金融など多様な産業構造や、本社機能の蓄積の面では金沢に後れを取った。これに対して金沢では、地元資本主体の地域経済発展の道を歩むことで、意思決定、取引・決済、市場調査、研究開発、ブランド宣伝、生産調節、金融など多様な第三次産業の発展を呼んだ。金沢が北陸の拠点都市としての地位を確立したのは、明治・大正期以降に独自の自律的な本社経済を形成してきたためであった。

(2) 高度成長期以降における内発型工業化の変化と継承

地域産業構造は常に、全国的・国際的な経済変化に影響を受けて変動し、その適応力が問われ続ける。1960年代、合繊転換と高度経済成長に支えられて、能登方面に産元商社主導で機業が叢生し、産元商社は自主生産を川下分野のアパレルにまで拡大した。ところがその矢先の1970年代初頭、過剰生産から繊維不況が到来し、金沢産元商社は経営危機に陥った。全国最大の繊維産地商社となっていた金沢の一村産業は、大手合繊メーカー東レの全面介入によって経営再建に着手した。同じく金沢を代表する産元商社である岸商事は、旭化成主導の再建を受けた。産元商社は中心市街地にある本社敷地を売却し自主生産を大幅に縮小することとなった（詳細は第4章参照）。

金沢産元商社の自律性崩壊の原因として、高度成長から低成長への移行など外的要因に加えて、地域の産業組織に起因する内的要因が指摘される。すなわち、産元商社～直系工場～傘下機業という地域内の垂直分業システムにもとづく産地機構であったため、組合の主導権を握る産元商社にあらゆる経済上部機能が独占されたのに対して、織布企業においては製品開発などの自主性に乏しく、業種間・企業間の情報交流が産元商社の段階で止まってしまっていた。産元商社の影響力が強いため、石川県政も独自の産業政策を展開する意志を欠いた。産元商社中心の組織力・統率力が、かつては大手系列下に入らない金沢の内発的発展を主導したが、それが産元商社依存体質をつくり、柔軟な事業展開を阻む制約要因に転化したという評価である。

金沢のもうひとつの基軸産業であった織機工業も、日産自動車などの参入を

受けて競争激化し、津田駒工業と石川製作所を除いて淘汰された。しかし、金沢の内発型発展は形を変えて引き継がれた。第一に、織機メーカーなどの下請け企業のなかから、業務用クリーニング機械の稲本製作所、工作機械メーカーの中村留精密工業、CNC旋盤などの高松機械工業など、事業転換に成功した企業が生まれた。第二に、織機メーカーが蓄積した底辺産業の基盤と、地元に展開する食料品工業・運搬業・飲食店などのニーズを結び付けて、ボトリングの澁谷工業、垂直連続搬送システムのホクショー、豆腐機械の高井製作所、回転寿司コンベアの石野製作所など、多様な特殊産業機械産業が発達した。いずれもニッチ分野のトップ企業であり、資本力の弱い後発型工業という制約にもかかわらず、下請け産業に終わらずに一定の経済権力を獲得する金沢的な内発型工業化の伝統を継承している。金沢は、大企業が長期にわたって地域社会に君臨するような企業城下町ではなかったため、比較的中小企業者の自由があり、他所からやってきた人物による創業も活発であった。1980年代以降、多領域に広がったニッチトップの機械工業が金沢経済を牽引していく。

　地元資本中心の緩やかな工業化・資本蓄積が行なわれたことは、金沢の都市景観を保持する大きな要因となった。すなわち、金沢の工業は、中心市街地周縁部の中小規模事業者を中心に発達したため、城下町の都市環境の破壊を最小限にとどめつつ、本社、金融、商業などの立地する求心力の高いコンパクトな都市空間を保ってきた。大規模な重化学工業資本が立地しなかったため、深刻な公害も、工場労働者流入などによる住民層の大幅入れ替えもなく、歴史文化に愛着の深い地域共同社会が継承された。結果として、1960年頃まで、半径2km圏内にほとんどの都市機能が集積し、自然環境と歴史的町並みの景観を保持する「都市格」の高い街となってきた。

　金沢経済を牽引した地元の経済人は、開発によって金沢らしい風情が失われることを嫌い、文化的保存および調和に関心を寄せてきた。たとえば、1957年に創立された金沢経済同友会は、66年に保存と開発委員会を発足させ、全国初の都市景観条例導入のきっかけをつくり、76年には「創造と伝統のまち金沢」提言を発表している。用水の保全再生や旧町名復活など、金沢経済同友会が提

案した政策は行政にも取り入れられてきた。1982年に東京資本のディベロッパーによって浅野川右岸に8階建てマンション建設計画が持ち上がった際には、金沢市が建設を許可したのに対して、周辺に住む地元経済人らが反対運動を起こし、最終的には市が用地を河岸緑地公園として買収することで決着した。

　地元経済界のすべてではないが、一般的には開発機会を求めて規制を嫌い、近代化を推進する側に立つと考えられがちな経営者層の少なくない人々が、地域の伝統・文化・歴史に造詣が深く、景観保全のために発言・行動するのは、金沢ならではの特徴である[6]。

(3) 金沢における外来型開発の失敗

　地元経済人のリーダーシップと組織力によって主導された金沢の内発的発展は、しかしながら、政策面から明確に意識づけされていたとは必ずしもいえない。戦後はむしろ日本政府の高度成長政策に乗って拡張主義的な都市開発が推し進められてきた一面もある。

　1962年の全国総合開発計画を受けて、石川県は新産業都市の指定を受けるべく「石川県新産業都市建設計画」を策定した。金沢工業港を開発し金沢駅西・西部地区に基幹産業の設置を図っていく計画であった。新産業都市の指定からははずれたものの、1963年には、金沢港着工（運輸省）、北陸自動車道建設（建設省）、河北潟干拓土地改良事業の着手（農水省）などが決まり、これらを背景に翌年、金沢市における初めての長期計画が策定された。この計画は金沢市の将来人口を60万人と想定し、そのための容れ物として都市域を2倍程度に拡張することをめざした。開発の重点は、国営事業や県営事業の集中する金沢港周辺とそれに連なる「駅西地区」であった。

　当時の市街地の発展の指向は海側の北西部よりも東部から東南部の丘陵地帯に向かっており、気候条件（風上に大気汚染の発生源となる産業活動を立地させるべきではない）や地理条件（本来低湿な駅西地区を宅地化するのは良好でない）を考慮しても、臨海部と駅西地区を重点的に開発する必然性はなかった。にもかかわらず、駅西に焦点を定めたのは、ひとえに中央政府のインフラ建設

方針という外的要因に引きずられた結果であった[7]）。

　金沢港臨海工業地帯では、石油化学や鉄鋼のコンビナート誘致は早期に断念され、木材コンビナートの増築が謳われた。既存の市内製造業と連関する産業の立地、あるいは市街地の既存製造業の拡張予定地として工業用地を整備するという路線を採らず、輸入木材が第一品目と見込まれた金沢港を活用することを最優先し、繊維と鉄工に次ぐ第三の産業とするべく、製材〜合板〜チップ〜パルプ〜家具製造までの木材関連企業の立地が期待された。しかし、港湾から遠い浅野川口に市内の木材業が集まって木材団地を構成した他は、肝心の木材コンビナート中核企業の誘致は実現できなかった。

　総額600億円以上をかけて整備された金沢港は、当初、輸出入貨物380万トン、移出入貨物700万トン、合計1,080万トンの目標値を掲げていたが、2005年現在、輸出入78万トン、移出入305万トン、合計383万トンにとどまっている[8]）。一方、河北潟干拓事業は、22年間にわたり300億円以上をかけて河北潟面積の約60％にあたる1,356haを干拓し、1,071haの農地造成を行なった。しかし、干拓農地では、排水や土壌劣化、野鼠の発生などに苦しみ、離農する農家が増え、2005年現在、82haの遊休農地が点在する他、公売不成立農地を含む243.4haが石川県農業開発公社保有地となったままである。

　駅西総合開発は、金沢港から金沢駅にいたる幅50メートルの道路を軸にして、広域業務・商業・住居機能を整備し、将来的に金沢の副都心化をめざすものであった。1968年から続く土地区画整理事業によって、駅西地区237ha西部地区209haが総事業費893億円をかけて整備されてきた。金沢商工会議所の唱導により設置された金沢駅西開発協議会が、地権者の調整や企業誘致を担ってきた。1980年に金沢駅西開発協議会は、大正期に金沢城下に建てられた石川県庁舎を海側の西部地区に全面移転し、北陸の広域行政首都をめざす開発構想を提示した。この構想を受け入れた石川県は、総事業費726億円をかけて新庁舎を建設した。30年以上かけて重点的な投資が行なわれてきた駅西総合開発であるが、2004年時点において、最初に区画整理された駅西地区でも土地利用率は約8割にとどまり、県庁の移転した西部地区では全体の約5割が未利用地のままである。

しかも広域業務機能として期待されたオフィス利用の面積の比率は西部地区ではわずか6.8%に過ぎず、駐車場面積の広い一般的な郊外店が広がる地区になってしまっている。

　将来60万人と想定された金沢市の人口は、実際には45万人弱で頭打ちとなり、今後は緩やかに減少していく見込みである。1960年代から続けられた郊外開発によって、金沢市のDID（人口集中）地区は16km^2（1960年）から58.5km^2（2000年）に拡大する一方、DID地区の平均人口密度は14,076人／km^{2}から6,321人／km^{2}に低下した。中心市街地における空洞化・高齢化と虫食い的駐車場化は、すでに1980年初頭には深刻な問題となり、その根因が郊外のスプロール化にあることも認識されていたが、1985年以降も、金沢市内だけで50件、1,130.5ha、事業費2,265億円の土地区画整理事業が実施されてきた。老朽化し手狭になった中心部の施設が郊外に移転されるのにあわせて宅地開発が行なわれた。金沢城跡に建つ金沢大学を山側南東の角間地区に移転することを決定したのは1980年である。金沢大学門前町として若松・鈴見・田上地区150haが整備され（郊外型ロードショップと学生アパート）、城内地区からの移転は1994年に、小立野地区からの移転は2005年に完了した。以前には、城内の金沢大学と石川県庁は歩いて5分ほどの距離であったが、車で1時間弱の距離に離れることとなった。

　人口総数が横ばいにもかかわらず郊外市街地を新規開拓し続けているわけであるから、既成市街地が空洞化するのは必然である。国勢調査にもとづけば、金沢市中心市街地の人口は、1980年から2000年までに12,774人（25.4%）減少し、65歳以上の高齢者率は25%に達した（金沢市平均16%）。中心市街地周辺の比較的古い市街地エリア（統計区06、11、12、27、28）でも、同じ時期に12,577人（19.1%）減少している。2003年の金沢市調査によると、中心部には1,715カ所、27,644台の駐車場が存在し、地表面積の16%を覆っている。コンパクトシティの良さは薄れ、路地裏の景観が失われている。金沢市のオフィス空室率は1997年の10.7%から2004年の20.3%まで一貫して上がり続け、その後少し低下したものの依然として18%前後の高率で推移している。新規開発の集

中する金沢駅周辺、金沢駅西ゾーンで空室率12.0％、13.8％であるのに対して、旧来からのオフィス街である金沢南町、金沢武蔵ヶ辻ゾーンでは空室率25.5％、23.7％に上る（2006年6月、生駒データサービス）。本格的な成長管理政策に転換しない限り、金沢の「都市格」は早晩失われることになろう。

　後発工業化地域で国家の重点投資対象でないという不利な条件下におかれた金沢経済は、それゆえに地元資本による独自の工業化に努力し、規模は大きくなくとも経済上部機能が集まり、最先端技術でなくともアイディア力に優れた工業集団を生み出してきた。しかし、こうした内発型の地域産業構造は十分に自己評価されていたわけではなく、大都市圏と直結する交通基盤によって立地条件を克服し、投資を呼び込んで経済規模の拡大を実現したいという開発欲求は、金沢の経済界のなかに常に存在していた。いままた金沢では、北陸整備新幹線建設の決定を受けた駅前開発ラッシュや、小松製作所の新工場建設にあわせた金沢港開発に期待がかけられている。国のインフラ建設を梃子に都市人口や経済活動の量的拡大をめざした開発構想は、これまでいずれも中途半端に終わり、有力な産業基盤を構築するにいたっていないことは省みられなければなるまい。むしろ、北陸地域の条件不利を自覚して、小規模な資本で創意工夫した地元企業が地域経済の発展基盤を作ってきたという歴史的教訓を再確認すべきであろう。

3．金沢の地域産業構造の変容

　1980年代以降、金沢の産業構造はいかに変化しているか。日本経済は本格的なグローバル経済段階に入り、製造業の海外展開が劇的に進行し、国内では新産業の創出が地域の政策課題と認識されるようになってきた。21世紀においても、金沢は独自の経済上部機能と地域内産業連関の構造を維持していけるのか。本節では、地域産業連関表を利用して、金沢都市圏の産業構造の変化を定量的に分析し、金沢経済の発展方向について考察していく。

図 5-2 金沢都市圏の産業連関構造（1980年）

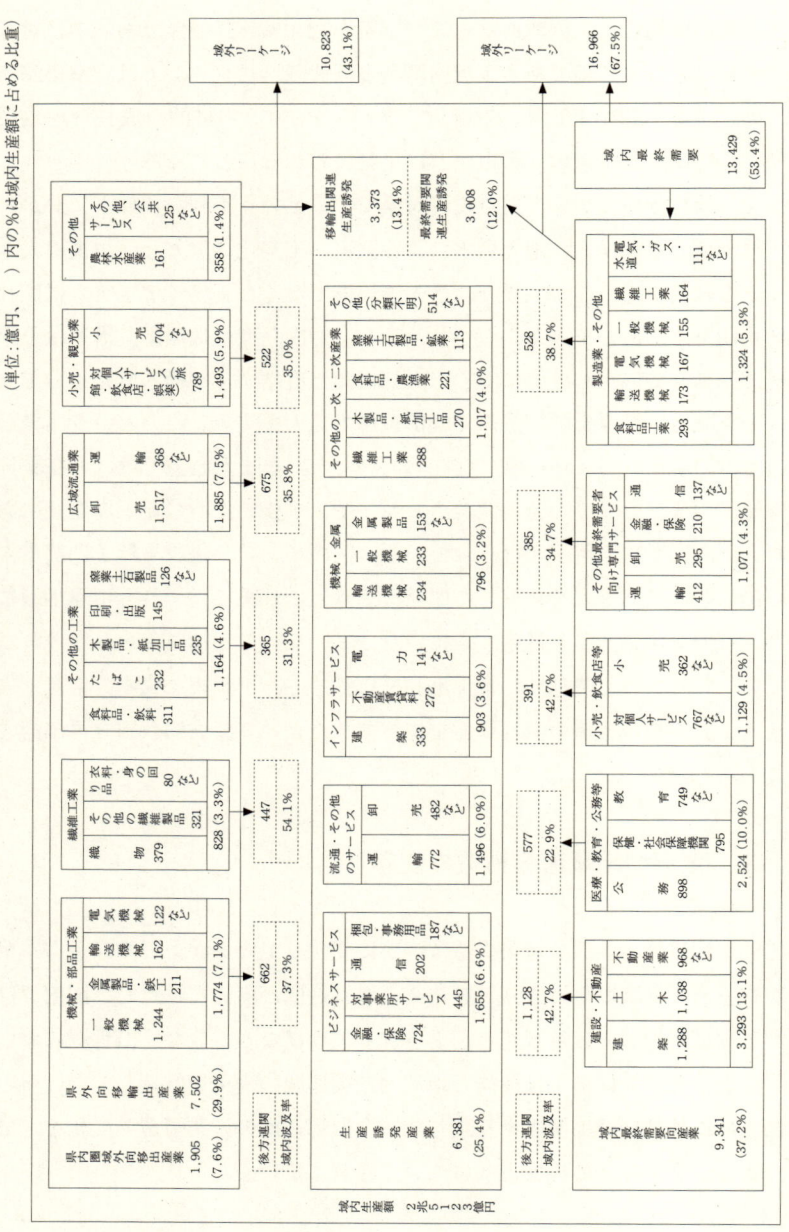

(単位：億円、( ) 内の％は域内生産額に占める比重)

資料：『昭和55年石川県産業連関表』、『昭和56年事業所統計調査報告』第2巻17石川県、『昭和55年国勢調査』をもとに推計。

第5章　金沢都市圏の産業構造とその展開

図5−3　金沢都市圏の産業連関構造（2000年）

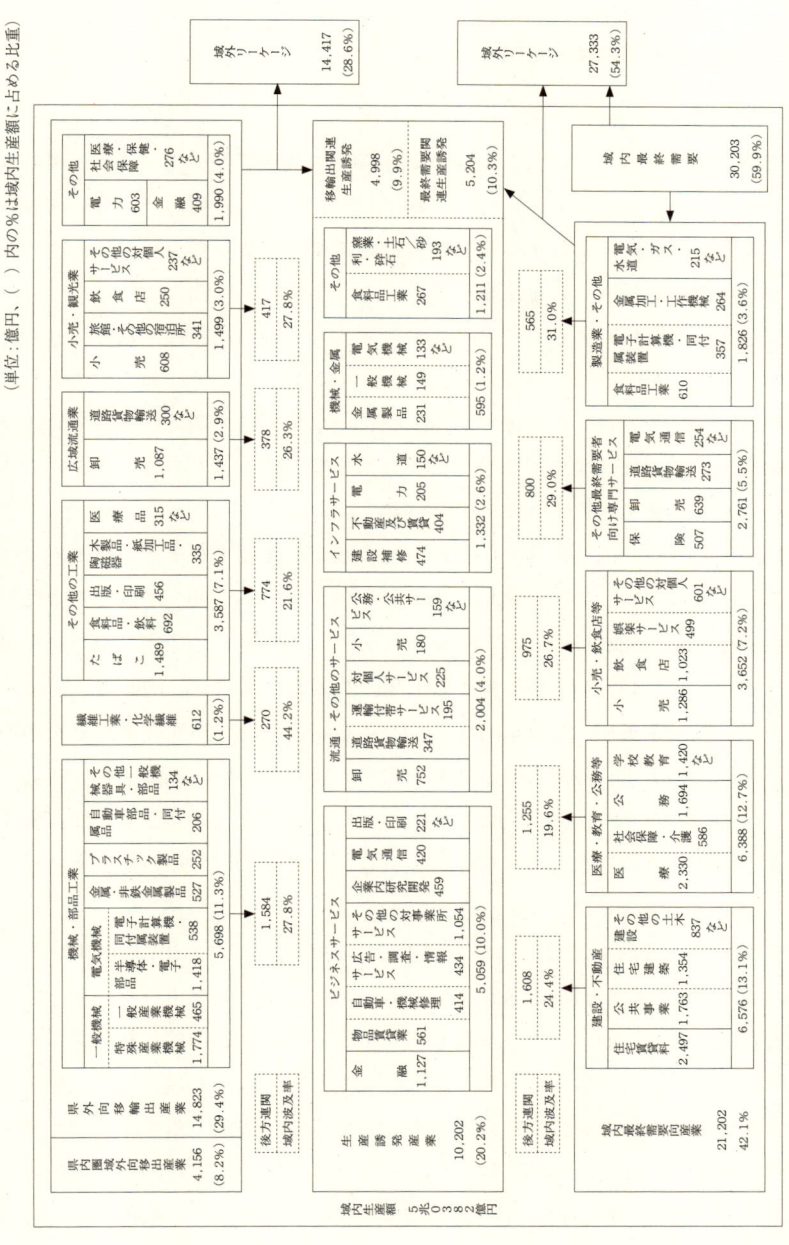

(単位：億円、（ ）内の％は域内生産額に占める比重)

資料：『平成12年石川県産業連関表』、『平成13年事業所・企業統計調査報告』、『平成12年国勢調査』をもとに推計。

(1) 金沢都市圏の産業連関分析

　金沢の地域産業構造をデータで確認しよう。図 5 - 2 および図 5 - 3 は、石川県産業連関表をもとに推計した金沢都市圏の産業連関構造である[9]。図は大きく 3 列に分かれ、上から一列目が移輸出産業、1 番下の列が域内最終需要向産業、真ん中の列が、移輸出産業と域内最終需要向産業から生産誘発を受けて発生する産業である[10]。移輸出全般ではなく「県外向」移輸出を取り上げているが、これは、石川県表からデータを推計するので県外向移輸出額のほうが相対的に信頼性のおけるデータであるためと、全国的・国際的な競争力のある産業を浮き彫りにする目的のためである。細かい産業部門の項目が違っているようにみえるが、これは産業連関表の部門分類の違いによるものであり、同じ中身の産業部門が含まれるようにグループ化している。

　1980年の時点では（図 5 - 2）、金沢都市圏の域際収支を支える県外向移輸出産業は、大きく 5 つの柱で構成されていた。すなわち、(1) 初期の工業化を支えた繊維工業（828億円）、(2) 繊維機械やそれと関連して発展した産業機械・工作機械（1,774億円）、(3) 食料品工業、製紙業、印刷業、陶磁器メーカーなど多様な製造業集団（1,164億円）、(4) 産元商社や機械卸売業者などを中心とした広域流通業（1,885億円）、(5) 小売業や飲食店・旅館・娯楽などの観光産業（1,493億円）である。これに対して、太平洋ベルト地帯などでは移輸出の大きな部分を占める素材系産業や、東京など大都市圏域で多いビジネスサービス移輸出は、金沢では少ない。

　繊維工業の域内生産額に占める比重はこの時代すでに3.3％に低下しているが、域内波及率は54.1％ときわめて高く、地域経済に果たす役割は大きい。機械加工に関わる切削・プレス技術や組立工程を担当する溶接・ねじ込み・ナット締めなどの技術を有する金属（部品）工業が数百社余り集積し、機械工業に資材を提供するとともに移出産業にもなっている。清酒・菓子・豆腐など多様な食品産業の存在は、食品機械メーカーなどニッチ機械工業の発達と密接に関わる。都市文化・景観に支えられた観光産業に加え、福井や富山からも買い物

に来る広域商圏が金沢には存在するが、その背後には、商品流通の拠点となる卸売市場やローカル産品製造業の存在があることを見落としてはならない。逆に、金沢の卸売業が1,517億円もの移輸出を誇れるのは、製造業の独自の地域産地が強みになっているゆえである。このように、1980年時点における金沢の移出産業は相互に作用しあっていた。県外向移輸出額の域内生産額に占める割合は30％程度であるが、県内圏域外向移出と合わせ、生産誘発を加えると、ほぼ5割が移輸出関連生産ということになる。

　域内最終需要向産業とその関連産業が残り半分を占める。域内最終需要向産業のなかで大きいのは、医療・教育・公務などと小売・飲食店などで構成される住民生活サービスや、最終需要者向け専門サービスであり、合わせて域内生産額の18.8％を占める。公共的・準公共的部門が地域経済の相当の比重を担っていることは知られてしかるべきである。最終需要向産業のもうひとつの柱は建設・不動産部門であり（域内生産額の13.1％）、1980年当時の開発事業の多さなどを反映して、ハード（物的設備）指向型経済という側面を映している。生産誘発産業に関しては、ビジネスサービスを筆頭に、流通サービス、インフラサービスと続くが、機械・金属製品への生産誘発が域内生産額の3.2％、繊維工業などその他一次・二次産業が4.0％と、この時期にはまだ物的生産連関が一定の比重を占めている。

　図5-3にあるように、1980年から2000年の間に、金沢都市圏の域内生産額は約2兆5,000億円から約5兆円へと約2倍に拡大した。県外向移輸出産業に関しては、5つの移輸出産業群がバランスよく並び立つ構成から、繊維工業、広域卸売業が凋落し、機械・部品工業（5,698億円）とその他の工業（3,587億円）が突出する構成へと変化した。

　繊維工業と広域流通業の県外向移輸出向生産額は1980年レベルを20％以上割り込むまで低落した。これは、産元商社の経営不振と産地代理店化を反映している。産元商社の自律性崩壊は、域内垂直分業で統合されていた傘下機業にも影響する。1990年代には国内産地のコスト高を負担に感じていた原糸メーカーから委託加工が切り捨てられる形となり、金沢繊維産業の収縮が加速した。商

業統計で確認すると、ピーク時の1991年から2004年の間に、金沢市の年間卸売販売額は3兆4,553億円から2兆3,479億円に減少し、なかでも繊維・衣類など卸売業の減少率は67％と落ち込みが激しい。

対照的に、県外向移輸出機械・部品工業は、20年間に3倍強に伸張し、金沢経済を牽引した。従来からの特殊産業機械、一般産業機械に加えて、半導体・電子部品、電子計算機・同付属装置などの電気機械工業が急成長した。

(2) 機械工業の成長と現状

金沢で電気機械工業が発達した理由のひとつは、繊維・工作機械から電子制御の技術・技能が培われたことである。いくつかの企業例を挙げると、津田駒工業傘下の共和電機工業は、超音速ジェット織機で培った開発力を活かして、全国の工作機械メーカーなどに産業機械用制御装置を供給する電装品メーカーとして成長した。三菱電機の代理店として出発した北菱電興は、産業機器の販売・設備工事から、独自のエレクトロニクス制御機器や監視システムの開発・設計へと発展した。自動制御盤の設計組立業務から創業した発紘電機は、タッチパネルや制御盤を主力製品に、メーカー、商社、エンジニアリングの機能を備える特徴的な企業に育ってきた。

地域に蓄積された技術的基盤を基礎に、小資本から独自の市場領域を開拓して発展する内発型工業化の伝統は、機械工業からコンピュータ産業へと受け継がれている[11]。1960年に宇ノ気町（現・かほく市）で石川県初の電子計算機メーカーとして設立されたウノケ電子工業（のちのユーザック電子工業）は、コアメモリの開発・製造に成功し、金沢コンピュータ産業発展の端緒となった。ウノケ電子工業からのスピンアウト技術者が創立したアイ・オー・データ機器は、カラーグラフィックディスプレイ装置からスタートし、パソコンの周辺機器を戦略分野とすることで全国ブランドに成長した。羽咋市から松任市（現・白山市）に本社工場を移転したナナオは、大手家電メーカーのテレビをOEM方式で生産していたが、パソコンモニターの普及を契機に、もともと欧米で定評のあった高級モニターの独自ブランドを日本でも浸透させ、近年は医療・介護分

野向け画像表示システムに力を入れている。コンピュータ産業は、ハードウェア、ソフトウェア、ネットワークなどの分業によって発達する業界であり、個々の企業だけでなく地域の産業集積としての競争力が問われる。アイ・オー・データ機器の細野昭雄社長の提唱により、1986年には、地域のIT企業同士の役割分担や人的交流を目的とする石川県情報システム工業会（ISA）が結成された。ISAには120あまりの企業・団体が加入し、会員相互の情報交換・技術交流や、人材確保・研修・育成支援、ソフトウェア開発環境の支援などの共同事業を行なっている。

　電気機械の移輸出額が拡大したもうひとつの理由は、地域企業の分工場化と外部資本の立地展開である。ウノケ電子工業は、設立間もなく資金繰りに行き詰まり、内田洋行（大手事務用品商社）の経営参加で経営危機をしのいだのち、富士通と松下の合弁会社パナファコムと1987年に合併してPFUと社名変更した。現在は、富士通グループとしてコンピュータ機器の開発・製造・保守サービスなどを担い、グループ会社の富士通ITプロダクツが、かほく市の工場でサーバ、ストレージ、イメージスキャナなどを製造している。北陸3県に14の製造拠点を展開している村田製作所は、1984年に鶴来町（現・白山市）に金沢村田製作所を設置し、現在は携帯電話の電子部品などの製造を行なっている。隣接する能美郡には、80年代半ばに加賀東芝エレクトロニクスや東芝松下ディスプレイテクノロジーなどの工場が相次いで立地した。低廉良質な機器製造力が評価され、石川県は大手電機メーカーグループから電子部品・コンピュータ機器の開発・製造現場として位置付けられてきた。

　機械工業の移輸出向生産額は拡大し、金沢では工業活動が依然活発なようにみえるが、地域内産業連関の構造としてはどう評価できるか。地域内に関連支援産業を育て移出産業との相乗作用で競争力を高める後方連関効果と、全国的競争力を有する製品が地域内の産業に供給されることによってその産業の競争力も高まる前方連関効果の両面から、地域内産業連関の構造を検証しよう。

　まず後方連関効果を図5-2と図5-3から確認すると、機械・部品工業の後方連関は662億円から1,584億円に拡張しているが、域内波及率は37.3％から

表5-1 金沢都市圏における主な産業の搬出先割合

(単位：億円、%)

	1980年				2000年			
	域内生産額	県外市場向け	県内最終需要向け	域内波及生産	域内生産額	県外市場向け	県内最終需要向け	域内波及生産
機械・部品工業	3,134	57%	18%	25%	6,860	79%	12%	9%
一般機械	1,632	76%	10%	14%	2,950	82%	13%	5%
電気機械	379	32%	44%	24%	2,731	80%	15%	5%
金属製品	379	38%	11%	50%	558	70%	1%	29%
輸送機械	569	28%	30%	41%	351	71%	6%	23%
繊維工業・化学繊維	1,356	61%	13%	26%	763	80%	3%	16%
卸売	2,619	58%	16%	26%	3,031	36%	29%	36%
小売・観光業	2,782	54%	41%	6%	5,833	25%	67%	7%
対個人サービス	1,587	50%	48%	2%	3,702	24%	70%	6%
小売	1,194	59%	31%	10%	2,132	29%	63%	9%
ビジネスサービス	2,604	7%	19%	74%	9,499	13%	21%	66%
金融・保険	1,146	0%	24%	76%	1,793	23%	4%	74%
対事業所サービス	568	8%	1%	91%	3,858	5%	18%	77%
研究	60	0%	26%	74%	727	0%	0%	100%

資料：図5-2および図5-3と同じ。

27.8%に低下した。全体としての移輸出関連生産誘発も域内生産額の13.4%から9.9%に比重を下げたが、これは内生部門の産業連関が、部品・材料・設備などの物的生産連関（取引額が大きくなりやすい）よりもサービス部門への連関中心に移ったことによる全国的な傾向である。実際、移輸出産業からの域外リーケージも域内生産額比で43.1%から28.6%と少なくなっている。生産誘発産業の内訳を見ると、対事業所サービスや企業内研究開発などビジネスサービスが比重を増やし、金属製品、一般機械、電気機械など製造業部門への生産誘発は規模縮小している。後方連関については、製造品からビジネスサービスに比重をシフトさせつつも、絶対額では一定の効果を保っていると評価できよう。

次に、主な産業の搬出先割合を見ると（表5-1）、域内生産額を急成長させた電気機械は、県外市場向けが8割を占め、前方連関と呼べる域内波及生産

(域内他産業への供給) は 5 ％に過ぎない。一般機械も域内波及生産を14％から 5 ％に下げた。機械工業の関連産業として発達した金属製品においても、1980年には生産額の 5 割が域内他産業への供給であったが、2000年には 3 割弱へと低下した。機械・部品工業全体でも域内波及生産は25％ (795億円) から 9 ％ (606億円) へと低下し、前方連関効果は弱まった。総じて金沢都市圏は、産地としての集積を維持しつつも、企業間の相互関係性の高い複雑な工業集積の構造から、企業グループごとの単純な生産空間としての性格を強めている。

地域内産業連関の変化を裏づける各企業の経営戦略の現状はどうか。金沢を代表するニッチトップ機械メーカーの動向を確認しよう。

澁谷工業は1950年代に地元の中小の清酒メーカーに提供すべく自動びん洗い機や自動びん詰め機を開発し、そこから独自のボトリングシステムのメーカーとして発達した。国内のボトリング機械メーカーとしては後発であったが、ユーザーの細かいニーズに対応して技術的な工夫を特注製品に反映させるマーケティングや、技術者が顧客工場に出張して部品のメンテや保証を行なうアフターサービスを通じて、国内約 6 割のシェアを誇るトップメーカーに成長した。

市場の狭いニッチ分野は、海外に広く市場を求めるか、新しい事業領域を開拓していかなければ生き残れない。澁谷工業は、北米市場を中心に売上の 1 割 (約41億円) を海外販売から稼ぐが、ボトリングシステムではドイツをはじめとする欧州メーカーが強く、澁谷工業の市場シェアは低い。そのため、海外事業強化だけでなく、国内で新しいニーズを開拓するため、無菌充填機能を活かした製薬設備、治験薬アイソレータ、農業用選果選別システム、レーザ加工機、半導体ハンダボールマウンタ (ハンダ粒をチップに搭載する装置)、人工透析、医療用レーザなどに事業を多角化している。農業用選果選別システムでは2003年に松山の企業をグループ化し、2004年には医療用レーザの企業 (東京都) と資本・業務提携した。新規分野では他地域の企業と提携しながら将来可能性を探っている。

特殊産業機械は、部品数が多くモジュール化しにくい。澁谷工業の強みのひとつは、県内の数百の部品加工下請け業者を組織化して、迅速で精巧な納品を

可能にしている点にある。とはいえ、事業を多角化し製品機能が高度化した結果、供給業者のネットワークも全国に広がった。1986年時点では、澁谷工業の協力企業120社のうち80％は金沢地区に集中していたと報告されているが[12]、2006年には、仕入先企業は県内363社、県外714社となっている。澁谷工業は、金沢における本社・開発・製造拠点を維持しながらも、地域を超える事業ネットワークを構築して、多様な事業ニーズに応える生き残り策を模索している。

　事業組織の全国ネットワークを構築して多角化を探る同様の傾向は他企業にもみられる。金沢の繊維機械メーカーで生き残った石川製作所は、繊維機械の比率を下げ、ダンボール製函印刷機や、半導体チップ検査機、骨粗鬆症のスクリーニングを行なう超音波骨量測定器などに事業を多角化している。金沢本社と白山本社工場以外に東京に出張所と研究所を設け、情報の集まる首都圏でマーケティングや研究開発を行なっている。垂直搬送システムや小物自動仕分けシステムで全国トップシェアのホクショーは、金沢本社、白山工場に加えて、東京・大阪・名古屋の支店と全国8カ所のサービスステーションを設置している。半導体工場・液晶基板工場におけるインダストリアルクリーンルームや食品工場・医療施設内のバイオロジカルクリーンルームに対応したクリーン搬送システムを開発し、新規需要の開拓を図っている。

　他方で、ニッチ分野の競争力をより強めて、市場を海外に求める機械メーカーもある。津田駒工業は、繊維機械と工作機械に専門特化し、グローバル競争を進める戦略を採る。現在、主要な織機メーカーは世界4社に絞られ、津田駒は高速高品位のエアジェットルーム、ウォータージェットルームを武器に、国内は1～2割程度、残りは中国、台湾、韓国、アメリカはじめ世界60数カ国に輸出している。津田駒工業の強みは、鋳造（松任工場）から機械加工・塗装・マシニングセンタ・組立て（金沢本社工場）まで主要生産工程をすべて自社で行なう一貫生産であり、人工知能織機などの基礎研究・設計・評価試験も地元で行なう。

　豆腐機械の高井製作所もグローバル展開を重視しており、野々市本社工場で研究・製造を行ないつつ、中国・韓国人が住む地域を中心に海外38カ国160都

市に輸出している。金沢市新竪町で創業し旧・鶴来町(現・白山市)に工場を移転した中村留精密工業は、液晶パネルのガラス基盤を切り分けたりハードディスク板やデジカメレンズの内外径を加工したりするガラス複合加工機の生産で好調であり、国内他、海外27カ所に出荷している。ファンヒーターやガスコンロなどの電子点火装置で国内62%のシェアを誇るアール・ビー・コントロールズ(金沢本社、鶴来工場、金石工場)は、ここ10年で売上を倍増させた成長企業であるが、事業多角化と海外展開の二方面戦略を採る。浴室オーディオ装置などニッチな自社ブランド製品開発に力を入れる一方、電子点火装置では韓国、上海に進出して海外向け生産を急拡大させている。

　以上のように、金沢で成功した機械工業は、生産・開発体制を金沢周辺で強化しつつ、全国に事業ネットワークを広げて多角化を模索するか、専門特化して海外市場に展開する形で競争力を維持している。北陸他都市の主力メーカーと異なり、本社機能や核となる製造・開発機能を地元に残しているのは特徴的である。これら各種専門的な機械工業には自力があり、今後も地域の製造機能を支えていくであろう。しかし一方で、機械工業と地域内市場との繋がりは相対的に希薄になっている。かつて機械工業は、北陸の繊維工業に機材を提供するところから出発した。ニッチトップと呼ばれる特殊産業機械も、食料品工業など地域内市場における身近なニーズを捉えて発達した。ところが、繊維工業・卸売業は凋落し、機械工業にとって地域内の製品提供先パートナーの比重は低下した。

　津田駒工業や澁谷工業など地域の有力な機械メーカーは、地元の下請け業者を垂直的に統合する形で競争力を強化してきた。関連企業間の高度な「擦り合わせ」を強みにしつつ、金沢経済は小規模な垂直的生産システムを地域内に複数持つことによって、豊田のような企業城下町とは異なる多核的な産地構造を有してきた。しかし現在、機械生産の下請け部門を担う中小の部品・鉄工業では、情報経路が親企業からのラインに限られ、独自の事業展開を起こす機運に乏しいと指摘されている[13]。現在の地域経済を牽引しているニッチトップメーカーのほとんどは、1970年以前に設立されたものである。有力中堅メーカーは

表5-2 石川県における本所・本社・本店の事業所数および従業員数

年		1991	1994	1996	1999	2001	2004	94→04
産業全体	事業所数（社）	3,363	3,437	3,129	2,340	2,341	2,709	−21%
	従業員数（人）	93,096	100,059	103,656	69,546	76,574	83,022	−17%
	事業所全体に占める割合	16.8%	18.0%	17.7%	12.8%	14.1%	16.0%	
製造業	事業所数（社）	602	592	542	393	412	433	−27%
	従業員数（人）	33,459	32,422	33,193	23,369	24,635	25,847	−20%
	事業所全体に占める割合	21.8%	22.4%	23.1%	18.5%	21.0%	22.0%	

注：全事業所は、単独事業所、本所・本社・本店、支所・支社・支店の3つに分けられている。
資料：『事業所・企業統計調査報告』各年版より作成。

独自の資材調達部門や営業力を持つが、地域の卸売機能が低下した結果、下請け企業では資材調達・販路開拓のチャンネルが狭くなった。かわりに、石川県産業創出支援機構が県内企業数百社の製品リストを冊子化し県内外の関係者に配布するなど、本来商社が担うべき仕事まで行なっている。

　事業の拡大で工場が手狭になった金沢市内の機械工業は、中小の製造・建設・卸売業者らが職住混在型で多数集積していた中心市街地近辺のインナーシティから、新工場を金沢市外に移設した。1970年時点で金沢都市圏の製造品出荷額2,040億円の7割は金沢市に集中していたが、2000年には、金沢市の占める割合は42％に低下し、かわって旧・松任市（29％）、旧・宇ノ気町（10％）、旧・鶴来町（7％）の比重が上昇した。設備は新しいが郊外に点在する孤立した工場では、他業種の異質な情報を摂取する機会に乏しくなる。

　金沢経済の自律性の特徴であった本社機能の集積をデータで確認すると、表5-2のように、本所・本社・本店の事業所数および従業員数ともに1994年から1999年にかけて約3分の2に数を減らし、とくに製造業の本社従業員数の減少幅が大きい。本社事業所従業員数の事業所全体に占める割合も12.8％まで低下した。その後2004年にかけて少し回復しているが、本社経済を支える製造業の回復は遅い。1990年代後半の不況の影響が強いとはいえ、移出産業の軸である製造業に、地域内市場から次々と事業展開を起こす活力が以前に比べて乏しくなっていることは注視されなければならない。機械工業の移輸出額自体が伸

びることで隠されているが、金沢経済でも、より奥深いところでポスト工業化段階の産業構造への変化が始まりつつある。

(3) 住民生活サービスとビジネスサービスの発展可能性

それでは、機械・部品工業以外で、どこに今後の金沢経済の発展可能性を見出せるであろうか。再び図5-3に戻ると、機械・部品工業以外では、「その他の工業」が県外向移輸出額を伸ばしているが、そのほとんどは、地域内波及効果の小さいJT（日本たばこ産業）の生産拡大による。食料品・飲料の移輸出額も伸びているが、これもキリンビール工場立地（1993年）の影響などが大きく、地域産業の自律的な発展によるものとはいいがたい。

小売・観光産業の県外向移輸出額は、かろうじて1980年レベルを保つが、期待されたような成長は実現せず、域内生産額に占める割合は5.9％から3％に半減した。金沢経済同友会が1983年に発表したレポート「第三の基幹産業・あすを開く石川の観光のために」では、繊維・機械工業の生産額の伸びよりも観光消費額の伸びのほうが高く、最終的に地元に落ちる利益額が大きいとして、「観光立県」に期待が寄せられた。しかし、1985年から2000年まで金沢市における観光消費額が238億円から450億円と75％上昇したのに対して、飲食店、娯楽サービス、ホテルなど対個人サービスの県外向移輸出額は、789億円から877億円と11％しか伸びていない。金沢の観光産業は、観光の消費を地域内で循環させ再投資させていく仕組みを構築してこられなかったと見ることができる。

観光産業（対個人サービス）の搬出先割合を見ると（表5-1）、1980年時点では、県外客向けに約5割、県内客向けに約5割のサービスが提供されていたが、2000年時点になると、県外客向けが24％に対し県内客向けが70％に上昇した。小売業でも54％あった県外客向け生産が25％に低下している。つまり、小売・観光産業は、顧客層を外来者から主として地元在住者に移すことでかろうじて生産規模を維持してきたといえる。今後も観光産業に地域経済を牽引するほどの過大な期待はできないであろう。

移輸出主導経済はその基本を維持しながらも陰りがみえ、かわってローカル

サービス主導経済の性格が相対的に強まっている。地元市場向産業の比重が大きいことは、一般的には依存経済としてあまり評価されないが、資本蓄積が一定程度進み、移輸出産業が縮小したのではない場合には、内需主導の成熟経済の傾向として積極的に評価してもよかろう。金沢都市圏の域内最終需要向産業の域内生産額に占める比率は、37.2％から42.1％に上昇し、なかでも住民生活サービスと最終需要者向専門サービスが伸張した。住民生活サービスでは、医療（2,330億円）、社会保障・介護（586億円）、公務（1,694億円）、学校教育（1,420億円）など公共的・半公共的なサービス部門が伸びている。とくに、全国的な傾向であるが、医療部門は近年成長部門となって地域の雇用を支えている。さらに、これら医療や公務の生産を支えるための関連支援産業が伸張している。

域内最終需要向産業にも、金沢の内発型工業化の伝統は継承される。地域内市場全体の量的規模が問題なのではなく、特定分野の市場に対して中小企業が競い合える環境があり、関連支援産業および消費者との相互作用によって地域内市場の質を高めていくプロセスが重要になってくる。住民生活の文化的ニーズと地元の機械工業のシーズを結びつけて地域内市場の発達に繋がった一例を挙げよう。

金沢都市圏には、石野製作所と日本クレセントという2社で全国市場の9割以上を占める回転寿司コンベア機メーカーがある。自動給茶機付きの回転ベルトコンベアを開発して全国展開するようになった石野製作所に対して、後発の日本クレセントは、機械製造力に勝る石野製作所と差別化するため、コンベア機に付加価値を与える店舗経営支援を行なった。すなわち、100円均一などの低価格業態を行なう大手資本のチェーン店に対抗して、職人の手をかけ食材にこだわり店の雰囲気の高級化をはかる中小資本の回転寿司店を支援し、これが、郊外に住み本格寿司屋からは遠ざかったが味や店内環境にはこだわる金沢人の食文化志向に合致して成功した。結果として、金沢では画一的な低価格業態の回転寿司店は後退し、多様なスタイルの回転寿司店が個性を競い合う地域市場が形成された。回転寿司業界では「金沢を制する者は全国を制す」と言われ、

金沢の市場で成功したビジネスモデルを他地域でも展開する回転寿司企業を輩出している[14]。消費者の文化ニーズを顕在化させ、機械供給だけでなく経営支援というソフト面を打ち出した点に成熟社会型の企業戦略を見ることができる。

図5-3で生産誘発を受ける産業部門に目を転じれば、ビジネスサービスが5,059億円（域内生産額に占める割合10％）と中核的に成長したことが特筆される。内訳は、金融が1,127億円、その他の対事業所サービス（法務財務会計・建物サービス・労働者派遣など）が1,054億円、企業内研究開発が459億円、広告・調査・情報サービスが434億円である。とくに研究への波及は1980年段階では30億円程度に過ぎなかったので、急速に成長したことがわかる。ビジネスサービスは、移輸出製造業からのみならず、域内最終需要向サービス産業や、建設・不動産などからも多くの波及を受けている。グローバル・シティ論などでは、金融・証券や専門的法人サービスなどの生産者サービスは世界的大都市に集中する傾向があるとされてきたが、地方都市には地方都市なりの生産者サービスの集積があり、これがポスト工業化時代の裾野産業として地域経済発展の基盤となっているといえよう。ただし、ビジネスサービス自体の移出額は2000年段階で数字には表われておらず、大都市圏に比べて遅れている面は否めない。金沢のビジネスサービスは地域内市場で競争力を蓄えている段階だと理解できる。

表5-3によれば、金沢を中心とした石川県地域には、ソフトウェア・情報処理サービスを筆頭に、建物サービス・建築設計・測量など建設関連から派生したビジネスサービス（五大開発、東洋設計、日本海コンサルタントなどの建設コンサルタントが多い）、出版・印刷業（広告の企画・編集・デザイン、情報の電子化、デジタルメディアの制作などに展開している）、労働者派遣業、機械設計・デザイン、税理士・司法書士・公認会計士事務所などが集積しており、新規開業率が高い。これらビジネスサービスのかなり多くは、従業員数20人未満の小規模の事業所であり、都心立地傾向が強い。中心市街地空洞化対策としては、こうしたビジネスサービスを担う労働者層の職住近接型居住を考慮すべきであろう。

表5-3 石川県におけるビジネスサービスの事業所数・従業者数

コード	産業小分類	事業所数	うち新規('01～'04)	従業者数	うち新規('01～'04)
161	印刷業	362	25	4,558	244
169	印刷関連サービス業	7	2	37	2
374	電気通信に附帯するサービス業	121	36	1,403	655
391	ソフトウェア業	188	60	4,713	1,041
39 A	情報処理サービス業	50	6	1,641	171
39 B	情報提供サービス業	22	7	327	21
39 C	その他の情報処理・提供サービス業	12	3	293	7
401	インターネット附随サービス業	18	12	155	137
80 A	法律事務所	50	6	225	24
80 B	特許事務所	3	－	14	－
802	公証人役場、司法書士事務所	159	15	478	39
80 C	公認会計士事務所	43	3	259	9
80 D	税理士事務所	255	31	1,108	154
80 E	建築設計業	551	65	3,212	205
80 F	測量業	110	9	752	35
80 G	その他の土木建築サービス業	39	5	268	12
80 H	デザイン業	107	14	380	57
80 J	機械設計業	100	17	899	273
891	広告代理業	61	16	577	88
899	その他の広告業	18	2	91	20
901	速記・ワープロ入力・複写業	12	1	110	1
902	商品検査業	14	2	199	8
903	計量証明業	6	－	84	－
904	建物サービス業	182	40	6,947	1,363
905	民営職業紹介業	42	8	333	30
906	警備業	58	9	2,695	681
90 A	労働者派遣業	61	29	3,874	2,055
90 B	分類されない事業サービス業	279	51	3,203	463
911	経済団体	172	11	800	22
	ビジネスサービス計	2,930	474	38,835	7,795
	比　率	4.4%	7.0%	7.5%	13.7%
	全産業計	66,291	6,740	518,164	57,105

資料:『事業所統計調査』2004年版より作成。

多様なビジネスサービスのなかでも、機械工業から情報システム産業への展開が注目される。ユーザック電子工業（現・PFU）からは、スピンオフ人材が多数輩出され、公共機関・医療機関・民間企業向けシステム・ソリューションを扱う石川コンピュータセンター（ICC、従業員333名）、コンピュータ販売から情報システム業務まで手掛ける三谷産業などの発展に寄与してきた。三谷グループの北陸コンピュータ・サービス（537名）は、富士通、三谷産業、北陸銀行の共同出資で設立され、自治体の税財務や金融機関の預金口座振替システムなどを手掛けている。さらに富士通系列のPFUアクティブラボ（359名）、NECソフトウェア北陸（666名）も立地し、ソフトウェア開発機能は数千人規模で地域に蓄積している。

企業のアウトソーシングのため、ビジネスサービス企業を分社化する動きもある。ナナオ、PFU、澁谷工業、津田駒工業、三谷産業、ICCなどからは、映像ソフトウェアの開発会社、生産管理システムなどの開発・設計、情報システムの受託開発、基礎的な情報処理・データ作成、コンピュータの設定・メンテナンス・コンサルティング、労働者派遣・職業紹介、環境ISO認証コンサルなどが、独立事業化されている。

IT分野では新興企業の設立も多い。医療・流通・文教・人事のシステム・ソリューションを幅広く手掛けるシステムサポート（1980年設立、従業員約300人）、建設専用3次元CADのシーピーユー（1982年設立、190名）、繊維業界や温泉旅館など地元業界向けの情報システムを手掛けるコスモサミット（1981年設立、98名）、外食・小売などのシステム・アウトソーシングのジェイ・エス・エス（1980年設立、273名）、Java Webアプリケーションソフト開発のC-GRIP!（2004年設立、25名）、統計解析ソフトの国際化プロジェクトに採択されたCOM-ONE（2003年設立、24名）など、数々のIT企業が叢生している。

2005年の特定サービス産業実態調査にもとづけば、石川県の人口当たりの情報サービス産業の集積度は、従業者数、年間売上高ともに東京、神奈川、大阪に次いで全国第4位、事業所数では東京、岐阜に次いで全国第3位の位置にある（詳細は第6章参照）。しかし、情報システム産業は実は下請けに組み込ま

表5-4 類似地方都市の比較統計[*1]

	福井市[*2]	富山市[*2]	金沢市	松江市[*2]	和歌山市	姫路市[*2]	大分市[*2]
人口（万人、2,003年3月末）	25.0	41.7	44.1	19.5	39.0	47.7	45.8
課税対象所得額（1,000億円、2003年）	3.7	6.0	6.8	2.6	4.7	6.1	5.7
人口1人当たり所得（万円、2003年）	148.7	142.9	154.1	133.6	121.1	128.8	125.5
同所得格差（全国＝100）	106.2	102.1	110.1	95.4	86.5	92.0	89.7
製造品出荷額（1,000億円、2003年）	3.0	10.5	5.8	0.9	9.7	16.7	15.9
同粗付加価値額（1,000億円）	1.5	4.6	2.2	0.5	5.8	5.7	6.3
同従業者数（万人）	1.7	3.8	2.2	0.7	2.4	4.1	2.1
卸売業年間商品販売額（1,000億円、2002年）	10.1	13.3	23.5	4.2	5.5	11.8	10.6
同従業者数（万人）	1.5	1.6	2.7	0.7	1.0	1.7	1.6
銀行貸出残高（1,000億円、2002年）	9.3	16.4	18.3	4.5	10.6	8.8	12.7

注＊1：中村剛治郎『地域政治経済学』有斐閣、2004年、270頁を参考にデータを更新。
　＊2：『地域経済総覧2006年版』では、平成の市町村合併で誕生した新市町の範囲でデータを集計している。
　上記の比較都市のなかで合併したのは、福井市、富山市、松江市、姫路市、大分市である。
資料：『地域経済総覧2006年版』東洋経済新報社、2005年（2006年版では一部不明のデータがあるため、銀行貸高残高のデータのみ2004年版を使用）。

れやすい産業である。多くのIT会社は大都市の大手システム会社から実入りの少ない仕事を下ろされ、納期と受託費を厳しく搾られて発展の制約を受ける。ソフトウェアの下請け（オフショア開発）では、インドや中国のシステムエンジニアとも競争しているので非常に厳しい。上記の金沢IT企業は、下請けからスタートしたものもあるが、それぞれ独自の専門的ニッチ領域を構築し、エンドユーザーとの直接取引を拡げることで成長してきた。金沢のIT産業は現在、下請け構造に甘んじるか、自律的な発展基盤を構築できるかの分水嶺に立っている。

(4) 地域経済の他地域比較

これまで金沢の産業構造の変遷を見てきたが、金沢の地域経済の発展度合を相対化して評価するために、類似地方都市と比較しておこう（表5-4）。金沢市の課税対象所得額は約6,800億円と全国の0.38％に過ぎないが、人口1人当

たりの所得で見ると10％ほど全国平均を上回る、生活水準の高い都市である。

　人口規模の近い金沢市と大分市を比べると、人口１人当たり所得では、大分市125万円に対して金沢市154万円と30万円近い差がある。この差は何によって生じているのか。工業出荷額では、新産業都市建設の優等生で鉄鋼・石油化学などの大規模事業所が立地する大分市のほうが金沢市の倍以上大きいが、工業の粗付加価値額では出荷額よりもその差は縮まり、工業の従業員数では逆転する。年間卸売業販売額では、大分１兆600億円に対して金沢２兆3,500億円と、金沢が大分を圧倒する。銀行貸出残高でも金沢のほうが大きい。金沢の卸売業集積は低下しつつあるが、それでも、類似地方都市のなかで金沢の卸売の規模は群を抜く。多数の中堅中小企業を担い手とする内発型工業化を通じて経済の地域内循環を活発化し、卸売、金融という経済上部機能を蓄積してきたことが、金沢の１人当たり所得を高める結果となっていることがわかる。

4．新しい地域産業政策の模索

(1) 石川県の「ハイテク・センシング・クラスター構想」

　前節でみたような産業構造の変容を受けて、石川県や金沢市でどのような地域産業政策が取り組まれているか。

　石川県では2005年３月に「石川県産業革新戦略」を策定した。「産業革新戦略」では、県内の産業間連携が弱いこと、移出率が下がっていること、生産年齢人口が低下することを課題と認識し、ものづくり産業の基盤、ニッチトップ企業の集積、情報サービス産業の集積などを活かして産業革新戦略を推進していくとしている。施策の柱は、(1) 連携新産業の創造（予防型社会創造産業、地域ブランド創造産業、豊かさ創造産業）、(2) 次世代型企業の育成（ニッチトップ企業育成）、(3) 戦略的企業誘致の推進（横河電機、小松製作所など）、(4) 産業人材の総合的育成・確保の４つである。これらによって、2015年までにGDP3,000億円規模、新規雇用２万6,000人を創出するとしている。

このうちもっとも重点化されている連携新産業創造（新規雇用目標1万6,000人）で戦略分野に設定される「予防型社会創造産業」を取り上げよう。石川県・金沢地域は、文部科学省の知的クラスター創成事業の指定を受け、2004年から「石川ハイテク・センシング・クラスター構想」を進めている。脳磁計測システム（MEG）の技術開発を核に、痴呆の早期診断システムをはじめとする「予防型社会システム」を構築することをめざし、ハイテク計測技術などの共同研究開発、それを事業化するための研究者と業界関係者による「ビジネスモデル研究会」、予防型社会システム構築に向けた理論の分析を担う「社会システム研究会」が設置された。

　もともと脳磁計開発は旧・通産省の国家プロジェクトからスタートしており、その共同研究者が金沢工業大学に就任したことにより、SQUID（超伝導量子干渉素子）技術を有する横河電機とともに、脳深部対応型MEGシステムの開発が金沢で継続されてきた。すでにMEGシステムは実用化されているが、問題はいかなる分野でMEGを利用するかである。脳梗塞や脳腫瘍の検査は既存の検診装置でも対応可能なので、新規開拓分野として、早期痴呆診断にMEGを使うというアイディアが提起され研究予算を獲得した。ところが、既存の医療制度には痴呆の定期健診を行なう枠組みはない。技術はあってもそれを使う社会システムがなければ普及しないということから、「予防型社会システムの構築」が掲げられた。

　精密計測器メーカーの横河電機は、2005年10月にライフサイエンス事業部を立ち上げ、ビジネス策定から、マーケティング、技術開発、生産活動までを行なう戦略拠点として金沢事業所を新設した。立地の好条件とされたのは、第一に、周辺地域に数多くの高等教育機関が集積しライフサイエンス分野の優秀な人材確保が期待できること、第二に、大学などとの共同研究など産学連携に適した地域であったことである。理工系大学院卒の人材確保や大学の研究資源の活用という点では、通常大都市圏に目が向きがちであるが、大都市圏では知的資源をめぐる他社との競合も激しい。ライフサイエンス企業としては後発組である横河電機は、先行企業にあまり開拓されていない地方都市・金沢の知的資

源の可能性に目を付けたわけである。

　ライフサイエンス事業の具体的な需要開拓のために、横河電機金沢事業所では、リサーチセンター方式によるアプリケーション開発支援を行なっている。MEG という高価で新しい機械の販売のためには、MEG を研究や臨床に役立てるためのアプリケーションの開発が不可欠である。しかし、こうしたアプリケーションは医師や研究者など現場の知識・情報にもとづいて開発されるものであって、横河電機ではアプリケーション自体の開発は担えない。そこで金沢事業所では、備え付けの MEG 設備を大学の医学部や医療機関の研究者が利用して共同研究することのできる機能・体制を整備している。アプリケーションの開発が、将来 MEG の販路開拓に繋がることを想定した、外部への研究支援型マーケティング戦略である。知的クラスター事業の展開を横目に横河電機は、大学・研究機関を活用した金沢では新しい事業モデルを地域に導入しようとしている。

　石川県のハイテク・センシング・クラスターは、予防型社会システムという生活者サイドの政策課題に光を当て、大学研究機関の知的資源を組織化しようとしている点では、ポスト工業化時代を意識した政策である。しかし、地域の産業構造の観点から有効な政策枠組みになっているとは、現時点ではまだいいにくい。知的クラスター創成事業は先端的科学技術の研究開発を中心に据えているため、MEG による早期痴呆診断という技術的枠組みに縛られている。医薬品充填装置や人工透析システム、医療用レーザなどに進出している澁谷工業は、当初知的クラスター事業に参加していたが、技術的に距離があり早々に退出した。金沢にはさまざまな形で医療機関を顧客とする企業——石川製作所（超音波骨量測定装置など）、稲本製作所（医療・介護用クリーニング機器）、ホクショー（医療機関用クリーン搬送システム）、ナナオ（医用画像表示モニター）、ICC（医療機関向けシステム・ソリューション）、丸文通商（医療機器中心の卸売り）など——が存在するが、こうした既存の地元の医療関連産業は知的クラスターではほとんど枠の外にいる[15]。

　現在の石川ハイテク・センシング・クラスターでは、医療・福祉現場の専門的情報や最終ユーザーのニーズの刺激によって、MEG だけでない多様な医療

機器や医療システムの発展を促進するシステムに欠けている。石川県の健康福祉行政も予防を課題としているが、先端医療機器による検診よりもコミュニティベースの健康管理を重視している。技術起源ではなく、人々の健康ニーズに応えることを優先し、そこから金沢・石川らしいニッチな技術開発を触発させるような政策枠組みに修正する必要があろう[16]。

(2) 金沢市の「ファッション産業都市構想」

中心市街地の空洞化が顕著になってきた1990年代後半以降、金沢市は中心部の遊休地を文化的投資で埋める政策を積極的に行なってきた。大和紡績金沢工場跡地約9万7,000㎡を活用した金沢市民芸術村（1996年開設）では、市が用地を約120億円で取得し、芝生の防災広場（平時は暫定運動場）と芸術的公共空間を整備した。工場の倉庫群は保存・改装され、演劇・音楽・展示などの創作活動に対して非営利に供用されている。6時間1,000円（ミュージック工房のみ2時間1,000円）、冷暖房無料という低価格で、24時間365日一般市民に開放される。市民芸術村の年間運営費約1億5,000万円に対し収入は約2,000万円程度にすぎず、残りは市が供出しているが、社会的な文化活動支援施設として利用率は高い。2004年には、金沢大学附属小学校跡地約2万7,000㎡に建設費113億円、作品購入基金約30億円をかけて金沢21世紀美術館がオープンした。こちらも年間収入約1億9,000万円に対して、運営費は約7億5,000万円かかっており（2005年度）、差額は市の持ち出しである。これらは文化の営利化を直接めざさず、公共的な文化施設を整備して都市ブランドを高めようとする都市政策であるが、第2章で分析されたように、金沢市財政の負債の影響から今後も同様に支援し続けていけるのかどうかが懸念される。

上記の都市政策と連動する形で、金沢市は2004年6月、「生活文化すべてにかかわるファッションの分野において」新たな産業を育てるとして、「金沢ファッション産業都市」を宣言した。低迷する繊維産業および伝統工芸産業の現状に対し、伝統工芸などで培われたコンテンツを知的財産化し、デザイン力や情報技術などを付加して、ファッション性の高い新たなものづくりを実現しよ

うという構想である。2005年には金沢ファッション産業創造機構が設立されたほか、販路開拓（繊維と工芸が一体となった総合見本市の開催など）、人材育成（金沢美大に大学院ファッションデザインコース新設）、新製品開発促進（アンテナショップ「クラフト広坂」の整備）など31事業2.2億円の施策が展開されている。若手工芸家や学生を中心としたニューファッション研究会、金沢工芸普及推進協会による新製品開発、首都圏で開催される異業種交流会などが試みられている。

　金沢美術工芸大学とともに、この政策をリードしたヤギコーポレーションは、もともとスポーツ用スラックスの下請けを行なっていた金沢の中小衣料メーカーであったが、ファッション・ユニフォームというニッチ分野を開拓して成長を遂げた。デザイン力のある人材の育成と、ファッション産業による就職先の確保、およびファッション都市としての都市ブランドの向上は、これら産学官関係者の利害が一致する点であった。

　金沢ファッション産業創造戦略会議には、金沢・石川における、デザイン、工芸、衣料、印刷、情報システムなどの企業関係者がメンバーになっていた。清酒のラベル・パッケージの印刷で全国トップシェアを誇る高桑美術印刷は、デジタルコンテンツ化を通じて、印刷だけでなく映像やWebなどを含む総合的な商品開発・商品デザイン・販促企画事業に進出して業績を伸ばした企業である。酒造り技術を活かした新製品開発・マーケティングに熱心な清酒メーカー福光屋は、日本酒のスタイルを発進するためにインテリアデザインを積極的に取り入れている。このような伝統文化のデザイン産業化をより組織的に推進しようというのが、ファッション産業創出戦略のもうひとつの狙いである。

　ものづくり産業の高付加価値化と、デザインというビジネスサービスの強化に焦点をあてた金沢市の政策は、ポスト工業化の産業構造を意識した政策だといえる。ただし、簡単に解消しないいくつかの問題点を指摘せねばなるまい。第一に、織物を中心に発展してきた金沢の繊維産業には、川下のアパレルに強みを持つ企業が少ない。ファッション産業創造機構に加わるヤギコーポレーションや小川商事の他には僅かの縫製業者が残る程度である。第二に、伝統工芸

産業にせよ繊維産業にせよ流通構造の問題がある。生産者は商社を頂点とする取引関係に支配され、新製品を開発しても、産元商社そして大手商社の流通経路に乗らなければ消費者の手に届かない。職人技能やデザイン力だけでなく流通機構の改革が必要である。第三に、デザインを活用する川下の産業との連携が取れていない。新製品を直接地域外市場に売り込むイベントに注力しているが、たとえば、建築補修、公共交通、小売業・飲食店など、まちづくりをデザイン産業の需要サイドとして活かすなど、デザイン部門の地域内市場を発展させるような観点が必要である。

　以上のように、石川県、金沢市はそれぞれ、社会システムへの視点、大学研究機関における知的資源の活用、デザイン力の強化など、従来とは異なる観点の発展戦略を採り始めている。しかしその手法は、金沢の発展の歴史的教訓を必ずしも踏まえたものではない。共通する問題のひとつは、特定の企業の利害に依存する傾向が強すぎて、地域産業政策というよりも企業支援策にとどまっていることであり、もうひとつは、需要サイドや地域内市場を軽視しているために、企業家のイノベーションを広範に刺激するマーケット・インセンティブに弱いことにある。

　金沢経済は、不利な立地条件にあることを自覚して、地域に蓄積された技術基盤と地域内市場を基礎に独自に創意工夫した中小企業が次々と移出産業化し、企業城下町とは異なる多角的な産業構造と地域内経済循環を形成することによって発展してきた。現在の地域産業構造に目を凝らすならば、次世代産業の基盤はビジネスサービスの領域で育まれており、新しい地域内ニーズは医療・教育・文化・環境など「生活の質」を支える公共的・半公共的サービスの領域で大きくなっている。他方で、内発型工業化を支えてきた経済仲介機能とくに卸売り機能の衰退が深刻であり、機械工業の地域内における前方連関効果は低下している。地域産業政策の基本戦略としては、地域内に存在するニーズとシーズを邂逅させつつ、地域内のビジネスコーディネーターの再建に努め、成長管理型都心再生策や健康福祉・環境保全などの公共政策と連携していく必要があろう。

1) 2004年2月に高松町・七塚町・宇ノ気町が合併して「かほく市」となり、2005年2月には、松任市・美川町・鶴来町・河内村・吉野谷村・鳥越村・尾口村・白峰村が合併して「白山市」となった。
2) 以下の「地域内産業連関」と「経済上部機能」のくだりについては、宮本憲一・横田茂・中村剛治郎『地域経済学』（有斐閣、1990年）第1章参照。
3) 以前は従属産業とされた地元市場向産業であるが、近年その役割が見直されている。コリン・C．ウィリアムズ『消費者サービスと地元経済開発』（白桃書房、1999年）は、地域内消費の漏出防止と、外部収入獲得（移出産業化）を根拠にして、文化、スポーツ、教育、医療、小売などの「消費者サービス」を軸とする地域経済開発の可能性を論じている。
4) 第2節(1)(2)項は、主として、中村剛治郎「地方都市の内発的発展をもとめて――モデル都市・金沢の実証的経済分析――」『21世紀への大都市像』柴田徳衛編（東京大学出版社、1986年）、同『地域政治経済学』（有斐閣、2004年）参照。
5) 北陸銀行『創業百年史』「産業編Ⅳ　繊維」（1988年）。
6) 佐々木雅幸『創造都市の経済学』（剄草書房、1997年）、同『創造都市への挑戦』（岩波書店、2001年）参照。
7) 金沢市『金沢市史（現代編）続編』（1989年）499頁。
8) 2007年、金沢港大浜地区に小松製作所の自動車用プレス機新工場が竣工した。これに合わせて、石川県と金沢市は、金沢港の貨物利用の拡大を期待して、大型船着岸のために埠頭を10mから13mに掘り下げる工事を行なっている（2006～2015年、総事業費167億円）。
9) 金沢都市圏産業連関表の作成手順は次のとおりである。
  (1) 金沢都市圏の範囲は、資料利用の利便性から石川中央広域市町村圏で設定する。
  (2) 農林漁業に関しては国勢調査の就業者数、それ以外の産業に関しては事業所統計調査の従業者数の比率を用いて、石川県産業連関表（中分類）より、金沢都市圏表の各産業部門の域内生産額を推計。
  (3) 同様の従業者数比率を用いて、石川県表の各産業部門移輸出額から金沢都市圏表の各産業部門の県外向移輸出額を推計。
  (4) 各産業部門の域内生産額に、石川県表の投入係数、粗付加価値係数を乗じて内生部門、粗付加価値部門を計算する。
  (5) 域内最終需要については、①家計外消費支出は、金沢都市圏表の粗付加価値額の家計外消費支出（行）合計額を、石川県表の家計外消費支出の各産業部門比率で案分。②家計消費支出、対家計民間非営利団体消費支出は、国勢調査の

人口比率、③一般政府消費支出は、事業所統計調査の「公務」従業者比率、④資本形成（政府）は、事業所統計調査の「公共事業」従業者比率、⑤資本形成（民間）は、事業所統計調査の民営事業所の従業員比率を用いて、それぞれ石川県表から推計。
(6) 石川県表の移輸入率を用いて、各産業部門の仮移輸入額を決め、域内生産額＋仮移輸入額と、内生需要計＋域内最終需要計＋県外向移輸出額の差額を、県内圏域外向移出額とする。ここで、県内圏域外向移出額がマイナスになる部門は県内圏域外向移出額をゼロと置き、移輸入額を微調整する。

通常、産業規模の経年変化を見る際にはデフレーターを使った実質化が不可欠であるが、ここでは、それぞれの時期における各産業集積の占める比重を重視するため、名目価格で計算・分析する。

10) なおこの産業連関分析を数式で示すと次のとおりである。

$X = E + \{[I-(I-M)A]^{-1}E + [I-(I-M)A]^{-1}(I-M)Fd\} + (I-M)Fd$

X：域内生産額ベクトル　E：移輸出額ベクトル　Fd：域内最終需要ベクトル
M：移輸入係数行列　I：単位行列　$[I-(I-M)A]^{-1}$：開放型逆行列係数表

E = Ee（県外向移輸出額）＋ En（県内圏域外向移出額）

$Le = (I-A)^{-1}E - [I-(I-M)A]^{-1}E$

$Lf = (I-A)^{-1}Fd - [I-(I-M)A]^{-1}(I-M)Fd$

Le：移輸出の域外リーケージベクトル　Lf：域内最終需要の域外リーケージベクトル　$(I-A)^{-1}$：閉鎖型逆行列係数表

11) 石川新情報書府『石川産業勃興記　IT産業編』参照。
12) 前掲、中村剛治郎（2005年）259頁。
13) 石川県産業創出支援機構でのヒアリングによる（2005年8月26日）。
14) 以上は金沢大学経済学部・川島春菜氏の卒業研究（2005年度）に依拠している。
15) このなかでは石川製作所のみが、体液中の認知症マーカー物質を簡易検査するバイオセンサの開発で知的クラスターの共同研究に参画している。
16) 佐無田光「石川の産業構造と予防型社会システム」平成17年度知的クラスター創成事業『石川における予防型医療社会システム形成の課題』（2006年）63-90頁、参照。

第6章

北陸の情報化社会と IT ビジネス

飯 島 泰 裕

1．北陸の情報化社会

(1) 日本の情報化社会の現状と情報化戦略

　総務省の平成17年通信利用動向調査によると、従業員を300人以上抱える日本の企業では、99.1％がインターネットを活用しており、今やホームページを持たない企業というのは考え難い時代となった。また、一般家庭での普及率も近年では著しいものがあり、平成17年末には9割近くの家庭で使われるようになった。このなかには携帯電話のインターネット利用も含まれているが、併用の相乗効果もあり、パソコンと携帯電話などを併用している人が4,862万人と、インターネット利用者の57.0％を占める状況である。

　平成17年のインターネット人口普及率は66.8％であり、IT（Information Technology）あるいは ICT（Information & Communication Technology）は本格的に身近な情報コミュニケーション手段となってきた。平成15年度の『情報通信白書』によると、インターネット人口普及率が50％を越える国々として17カ国が挙げられ、アイスランド、スウェーデン、デンマーク、香港、ノルウェー、米国、英国、韓国、オーストラリアなどが並ぶ中、日本もこのなかで中位に位置している。また、2000年は北米エリアが約半数を占めていたのに対し、2002年になると、北米エリア、欧州エリア、アジア・パシフィックエリアで3分す

るようになり、アジア・パシフィックエリアで急速にインターネットが普及しつつあることがわかる。

日本では、平成12年11月に、森内閣によって、高度情報通信ネットワーク社会形成基本法（IT基本法）が制定され、情報化社会構築のe-Japan戦略が国家プロジェクトとして展開された。このIT基本法では、「5年以内にIT国家になる」ため、e-Japan戦略として(1)超高速ネットワークインフラ整備、(2)電子商取引ルールと新たな環境整備、(3)電子政府の実現、(4)IT人材の育成の4項目を掲げて開始された。そして、(1)の超高速ネットワークインフラについては、CATV（ケーブルテレビ）によるブロードバンド・ネットワークの普及など、平成17年を待たずして実現したものもあった。

小泉首相を本部長とするIT戦略本部は、「e-Japan戦略Ⅱ」を平成15年7月に発表した。これによると、第2期は「IT利活用により、元気・安心・感動・便利社会をめざす」としており、具体的には、医療、食、生活、中小企業金融、知、就労・労働、行政サービスの7分野で先導的な取り組みを実施するとしている。第1期よりアプリケーション寄りで、生活密着感のあるものとなった。さらに、2006年1月には「IT新改革戦略」が打ち出され、「ITの構造改革力の追求」「IT基盤の整備」「世界への発信」を柱に、世界のICT革命を先導する国としての国家戦略が策定された。また、いつでも、どこでも、誰でもITの恩恵を実感できる社会作りとして、総務省からu-Japan政策が実施されている。

当初、e-Japan戦略が発表された時、これは戦略政策といえるか疑問に感じた。なぜなら、日本にブロードバンド・ネットワークが引かれ、電子商取引ができるようになり、電子政府が実現され、IT人材が育成されれば、それでIT国家が実現したといえるだろうか？　IT施設の充実やIT人材が単に増えたところで、国民は嬉しくない。それより、米国の政策のように、競争力のある企業が活躍し、国民生活が豊かになるために、いかにITを使うかを考えるほうが余程重要であろう。少なくとも、国民生活に密着している地方自治では、県民や市民の生活向上に結びつく、IT戦略政策を打ちたいと考えた。e-Japan戦略Ⅱ、加速化パッケージ、IT政策パッケージ、IT新改革戦略と続くなかで、

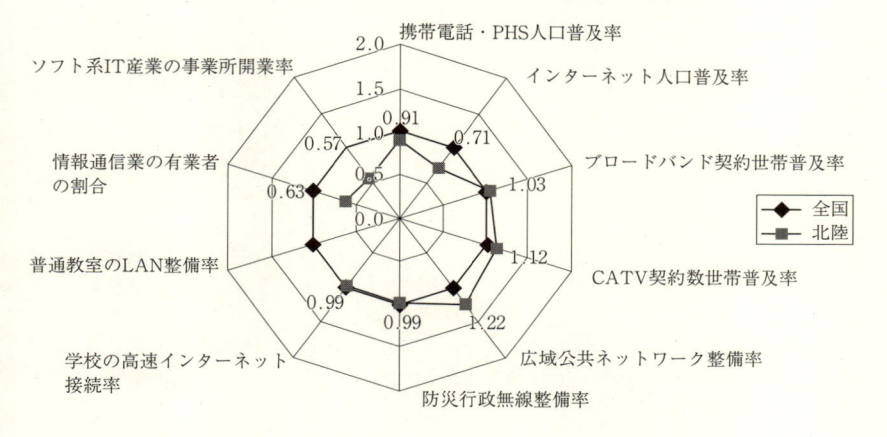

図 6-1　全国平均を1とした場合の北陸のIT指標[1]

- 携帯電話・PHS人口普及率　0.91
- インターネット人口普及率　0.71
- ブロードバンド契約世帯普及率　1.03
- CATV契約数世帯普及率　1.12
- 広域公共ネットワーク整備率　1.22
- 防災行政無線整備率　0.99
- 学校の高速インターネット接続率　0.99
- 普通教室のLAN整備率　0.63
- 情報通信業の有業者の割合　0.57
- ソフト系IT産業の事業所開業率　0.55

（全国／北陸）

出典：北陸総合通信局『テレコムレビュー北陸2005』より。

ようやく戦術政策から戦略政策へ変化したと感じる。とくにIT新改革戦略では、ITは単に情報化するということではなく、社会構造の変化を促す道具と位置付けており、最近のWeb 2.0への流れと繋がっていくであろう。

(2) 北陸のIT化状況

いくつかのIT指標で、北陸は上位にランクされている。しかし、IT先進地域であることを実感できないとも言われる。図6-1は、全国平均を1とした場合の北陸（富山県、石川県、福井県）のIT指標を示したものである。携帯電話・PHSの人口普及率は、64.5％、インターネット人口普及率35.3％、ブロードバンド契約世帯普及率は40.3％、地域公共ネットワーク整備率は90.5％、学校の高速インターネット接続率は70.7％、ソフト系IT産業の事業所開業率は7.9％、情報通信業の有業者の割合は1.7％となっている。北陸全体では、ブロードバンド契約数世帯普及率、CATV契約数世帯普及率、地域公共ネットワーク整備率が、ここ数年、全国平均以上となっている。一方、インターネット人口普及率が全国平均におよばない結果となっている。しかし、今後、学校

図6-2　北陸ブロードバンド地図

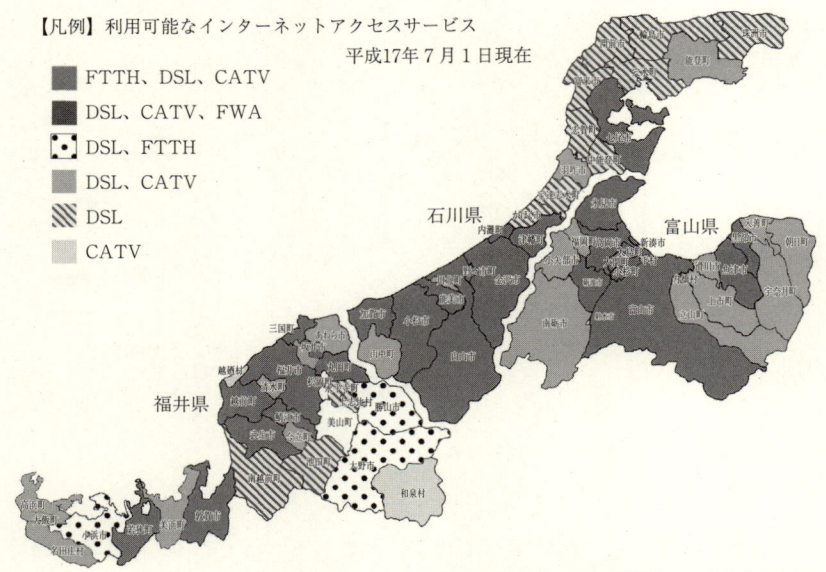

【凡例】利用可能なインターネットアクセスサービス
平成17年7月1日現在

- FTTH、DSL、CATV
- DSL、CATV、FWA
- DSL、FTTH
- DSL、CATV
- DSL
- CATV

※市町村において一部のエリアのみでサービス提供されている場合も含む。

出典：北陸総合通信局『テレコムレビュー北陸2005』より。

　教育でのインターネット利用の充実、第3世代（3G）携帯電話など比較的安価で屋外でもインターネットに接続できる携帯型端末の普及が見込まれることから、インターネット人口普及率の向上が期待できる。また、CATV契約数世帯普及率と地域公共ネットワーク整備率が高くなっており、各地方自治体がさまざまな方策により、地域全体の情報化推進に取り組んでいる結果である。

　また、富山県はCATVが県内全域に整備され、CATVを使ったインターネットのブロードバンド化が普及してきている。福井県は、都市部で普及している一方、山間部でのインターネット普及が遅れている。石川県は、金沢を含む加賀地域と能登地域には、携帯電話の通話可能エリア、ブロードバンドの普及エリア、CATV普及エリアいずれをとっても大きな差がある。図6-2は、北陸のブロードバンド状況を示したもので、石川県内では加賀地区がおおむね光

ファイバー、DSL、CATVのブロードバンドが利用できるのに対し、能登地区ではDSLのみである。DSLは交換局の数百メートル以内でないと利用できないことを考えると、能登地域では人口密集地区で辛うじてDSLによるインターネット利用が可能ということになる。但し、「次世代ブロードバンド戦略2010」（2010年までにブロードバンドをすべての地域で可能にする計画）に基づき、輪島市や志賀町も平成20年度末までにCATVでブロードバンド化しようとしている。

　富山県は全域でCATVを整備しているが、福井県も順次、全域でCATVが整備されつつある。これらの地域では一斉整備したため、当初、加入率の低さが問題となったが、現在では6割を越える世帯普及率となってきた。石川県は、加賀地区はそこそこ視聴できるものの、能登地区では多くの地域でCATVが視聴できない状況である。ただ、現在のITやCATV技術の高度化のことを考えると、現存のCATVによってインターネットのブローバンド化を図るより、光ファイバーによるインターネット通信網を整備し、その上にCATV番組を供給するほうが効率的ともいえる。また、能登地区での過疎化は、年々深刻になっており、利用者の増加は容易に見込めない。反対に能登発の情報を、東京、大阪などの大都市圏や金沢で見たいというようなサービスを作ることも考えられる。いずれにしても、能登地域の情報化は政策的にも、重要な課題である。

　さて、ITの利活用となると、北陸鉄道のICa（ICカードを利用したバスのプリペイドシステム）や、金沢市のゴミ集配予告サービスである金沢ごみゼロドットコムなど先進的な取り組みがある。しかし、企業経営やサービス・ビジネスにITを活用したものが圧倒的に少ない。このため、十分に社会生活のなかにITが浸透していないことが問題であり、IT先進地域であることを実感させない要因ともなっている。

　平成11年に行なわれた総務庁の全国消費実態調査によると、福井県は、携帯電話の普及率が全国で1位（73.1％）、パソコン普及率が16位（37.9％）であった。石川県は、携帯電話の普及率が2位（71.7％）、パソコンの普及率が10位（39.7％）であった。富山県は、携帯電話の普及率が18位（66.0％）、パソコンの

普及率が13位（38.7％）であった。しかし、平成16年度の調査によると、携帯電話の普及率が、富山県が全国9位（87.2％）、福井県が10位（86.9％）、石川県が16位（86.3％）となっている。パソコンの普及率が、福井県3位（76.0％）、富山県が13位（71.7％）、石川県が14位（71.6％）となっている。

　全般的には、パソコンの普及率や携帯電話の普及率は高い地域である。しかし、平成6年の調査では、石川県のパソコン普及率が2位だったものが下降しており、平成11年には一桁台だったものが二桁台の順位になるなど、単純に情報化の進んでいる地域とはいえない。どちらかというと、県民性が新しいものに飛びつくもののすぐ飽きる傾向にある。

　また、日経パソコンの「e都市ランキング2006」において、北陸では、金沢市（石川県）が11位、敦賀市（福井県）が35位に入るなど健闘している。また、前回調査では、福光町（富山県）が町村の部で1位であったが、市町村合併で南砺市となり、285位に下落してしまった。この調査でも、行政サイトのアクセシビリティ度や、庁内情報化が全般的には遅れを示しており、県民や市民のIT関心度は高いが、行政でのIT活用度は必ずしも高くないことを示している。

　さらに、金沢大学、北陸経済調査会、NTTインフラネットなどによって、平成14年度に、北陸の各市町村にアンケート調査を行ない、自治体情報化度を分析した（図6-3）。これは、情報化充実度（業務効率化に関するシステムの構築状況や、1人1アカウントの達成状況、ホームページの充実度、行政サービスに関するシステムの構築状況など）と、情報化推進基盤度（情報化専門部署、情報化計画の有無、LAN・WANの必要性や、パソコン1人1台体制、施設間WANや地域間WAN、LANの構築・接続状況など）を軸に、平面にプロットしたものである。

　ここで、富山県と、石川県、福井県を比較すると、石川県は、帯状に広く広がっており、先端的な市町村がある一方で著しく遅れている市町村もあることを示している。富山県は、中心部や少々右上に固まって分布していることから、ほぼ全域で一様な発展状況にあることがわかる。また、福井県は左下にプロットされるところが多いことから、発展途上にあることがわかる。ちなみに、同

第6章　北陸の情報化社会と IT ビジネス　149

図6-3　北陸の自治体情報化確立状況

情報化推進基盤（点）

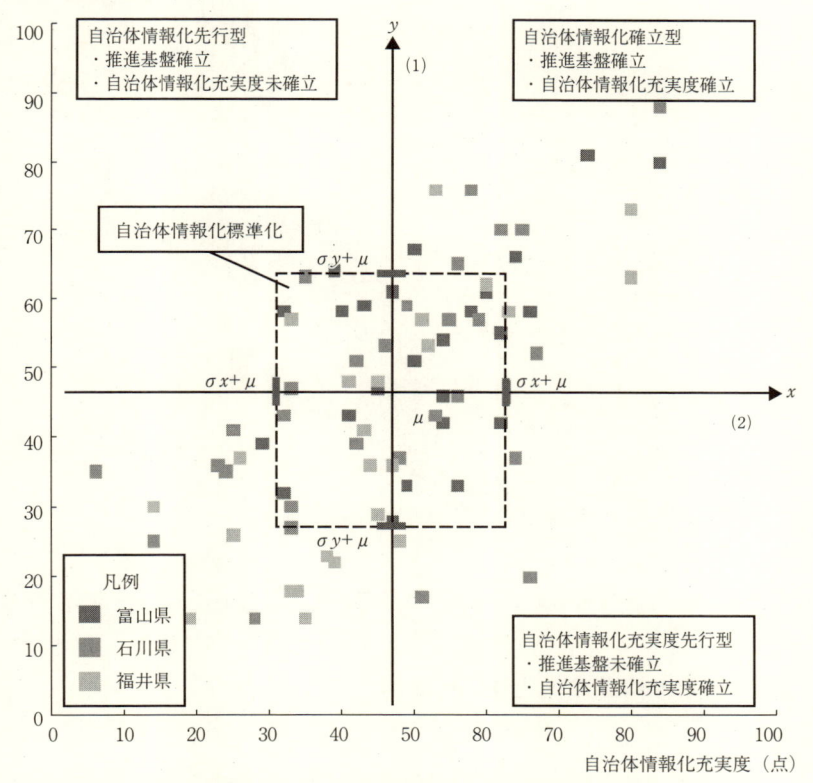

自治体情報化先行型
・推進基盤確立
・自治体情報化充実度未確立

自治体情報化確立型
・推進基盤確立
・自治体情報化充実度確立

自治体情報化標準化

$\sigma y + \mu$

$\sigma x + \mu$　　　$\sigma x + \mu$

μ

$\sigma y + \mu$

凡例
- 富山県
- 石川県
- 福井県

自治体情報化充実度先行型
・推進基盤未確立
・自治体情報化充実度確立

自治体情報化充実度（点）

出典：飯島ほか『自治体の情報化と情報インフラ整備に関する研究報告書』（金沢大学、平成15年）より。

様の分析を九州経済調査協会が平成13年に九州、沖縄地域で実施している[2]。この分析では、かなりの地域が左下にプロットされており、それとの比較からも、北陸の IT 先進性がわかる。

　図6-4は、これにもとづき、各市町村を色付けして記載した。これを見ると、都市圏では情報化が確立しているが、とくに山間部では未確立な部分が多い。ただし、このところ建物行政と問題視される推進基盤体制確立先行型の市

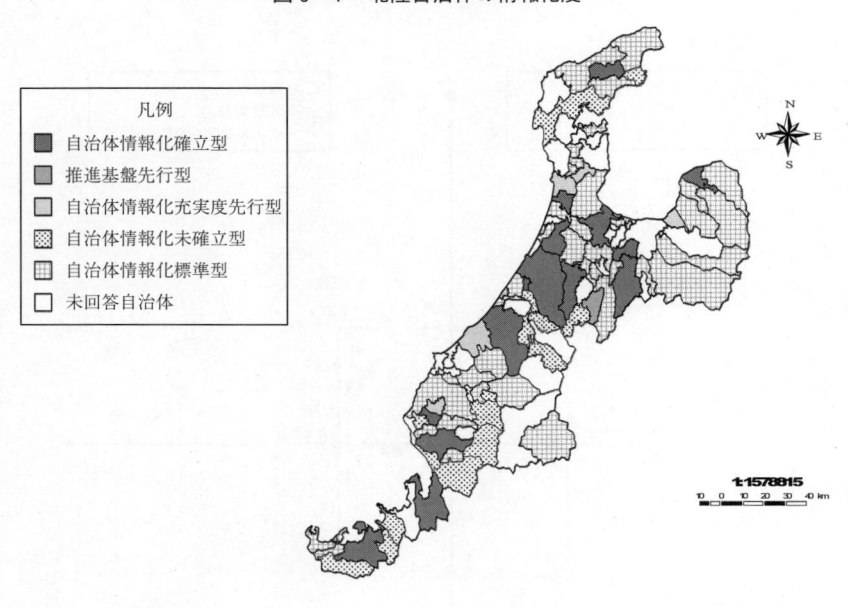

図6-4　北陸自治体の情報化度

凡例
- 自治体情報化確立型
- 推進基盤先行型
- 自治体情報化充実度先行型
- 自治体情報化未確立型
- 自治体情報化標準型
- 未回答自治体

町村が少ないのも特徴ともいえ、北陸の実直さを示している。

2．北陸の情報産業とIT利活用

(1) 情報サービス産業の状況

　経済産業省が実施している「特定情報サービス産業実態調査・情報サービス業編」によると、石川県の情報サービス業の事業所数は94事業所と、富山が57事業所、福井が46事業所に比べ、北陸3県のなかでとくに多い。また、平成9年から10年にかけて急増している。一方、岐阜県[3]（103事業所）は、IT政策や情報産業政策に熱心な政策展開をしているが、この岐阜県も同様に平成9年から10年にかけて急増している。ただ、平成12年から13年にかけては、岐阜県の事業所数の伸びが石川県より大きくなっている。

第6章 北陸の情報化社会とITビジネス 151

表6-1 ソフト系IT産業の事業所数

	H14年3月			H14年9月		年平均
	事業所数	順位		事業所数	順位	伸び率（％）
総数	35,785		総数	36,106		1.8%
東京都	10,910	1	東京都	10,993	1	1.5%
大阪府	3,349	2	大阪府	3,365	2	1.0%
神奈川県	2,168	3	神奈川県	2,146	3	−2.0%
愛知県	1,824	4	愛知県	1,847	4	2.5%
福岡県	1,483	5	福岡県	1,520	5	5.0%
北海道	1,329	6	北海道	1,353	6	3.6%
石川県	404	19	石川県	412	19	4.0%
富山県	295	25	富山県	298	25	2.0%
福井県	252	30	福井県	247	30	−4.0%
岐阜県	379	20	岐阜県	380	20	0.5%

　一方、国土交通省も半年にごとに「ソフト系IT産業の実態調査」を行なっている。ここでは、経済産業省の特定サービス産業実態調査が必ずしもカバーしていないインターネット業の事業所数を、インターネット・タウンページにより調査集計している（表6-1）。これによると、全国のソフト系IT企業の事業所数は、平成14年9月現在で36,106事業所となっており、前回平成14年3月調査における35,785から年率で1.8％の増加となっている。石川県の事業所数は平成14年9月時点で412と全国で19位に位置しているが、前回調査と比較すると年率で4.0％の増加となった。半年ごとの各県別の事業所数の推移を見ると、各県とも2001年3月までは急速な増加が続いていたが、その後は頭打ちとなっている。

　情報サービス業の従業者数を見ると、石川県においては、平成9年から10年にかけて1千人以上と大幅に増加したが、その後は他県と同様な変動となっている（図6-5）。情報サービス業の年間売上高の推移を見ると、石川県においては、平成8年以降一貫して増加しており、その水準は、北陸地域の他の2県および岐阜県より高い。とくに平成11年以降も大きく増加しており、他県との差を広げている。

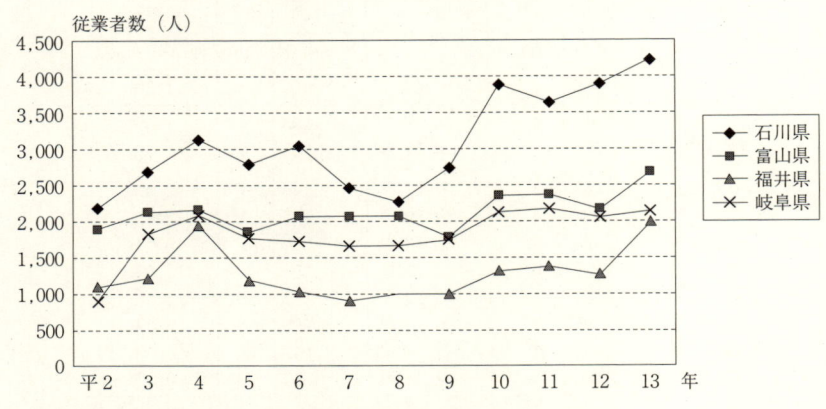

図6-5　北陸3県と岐阜県における情報サービス業従業者数の推移

出典：経済産業省「特定情報サービス産業実態調査・情報サービス業編」。

　次に、情報サービス産業の生産性について考えてみる。事業所当たりの年間売上高は、平成13年で北陸3県、岐阜県とも4～8億円にとどまっており、全国平均の17億円余を大きく下回っている。これは中小企業が多いことの現われといえよう。全国では、平成10年以降再び大きな伸びが見られているが、北陸3県の数値の伸びは比較的小さく、全国平均との差が開いている。これは、携帯電話コンテンツや次世代型Webコンテンツなど、急成長する要因を持つようなオリジナルなITビジネスがほとんどないことによると思われる。

　一方、従業員1人当たりの年間売上高を見ると、石川県は、平成2年からの10年間では約200万円増加して1,400万円になったが、全国平均および岐阜県の1,900万円と比較すると大きな差が見られていた。しかし、この後は急速に増加し、平成13年では1,800万円に達し、岐阜県と同程度となっている。しかし、全国から見るとまだまだ低い。ITビジネスの生産性向上と、急成長が予測されるオリジナルな新ビジネスの創出が必要であろう（図6-6）。

　年間売上高に占める「同業者」からの売上の比率、すなわち「下請け」の割合は、北陸3県はいずれも全国平均よりも高く、平成13年では石川県、福井県

第6章 北陸の情報化社会とITビジネス　153

図6-6　従業者1人当たりの情報サービス業務の年間売上高の推移

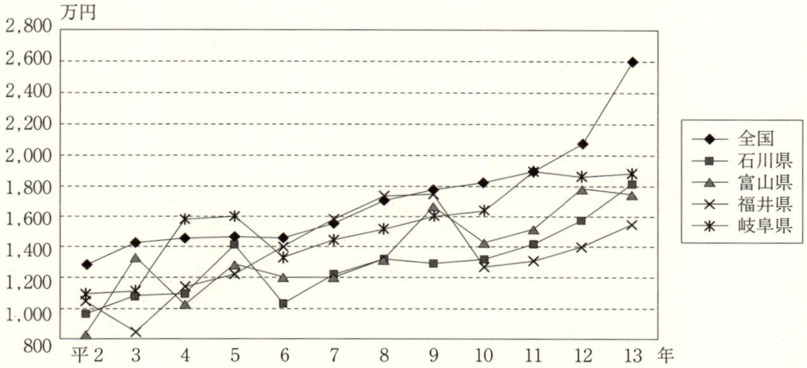

出典：経済産業省「特定情報サービス産業実態調査・情報サービス業編」。

において30％を超える高い数値となっている。これに対し、岐阜県においては、過去一貫して10％未満で推移しており、平成13年はわずか4.6％に過ぎず、全国平均を大幅に下回っている。平成13年の総売上高の業種別内訳では、岐阜県において、情報処理サービスの比率が高く、ソフトウェア開発の比率が低い。ソフトウェア開発は一般に下請け構造になりやすいと言われるが、岐阜県は、産業構造からも下請け比率が低くなっている。ソフトウェア開発がすなわち下請けということではないが、ソフトウェア開発の比率が高い石川県や福井県の情報サービス産業では、独自の技術やビジネスモデルにもとづいて直接エンドユーザーに提供できる高付加価値なサービスを提供していくことが大切であり、情報サービス業務の質を高めていくことが今後の課題である。

　次に、情報サービス産業の集積度合について述べる。特定サービス産業実態調査情報サービス産業編から、人口当たりの情報サービス産業事業所数を算出すると、石川県では7.99となる。全国平均は6.20となっており、石川県においては情報サービス産業の集積が高いことがわかる（図6-7）。隣接各県の位置を見ると、平成2年には富山県が11位ともっとも上位にあったが、以後は石川

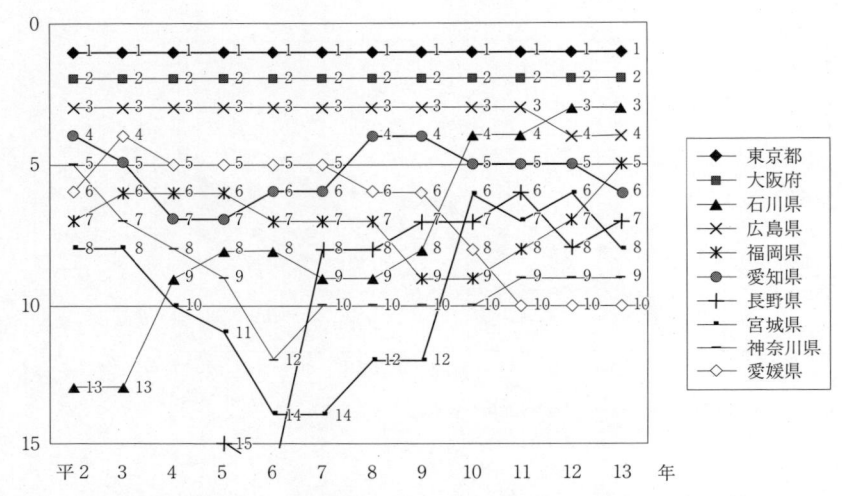

図6-7 人口10万人当たりの情報サービス産業事業所数の上位県

出典:経済産業省「特定情報サービス産業実態調査・情報サービス業篇」と総務省「住民基本台帳調査」より算出。

県が最上位を維持している。ただし、近年は北陸各県とも順位が上昇しており、集積が進んでいることをうかがわせる。全国順位を見ると、石川県は、東京都、大阪府に次いで第3位となっており、平成2年には13位であったが、徐々に集積が進んでいったことがわかる。

(2) ITハード産業の状況

ITハード産業の状況として、電気機械器具製造業を工業統計調査により分析する。平成13年のITハード産業の事業所は、石川県が238事業所、富山県が262事業所、福井県が179事業所であり、平成3年をピークに減少している。平成3年から平成13年までの減少率は、石川県が▲21.4%、富山県が▲25.6%、福井県が▲21.5%といずれの地域も事業所が大幅に減少している。

ITハード産業の従業員数は、平成13年で、石川県が19,053人、富山県が16,641人、福井県が14,820人であった。また、従業員数の推移を見ると、長期低減傾

向にあるが、石川県は平成11年以降に微増、その後横ばいを維持している。平成3年から平成13年までの減少率を見ると、石川県が▲3.6％、富山県が▲17.3％、福井県が▲20.8％となっており、石川県の減少率が小さい。

ITハード産業の出荷額については、平成13年で、石川県が6,299億5,600万円、富山県が4,409億8,200万円、福井県が4,001億5,800万円であった。この推移を見ると、パソコン、LAN、インターネットの普及などにより、平成7年からいずれの県も出荷額が大きく伸びている。しかし平成12年から13年では大きく減少している。平成7年から平成12年の出荷額の伸び率を見ると、石川県23.1％、富山県6.7％、福井県3.7％、岐阜県26.0％となっている。北陸3県では石川県の伸び率が突出している。

次に、ITハード産業の付加価値額および付加価値率について述べる。付加価値額の推移を見ると、石川県は出荷額ほど堅調ではないことがわかる。とくに、平成12〜13年では、石川県が▲21.8％、富山県が▲9.4％、福井県▲31.2％、岐阜県▲6.1％、と落ち込みが激しい。これは、安い輸入品の増加などによる製品価格の下落などが要因として考えられる。国内事業所では、モノはそこそこ売れるが、利益が出ないという状況である。この傾向は、㈱アイ・オー・データ機器など県内のITハード企業の事業報告書からもわかる。

さらに、図6-8に挙げるように付加価値率（出荷額に占める付加価値の割合）の推移を見ると、富山県を除き長期低落傾向にあり、石川県の悪化がとくに目立っている。北陸企業には、オリジナルな新製品を作る体制を、産官学連携などで、早急に作る必要がある。

(3) 企業におけるIT活用の状況

平成13年より、事業所企業統計調査に、新たに各事業所におけるEC（Electronic Commerce）の導入状況が調査項目に加えられた。事業所に占めるEC導入事業所の割合を各県ごとに見ると、全国平均（10.5％）に対して、北陸3県とも高い。とくに石川県における事業所のＥＣ導入率は12.7％と高く、滋賀県に次いで全国第2位、富山県も12.5％で全国3位となっている。

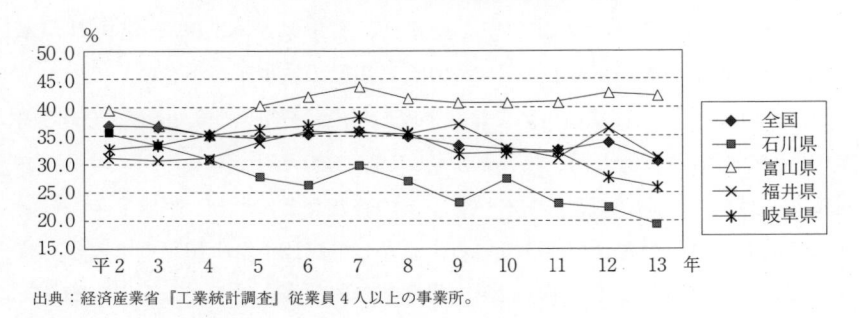

図6-8 ITハード産業の付加価値率の推移

出典：経済産業省『工業統計調査』従業員4人以上の事業所。

　ネットワークや電子メールは近年急速に普及が進んでいるが、平成9年以降、石川県は全国平均を上回る普及率で推移している。平成13年は、調査対象企業数が前回（平成12年）の2倍となるなど調査方法が変更となったこともあり、単純な比較をすることはできないが、全国の普及率は98％、石川県では94％となっている。

　企業規模（年間事業収入）別のネットワーク保有割合を見ると、100億円以上の企業では導入率が100％となっているが、1～9億円では90％、1億円未満では89％にとどまっている。単純な比較はできないが、平成12年の数値と比較すると小規模企業におけるネットワーク導入が進んできている。

　企業が年間に支出する情報処理関連諸経費の状況を見ると、全国的には平成11年までは安定した伸びを示していたが、その後は減少に転じている。石川県においても、近年は減少傾向が続いていたが、平成12年から13年にかけては増加に転じている。この変動を前年比で見ると、全国では、平成12年から13年にかけては10.8％という減少となっている。しかし、石川県においては、31.7％の増加となっている。

(4) 一般の消費者のIT活用の状況

　まず、ブロードバンドの普及率について、CATVとDSLの契約件数から検

討する。CATVの契約件数を見ると、平成13年9月から平成14年9月の1年間において全国では56.4％増なのに対し、石川県は66.2％増、富山県は58.9％増、福井県は130％増、岐阜県は60.2％増と高い伸びを示している。DSLはさらに爆発的に普及しており、契約件数を見ると、平成13年9月から平成14年9月の1年間で、全国では549％増なのに対し、石川県は1,068％増、富山県は759％増、福井県は881％増、岐阜県は908％増と非常に高い伸びを示している。とくに、石川県の伸び率は全国平均の2倍近くになっている。

　また、ブロードバンドインターネットの普及を、世帯普及率で見ると、全国は3.7％、石川県は4.2％、富山県は8.7％、福井県は9.2％、岐阜県は2.7％となっており、富山県、福井県の普及率が高い。DSLの世帯普及率を見ると、全国は8.7％、石川県は6.7％、富山県は6.1％、福井県は6.4％、岐阜県は5.1％となっており、北陸三県はほぼ同程度の普及率となっている。CATVとDSLを合わせたブロードバンドインターネットの世帯普及率を見ると、全国は12.4％、石川県は10.9％、富山県は14.8％、福井県は15.7％、岐阜県は7.8％となっており、石川県は全国平均には若干及んでいない。富山県と福井県はCATVの高い普及により、全国平均を超える普及率となっている。

　平成13年の社会生活基本調査により、生活者のインターネット利用状況を見ると、石川県は46.7％、全国11位、富山県は43.0％、全国24位、福井県は43.1％、全国23位、岐阜県が43.5％、全国21位、全国平均は46.4％となっており、石川県の生活者のインターネット利用割合は比較的高く、全国平均を上回っている。また、自由時間にインターネットを利用している人が多い都道府県は、東京都、神奈川県、埼玉県などの大都市圏に集中しており、逆に東北地方や南九州地方では利用割合が低い。

3．金沢および石川の産業とIT

　ここでは、金沢や石川の産業のIT化に関する具体的な取り組みについて述べる。金沢は地域経済論の内発的発展のモデルとして取り上げられることも多

いが、平成8年頃から延び始める情報化の流れも、金沢で藩政期からの製紙業や明治期に現われる印刷業と無関係ではない。

(1) 金沢の製紙業と印刷業

　紙の製造として、金沢では藩政期より、金沢市二俣町で和紙の製造が有名であった。歴史的に、この地域は古代白山信仰が熱心であり、養老年間（717～724年）僧泰澄が医王山に寺坊を建立し、医王山麓で紙漉きが始まったとされている。また、平安時代の『延喜式』に紙を納める42カ国のひとつに、加賀の国の名前が出てくる。そして、加賀藩の時代にいたるが、文禄年間（1592～1596年）に金沢二俣が、献上紙漉き場として庇護を受け、広く知られるようになってきた。ここでは、加州大奉書をはじめ、加州大杉原、加州高檀紙が漉かれている。

　現在でも7戸で紙漉きが行なわれている。現在漉かれている加賀和紙は、外国産原料の使用は10％ほどで、自家採取と国内産原料を使って生産している。また、金沢の金箔は全国のシェア90％を持つが、この製造に欠かせない箔打紙もこの二俣の和紙である。一方、現代の製紙業では大正4年に創業し、西金沢で操業している加賀製紙㈱がある。この会社では黄板紙、色板紙、チップボール、紙管原紙、裏白チップボール、貼合製品などの製品を古紙のリサイクルを多用して（90～100％）製造している。

　また、金沢では明治の早い時代から印刷業が始まっており、文化に造詣の深い市民が多かったことから成長してきた。金沢で初めて金属活字を使用し、近代印刷の元祖となったのが小島至将である。小島は長崎で印刷の技術を学び、先祖伝来の鎧兜師から活字印刷業に転業した。明治7年6月には、金沢初の英和辞典である『広益英倭字典』を印刷した他、『六線表』や『英語通』など、金沢初期の印刷物を次々に発刊した。

　明治時代、金沢には印刷会社が十数社あったという記録が残っている。加賀藩は文化の発信地であり、現在の印刷業界の走りであった木版印刷技術を持つ職人もいたので、比較的、印刷会社をおこしやすい土壌だったのだろう。しか

し、明治時代に創業したほとんどの会社は生き残ることができず、現在、石川県にある印刷会社は大正時代から昭和初期にかけて創業した「第2世代」が少なくない。

能登印刷株式会社は、金沢や能登のホテルなどに置かれている『シティガイド』や中古車情報誌『A☆soc CAR』などを出版・印刷、JTB『るるぶ』の北陸版の制作・編集も手がけている。この会社の前身となる「能登博文堂」は大正2年「博文堂印刷所」という名で、現社長・能登隆市の祖父にあたる能登磯次郎が創業した。創業翌年には、第一次世界大戦が勃発し、日本国内では著しい産業発展と近代化の波が押し寄せていた頃である。能登博文堂と相前後して、高桑美術印刷株式会社の前身である「盛文堂」（大正元年）、福島印刷株式会社の前身となる「福島印刷所」（昭和3年）など、県内でも印刷所の開業が相次いだ。創業当時はどこも、細かな印刷需要に応える比較的規模の小さい会社だったという。

これらの印刷企業の多くは、金沢市大手町近辺に集積し、関連産業である紙商社もこの界隈に多かった。現在でも、その名残はあるが、印刷工場の騒音や紙倉庫としては高い地価となってきたこともあり、多くの印刷企業や紙商社は、金沢市増泉などの郊外や、野々市町や白山市へ移転している。

こうした産業集積のなか、自社がどのようにビジネス創造し、市場創造をしてきたかについて、前出の能登隆市氏が石川経営天書塾のケース教材のなかで語っているので、それを下に引用する。

　　能登が家業を手伝い始めたのは昭和35年、大学進学を断念した19歳のときだった。入社半年後に磯次郎が病で倒れたため、何もわからない状態で全ての仕事をこなさねばならず、若くして実質的な経営者となったのである。会社では創業時の活版印刷から、時代の主力となりつつあったオフセット印刷に取り組み始めていた。昭和37年「能登印刷株式会社」に改組後、同39年、能登は23歳で第2代社長に就任した。

　　闇雲に働き、株式会社をおこした。気がつくと、周囲の同業他社はそれぞ

れに「得意分野」を開拓し、その強みを発揮しようとしていた。全国に営業網を展開するヨシダ印刷、日本酒のラベルを手がける高桑美術印刷、帳票類を足がかりに業績を伸ばす福島印刷……。「同業他社と同じことをしていたら、まだ営業力の整っていない当社は埋没してしまう。この地で生き残るためには、何をすればいいのか」。能登は創業当時からの得意分野をさらに伸ばそうと考えた。

活版印刷を主力商品としていた能登博文堂は、創業時から出版印刷物、いわゆる「文字モノ」に定評があった。役所の報告書や小規模の業界誌などで強みを発揮し、それなりの実績を上げていた。能登は市町村史に取り組んでいた金沢大学の故若林喜三郎教授らの助力を得て、津幡町史を手始めに県内の市町村史の受注活動を始めた。また昭和48年頃には、改正道路交通法のハンドブックを企画。松任市役所を訪ね、「全世帯に配布しませんか」と売り込みをかけたところ、これが採用された。「こういうアプローチの仕方もあるんだな」。当時はまだ珍しかった「企画・提案型」の営業に、能登は面白さを感じた。

次のビジネスの種は京都で見つけた。料理店案内の本を見かけ、同じ本を金沢でも企画したのだ。昭和49年、33歳のときに発刊した『金沢・能登・加賀　百万石味どころ』である。近年ではビジネススタイルの１つとして確立されているが、当時はいくつもの飲食店から広告費を取ってガイドブックを制作すること自体まれだった。能登は自ら営業に回り、オールカラー約300頁の本に仕上げた。広告収入は上々で、本も増刷し、事業としては大成功だった。

大学や高校の先生との付き合いも順調に進んだ。富山県で発刊されていた航空写真集を石川県でも企画し、一緒に副読本を制作していた先生らの協力を仰いだ。同時に、県内41市町村を駆け回って、航空写真フィルムの使用を認めるという条件で15万円の協賛金を募り、40市町村と契約を交わした。こうして昭和49年に完成した『石川県航空写真集』は２万5,000円という高価な写真集だったにもかかわらず、1,000部を完売した。写真集は、図書館協

議会の推薦図書にもなった。

　県内の航空写真のストックができたことで、能登は「別の仕事でも使いたい」と知恵を絞った。各市町村へ「要覧で航空写真を使いませんか」と営業に回り、見積もりに参加させてほしいと頭を下げた。すると、約20市町村から要覧の仕事を受注することができた。企業戦略の1つに「地域文化への貢献」を掲げて出版事業を展開していくことに、能登は魅力とやりがいを感じはじめていた。

　大学の先生や文化人との人脈を大切にし、さらに深めていきたいとの思いから、昭和51年には月刊誌『コミュニティジャーナル　いしかわ』を創刊した。雑誌を通じて、地域的な出版活動を展開していくという狙いもあったが、計画の段階で数年間の赤字は覚悟していた。そのため、能登は別会社『パブリケーション四季』を立ち上げ、私財を投じた。日本翻訳文化賞を受賞した『能登・人に知られぬ日本の辺境』（パーシバル・ローエル[4]著、宮崎正明訳）や、写真家協会の協力を受け、今なお高い評価を残す『石川写真百年・追想の図譜』などは、すべて雑誌連載から生まれた副産物といえる。また、出版活動の集大成として『石川近代文学全集』（全20巻）の制作にも取り組んだ（「平成17年度石川県経営天書塾　第8講ケース教材　能登印刷株式会社」より）。

(2) 印刷業の参入により急速に成長した石川の情報産業

　図6-9は、旧・郵政省と総務省が、平成6年と平成12年に調査した、情報流通センサスの情報発信量の比較である。情報流通センサスという指標は、新聞、雑誌、書籍、テレビ、ラジオ、ケーブルテレビ、電話、インターネット通信、講演、講義など、あらゆる流通する情報の量をワード（語）の単位で積算したものである。その石川県の情報発信量は、平成6年32位から平成12年の17位（1人当たりでは東京と並んで1位）へ躍進している。富山県、福井県も少しずつ上がっているが、石川県ほどではない。

　これは、郵政省北陸電気通信監理局のマルチメディア情報発信実験プロジェ

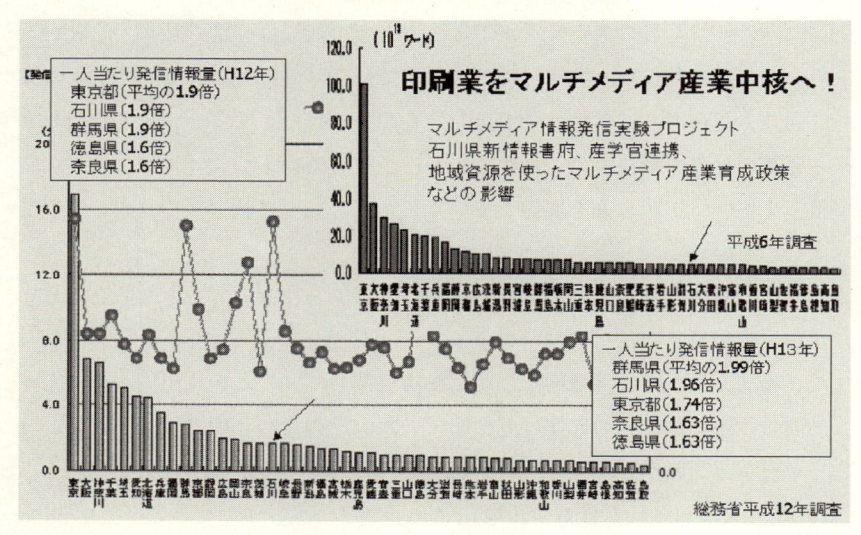

図6-9　情報流通センサス　情報発信量

クト、石川県の新情報書府事業、金沢市の eAT イベントなど、産官学連携や地域資源を使ったマルチメディア産業育成政策の結果ともいえる。これらの政策は、それまでにあった、㈱PFU、㈱アイ・オー・データ機器、㈱ナナオなどの情報通信機器会社がマルチメディア・ビジネスやコンテンツ・ビジネスに手を広げることを助成するのではなく、印刷企業の業種転向やビジネス拡大によって、マルチメディア産業を育成しようとした政策であったことが、特徴的である。

　とくに、石川県新情報書府事業（http://shofu.pref.ishikawa.jp/）は、江戸時代の儒学者である新井白石の「加賀は天下の書府なり」の故事から、石川にある伝統工芸や文化を、現代のマルチメディア技術を使ってデジタルアーカイブする事業である（図6-10）。これによって印刷企業は、ビジネスを通して、マルチメディア技術を導入することに成功すると同時に、マルチメディア・ビジネスでの実績作りにも成功し、マルチメディア産業界への参入を容易にした。

図 6-10　石川新情報書府

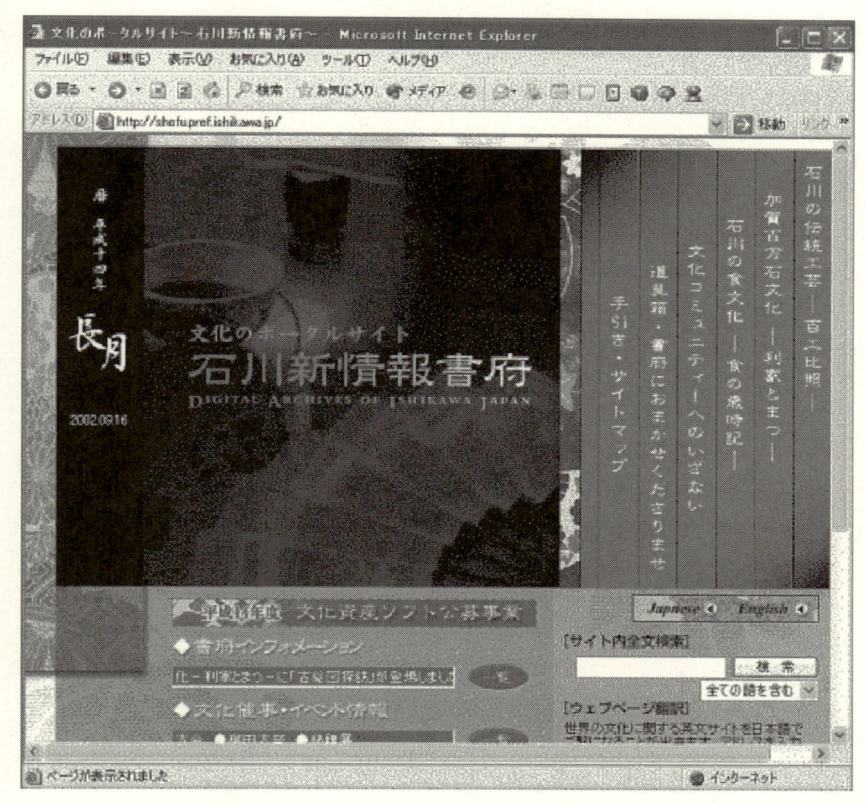

出典：(http://shofu.pref.ishikawa.jp/)。

(3) 従来の産業と IT

　次に、石川県の全産業での IT 利活用状況についてである。平成12年度に石川県と金沢大学は共同で、県内企業約5,000社に対して IT 利活用状況に関する全数調査を行なった。この結果、パソコン導入率は、全国の製造業平均が55.7%のところ、89.3%と著しく高い傾向を示しているのに対し、インターネット導入率が46.9%（全国平均69.2%）、ホームページ開設企業が42.0%（全国平均

56.7％)、LAN の敷設率が31.5％（全国平均51.1％）と低かった。また、パソコンの使用目的も、第1位が文書作成・管理（69.8％）で、経理・財務管理（64.2％）、給与・人事・労務管理（49.8％）が続いている。これは、パソコンをまずは高級なワープロ機として使っているが、まだまだITとして活用していないことがわかる。

　また、これまでのビジネスのIT化における問題としては、システムを生かす業務改善ができない（21.4％）、人材がいない（19.7％）、効果が見えない（17.6％）などが大きなものとして挙げられている。また、IT化に要求される外部支援としては、低コストなシステム提案（41.3％）、業務にあったIT化アドバイス（41.2％）、ITを担う人材の確保・提供（22.0％）などが挙げられている。

　つまり、石川の主要産業は、繊維、機械、観光などの産業であり、そうした企業へパソコンは導入されているが、それぞれのビジネスを強化するためのIT導入が上手くいっていないことを示している。また、他地域で成功したシステム・インテグレーション事例を、単に持ってきて導入しても、成功しない。独自のシステム・インテグレーションを考えだす必要がある。

　そこで、石川県はいしかわマルチメディア推進プロジェクトという、実験事業を行なった。これは、県民向けの情報化構想を、教育、保健福祉、産業、国際交流、農林水産、観光、生活の7分野に分け、平成10～12年度に構想策定し、平成11～15年度に産学官の共同で実験し、平成14年度以降に県内全域で実施していこうというものである。ここでは、石川県内の公立図書館の蔵書情報を横断検索できるシステムや、稲作の栽培ゲームをしながらトラスト事業を行なうもの、美術工芸の展示会やECを行なうホームページサイトなどの実験がされた。とくに、オムロンフィールドエンジニアリング㈱、石川県農業総合研究センター、石川県小松農林総合事務所、㈱NTTドコモ北陸が共同提案して行なった、ハウス栽培業効率化支援実験は興味深いものである。トマトのハウス栽培は、出荷1週間前からの日照、温度、水、養分などの管理が微妙になる。出荷が時期をずらして続く最盛期は、このために4カ月以上、家を離れられなく

なる。しかし、管理そのものは簡単で、朝昼晩とチェックすればよい。そこで、ハウス内の各種センサーやカメラ、窓や水バブルの制御装置に通信機器をつけ、携帯電話から状況を把握し、制御できるようにした。

このように、石川県ならではの産業のIT化については、まったく違ったシステム・インテグレーション技術が必要となり、他でやったものを単に持ってきて販売するのではなく、新たに技術開発しノウハウを蓄積しなければならない。これを政策支援したものといえよう。

(4) 商店街とIT

北陸も、全国と同じように、中心市街地の空洞化が問題となっている。この直接の原因は、郊外にスーパーマーケットや量販店ができたこと、生活スタイルが車社会になり都市中心部への車の乗り入れが困難になってきたことにある。とくに、商店街は、折からの長期不況も加わり、シャッターの閉まった店舗が増え、人通りも疎らになり、深刻なものになってきた。

1998年に金沢商店街連盟は「金沢商店街物語」というホームページを開設した。金沢の商店街は、他都市の商店街と異なり、歴史的な背景を持つ商店街が少なくない。たとえば、尾張町商店街は、前田利家が金沢へ入場した際、尾張の職人や商店を移住させたことに始まる。また、片町商店街は、江戸時代、周りに藩士が多く居たため、武家を顧客とした着物屋や小間物屋などが軒を並べており、飲食店が多い現在とは随分と様相が異なっていた。近江町商店街は、公設市場から発達しており、現在は正規の市場ではなく小売店の集合だが、金沢の食を支える重要な機能を果たしており、観光スポットともなっている。「金沢商店街物語」は、そうした商店街形成の由来や変遷をホームページに展開し、多くの人に商店街に興味を持ってもらい、来街者の増加を狙ったものである。

しかし、このホームページは、開設以来1年でトップページが約4万アクセスしかないという状況であった（ちなみに当時の金沢大学のトップページは月に2万アクセス以上あった）。また、商店主は付近住民のアクセスを期待していたが、県外からのアクセスが多く、付近住民のアクセスはほとんどない。

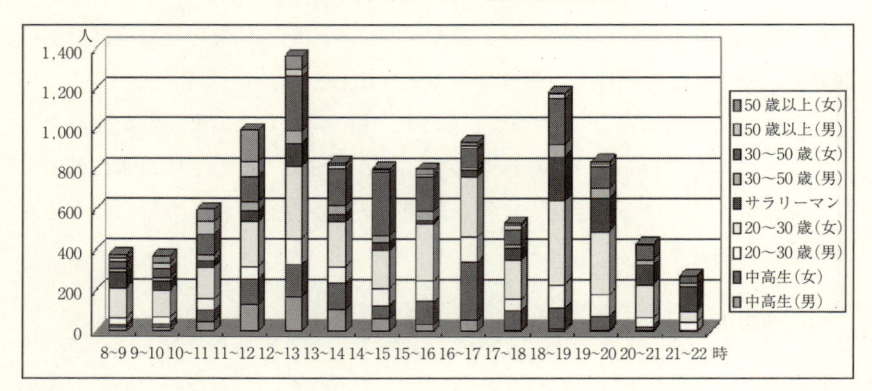

図6-11 片町プレーゴ前交通量調査

このようななか、石川県情報システム工業会の若手メンバーのなかに、地域をITで活性化しようという動きが出てきた。これがX-ITing協議会である。一方、片町商店街は、加賀藩前田家の城下町としての歴史を持ち、金沢市の中心に位置している。国道沿い大通りに面し、加賀藩時代の老舗から、最新トレンドショップや夜の繁華街が一同に軒を連ねる古く歴史ある商店街である。古き良き伝統を育みつつ、近年は「情報発信のまちづくり」をテーマとして、活性化に取り組んでいる。

X-ITing協議会に片町商店街も加わり、片町商店街全域に光ファイバー網を張り、各店舗がLANに繋がるようにし、6台の屋外100インチディスプレイに映像情報が流れるようにした。また、無料でインターネットが使えるホットスポットやビジネス交流ができる拠点として、金沢Biz Cafeを設置した。この金沢Biz Cafeでは、屋外ディスプレイやホームページのコンテンツ制作も行なっている。

金沢大学では、ここでの主にコンテンツ制作を共同研究として協力している。まず、顧客となる来街者の特徴を把握するため、交通量調査を行なった。通常、行政が行なう交通量調査では人数のみの調査のため、マーケティングに使えない。そこで、男女と年齢（見た目による）を含めた調査を行なった（図6-11）。

図6-12　片町チャンピオン

　一般に片町というと、飲み屋の街というイメージが大きく、夜間の交通量が多いと思いがちだが、実際に調査して見ると、昼頃と夕方が多く、夜間はかなり減ってくる。また、1時間に1,000人程度の通行者があり、さらに女性の比率がかなり高いこともわかる。つまり、来街者像は一般に思われているものと随分、違うことがわかった。この他、休日は年齢層に依存せず男女のカップルで歩いている人が多いことや、休日には中高生が午前10時くらいから竪町に集まり昼過ぎに片町に移動してくること、平日でも昼を過ぎると女子高校生の比率が上がってくることなどがわかってきた。

　そこで、インターラクティブなコンテンツとして、「片町チャンピオン」を作った（図6-12）。これは、さまざまなものを2週間単位で、携帯電話やパソコンから投票を行ない、リアルタイムに集計したものを屋外ディスプレイへ表示する、コンテスト型のコンテンツである。対象としては、クレープ、ファッションリーダー、おでんの具、ドーナッツ、写真展などを実施した。それぞれのコンテストでは、1位になった商品などをお店の協力で半額にしたり、商品

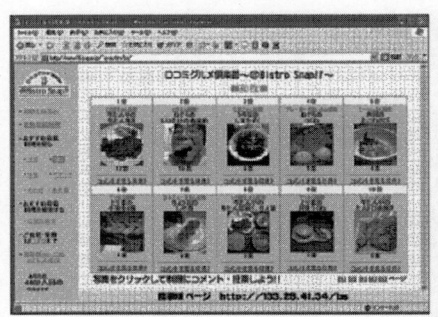

図6-13 口コミグルメ倶楽部〜@Bistro Snap!!〜

を出したりした。クレープコンテストでは、300枚程度しかチラシを出さなかったが、約1,200票の投票があった。一方で、おでんの具では、900枚以上チラシを出したのに、約1,800票の投票しかなかった。これは、クレープは女子高校生の人気が高く、携帯電話からも投票できることから、高校生のなかで急速に広がり、いきなり投票数が上がったものと考えられる。これに対し、おでんの具となると、ビジネスマンの男性の興味が高く、話としては知っていても、投票をする人は少なく、知人への情報伝達度も低いようである。いわゆる女子高校生の速い情報伝達度を実感することとなった。

さて、コマーシャルというと、商品やサービスの提供者が発する情報だが、これで消費行動を取ることは少ないことがわかっている。やはり、消費行動へ移りやすい情報は、消費者同士の口コミだろう。そこで、この口コミを使ったインターラクティブコンテンツが、「口コミグルメ倶楽部〜@Bistro Snap!!〜」である（図6-13）。これは、食べ物の写真やお店の名前、住所、価格、コメントなどをカメラ付携帯電話などから送ってもらい、これをホームページ上に掲載し、他の人が投票したり、コメントしたりしてコンテストするコンテンツである。これは書き込みや投票に対してとくに商品などは出していないが、自然に大学生やOLなどのグルメファンを巻き込み、月に数千アクセスあるコンテ

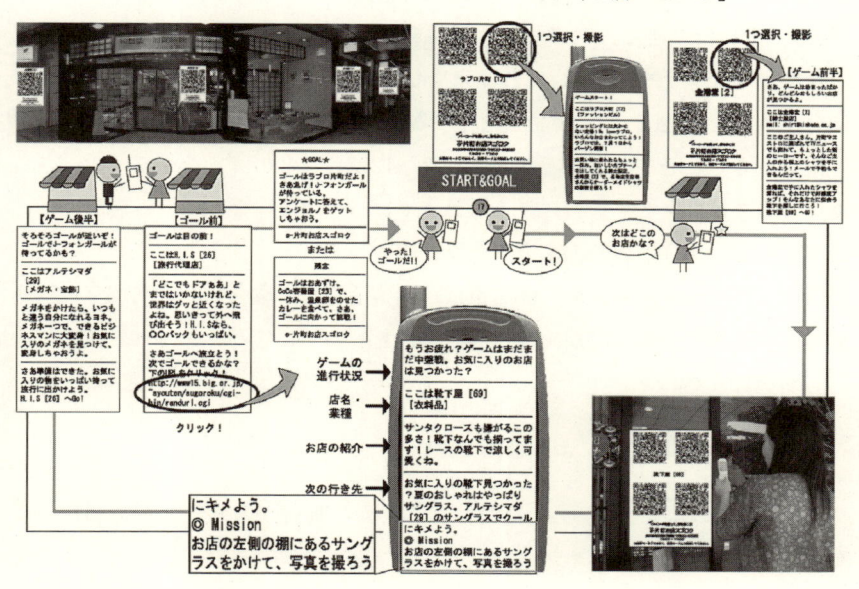

第6章 北陸の情報化社会とITビジネス　169

図6-14　QRコードを使ったゲームイベント「お店スゴロク」

　ンツに成長していった。

　また、平成15年より、片町商店街とボーダフォン㈱（現・ソフトバンクモバイル㈱）、金沢大学が協力して、携帯電話のQRコード読み取り機能を活用した、ゲームイベントを、6月の情報通信月間に実施してきた（図6-14）。商店街の店舗にQRコードを印刷したポスターを貼り、そのQRコードを携帯電話で読み取り、画面表示された画像やメッセージをヒントに指令をクリアしながら、商店街を回遊するスゴロクゲームのイベントである。このスゴロクゲームでは、毎年平均1,000名の参加があり、新聞、TVなどの取材が多く、注目度も高かった。

　平成15年度のこのイベントの参加者は、男性が42％女性が58％で、中学生から大学生が全体の57％を占める一方、小学生や高齢者の参加もあった。参加者アンケートによると、楽しかったが95％を占め、「今まで知らなかったお店の

存在を知った」(24%)、「お店の人と触れ合えた」(21%) などの評価があり、「初めて行ったお店で、気に入った商品を見つけた」などの意見があった。また、参加店アンケートでは、「普段来店しない年齢層の参加者が来店し、話す機会が増えた」(20%)、「商品を紹介する機会ができてよかった」(24%)、「お客になってくれそうな参加者が来店した (12%) などの評価を得ている。さらに、このスゴロクゲームのスタート地点でゴール地点になっている店舗では、例年同時期の約3倍の売上高を示した。

　このような活動から、片町商店街は、商業活性化に成功し、平成18年経済産業省中小企業庁が選ぶ『がんばる商店街77選』の「にぎわいあふれる商店街」として選ばれた。

(5) 産業力強化とITによる企画力強化

　さて、ITに関連した産業の話をしてきたが、地域が豊かになるために、産業全体を考えると、ビジネスに2つのタイプがある。つまり、県民に対するビジネスと、県外に対するビジネスである。この2つはバランスよく、両方が繁栄しないと地域は豊かにならない。県民ビジネスは、生活の質的向上がはかれるもので、その地域独自の良いサービスを提供している企業もあるが、ある程度、大都市圏にある有名ブランドの店舗やコンビニ、スーパーなどがないと遅れているように感じてしまう。しかし、こうした企業の利益は、県内には残らずほとんどが大都市圏などの県外の本社に流れてしまう。そこで、県外ビジネスで十分に利益を出す必要がある。

　しかし、たとえば石川県では、県内ビジネスでは行政への依存度が高く、人気ある県内ビジネスは外部資本のものがほとんどである。一方、県外ビジネスは、主要産業が機械、繊維、観光であることから、産業そのものが産業衰退してきており、さらに下請け企業体質であったり、単なる製造工場であったりするため、低付加価値、低利益となっている。つまり、単に景気が悪いだけでなく、構造的な不況である。現にこれらのなかでも、産業としては景気が悪いが、独自の製品や技術を持って、同業他社とは異なり儲かっている企業もある。

石川県の主要な産業政策に必要なこととして、(1) 産業全体の動態調査の強化、(2) 既存産業の IT 武装化、(3) IT 関連のベンチャー育成などが上げられる。リアルタイムに産業を把握していくと同時に、既存産業には IT 武装化をキーに、大きなコスト削減やビジネスチャンスの拡大を図ったり、ベンチャービジネスでは、生活の質向上に関連するサービス・ビジネスやコミュニティ・ビジネスの活性化を図ったりすることが望まれる。そのためには、大学の積極的な関わりや、研究開発部分の金銭的支援が必要であろう。とくに、新ビジネスでは、県民ビジネスで試作や市場性調査を行ない、県外でビッグビジネスにしていく手法が有効であろう。実は、これを実践している企業がある。県内のある企画会社は、ある携帯電話の地域会社の新入社員や新店舗開設教育を行なっている。ここでは、マニュアル式ではなく、その店舗ならではの個性的なサービスを考えさせる教育である。これがヒットし、現在では、この携帯電話会社の全国でこの教育手法が採用され、全国展開している。

　また、IT 関連企業では、(1) 研究開発能力の拡大、(2) 提案力の増大などが重要であろう。(1) では、ついつい大学が多いことから、基礎研究に寄る傾向があるが、そうではなく応用研究や製品開発研究を強化する必要がある。たとえば、「情報家電」をテーマとした異業種間の連携研究開発プロジェクトなども良いのではないだろうか。また、基礎研究の成果の十分な公開も重要である。研究者は、とかく専門分野の人に通じる言葉だけで話してしまうことが多いが、本当に理解している人ならばいくらでも噛み砕いてわかりやすく話すことが可能であり、公金を使って研究を進めるのであれば、やはり多くの人にその成果について理解してもらう必要があろう。(2) については、石川県は意外に進んでおり、ITSSP や IT コーディネータの人材強化の他、石川県独自の事業として、石川県ソフトウェア研修開発センターを通して、ビジネスセンス養成講座や、e ビジネストライアル事業が行なわれていた。とくに e ビジネストライアル事業では、2 カ月でコース教育をした後、4 カ月程度かけて実際に企業などから依頼された案件の企画立案を OJT 型で研修していくものである。そして前年度受講者がコーチとして翌年この事業に関わり、OB との連携も組織する

ことから、企業間に人の交流もできている。また、県内の大学の学生も参加することから、就職活動にも有利に働いているようである。

(6) これからの情報政策――いしかわIT推進プラン――

　石川県では、2001年1月の国のe-Japan戦略に対応し、同年3月に「石川県ITアクションプラン」を作成し、5年間の戦略政策として、①県民サービスの向上、②産業振興支援、③人材育成、④行政の効率化、⑤情報通信基盤の整備を重点政策として推進してきた。2006年に、国がIT新改革戦略を提示してきたことから、それに相応しい石川の県政策を作成する必要があった。また、石川県も深刻な財政悪化に悩んできており、同時にこの十数年、IT関連の政策経費、とくに、保守メンテナンス経費がかなり増大していた。

　そこで、①豊かな情報化社会へのシフト――IT利活用の推進――、②情報システムの調達・管理の最適化、③情報通信基盤の地域間格差の解消を3つの新しい軸として、従来の5軸とマトリックスを組んで、「いしかわIT推進プラン」として、平成18年から平成22年の5年間を推進していく計画を2006年9月に発表した（http://www.pref.ishikawa.jp/johosei/itplan/）。

　とくに注目する点として、行政評価は、いくつのプランを実施したかではなく、5つの軸に対して、県民の目から見た豊かさ指標で評価していく方法で進めていくこととした。たとえば、県民サービスの向上なら、県民が行政に対する困りごとを持っていたとき、その対応部署や対応方法が20秒以内でアクセスできるのか？　申請には全部を5分程度で処理できるのか？　など、県民の立場での利便性を評価とする方向で検討してきた。

　その結果、この3つの視点にそれぞれ具体的な視点が示されることになった。①豊かな情報化社会へのシフトでは、（ア）利用者の立場に立った視点、（イ）情報提供機会拡大、（ウ）オンライン利用の促進、（エ）利活用目標の事後評価の実施であり、②情報システムの調達・管理の最適化では、（ア）情報システムのライフサイクルを見通したコスト管理、③情報通信基盤の地域間格差の解消では、（ア）ブロードバンド基盤整備への支援、（イ）携帯電話不感地帯の解消、（ウ）地

上デジタル放送施設整備への支援である。

おわりに

　北陸の情報化社会の現況と政策について述べ、北陸の情報産業とIT利活用の状況についても述べた。ここから、とくに金沢や石川の情報化やITビジネスの具体例について述べた。これまでのところ、北陸の情報化政策はまずまずの成功を収め、まずは情報化社会の構築に成功しているといえる。

　一方、ICTの分野ではWeb 2.0が話題を呼び、21世紀型のマーケティング技術や開発手法の台頭から、新たな情報化社会の時代を迎えようとしている。さらに、産業論や心理構造を組み合わせて考えると、農業社会、工業社会、情報社会に続くものとして、コンセプト産業社会（概念、思想の発掘が価値を持つ時代）や感性産業時代になるという仮説が立てられる。近年出版された、アルビン・トフラーとハイジ・トフラーの『富の未来』や、ダニエル・ピンクの『ハイコンセプト』でも似たようなことが提唱されており、その方向性を持っているのであろう。

　金沢や北陸には、文化やアートに関する多大な蓄積があり、市民にはアートセンスも醸成されている。しかし、この大きな財産を観光程度にしか活用しておらず、もっと全般の産業発展に活用すべきであろう。一方、東京や大都市圏では、顧客の多さや多様性から、ビジネス成功のチャンスはあふれており、ビジネスセンスも育成されている。しかし、アートセンスが十分に醸成されていない状況で、ビジネスだけが進んでも、コンセプト産業時代や感性産業時代に成功するビジネスにはならない。こうしたなか、金沢や北陸は、このアートセンスをベースに、ビジネスセンスの十分な醸成がはかられれば、この時代の完全な競争優位となろう。

　1）　図中の「普通教室のLAN整備率」について北陸がプロットされていないが、こ

れは3県で計算方法が異なるためである。2006年度版では推定値として1.37を挙げており進んでいる地域と評価している。
2） 九州経済調査協会の分析では、この2軸からできる4象限をそれぞれ、自治体情報化確立型、推進基盤確立先行型、自治体情報化充実度先行型、自治体情報化未確立型の4タイプに分けていた。しかし、北陸のように中心部のプロットが比較的多くなると、原点近辺での区分けに意味があるのか疑問である。どの市町村もこうした情報化充実度と推進基盤の普及度の2軸であれば、右上が理想であり、そこへの発展段階と考えることができる。この観点から、平均±標準偏差を標準的なタイプとして、自治体情報化標準型を加え、5タイプに分けて分析した。
3） ここで述べていることは、2002年に石川県のITベンチマークを策定するために、議論したことがもとになっている。また、石川県と同じような環境で中部圏に位置し、IT産業に注力している岐阜県を、比較対象として選んでいる。
4） 明治時代の天文学者。冥王星の存在を予言した。2006年8月、国際天文学連合（IAU）は、冥王星を太陽の惑星から外した。

[参考文献]
郵政省『平成7年度版情報通信白書』（大蔵省印刷局）。
総務省『平成13年度版情報通信白書』（ぎょうせい）。
総務省『平成15年度版情報通信白書』（ぎょうせい）。
総務省「平成17年通信利用動向調査の結果」（2006年5月19日発表）。
北陸総合通信局『テレコムレビュー北陸2002』（北陸テレコム懇談会）。
北陸総合通信局『テレコムレビュー北陸2004』（北陸テレコム懇談会）。
北陸総合通信局『テレコムレビュー北陸2005』（北陸テレコム懇談会）。
石川県『2002年度版石川県ITベンチマーク資料集』（石川県産業創出支援機構）。
情報通信基盤地域格差解消支援研究会『情報通信基盤の地域格差解消に向けた支援指針』（石川県、平成15年）。
石川県『石川県ITアクションプラン』（平成13年）。
石川県・石川県地域情報化実験協議会『平成13年度いしかわマルチメディア推進プロジェクト――報告書――』（平成14年）。
石川県「石川県IT有識者会議　資料」。
石川県『いしかわIT推進プラン』（平成18年9月）。
九州経済調査協会『九州・沖縄における自治体の情報化と情報インフラ整備に関する調査報告書』（平成13年）。

飯島泰裕・中野真・宮本喜雄『北陸における自治体の情報化と情報インフラ整備に関するアンケート調査報告書』（北陸経済調査会、平成14年）。

飯島泰裕・中野真『自治体の情報化と情報インフラ整備に関する研究報告書』（金沢大学、平成15年）。

飯島泰裕・中田信之『産業IT化実態調査報告書』（石川県、金沢大学、平成13年）。

飯島泰裕「平成17年度石川県経営天書塾　第8講ケース教材　能登印刷株式会社」（石川県、平成17年）。

樋口佳紀・佐藤巧乙・夏秀利「街頭ディスプレイを使った視聴者参加型コンテスト「Katamachi Champ」による中心市街地活性化」『平成14年度情報科学研究報告書』第8巻8金沢大学経済学部情報科学ゼミ、2003年）。

岡本崚幸・玉森慎一朗・中川伸久『学長研究奨励費報告書：ITを使った過疎地域・中間山村における地域活性化の研究』（金沢大学経済学部情報科学ゼミ、2003年）。

玉森慎一朗・中川伸久「口コミを用いたコンテンツ「口コミグルメ倶楽部〜@Bistro Snap!!〜」による中心市街地の活性化」『平成15年度情報科学研究報告書』第9巻（金沢大学経済学部情報科学ゼミ、2004年）。

五十嵐史貴・飛山涼子「QRコード読み取り対応携帯電話を用いたゲームイベント「e-片町お店スゴロク」による商店街活性化」『平成15年度情報科学研究報告書』第9巻（金沢大学経済学部情報科学ゼミ、2004年）。

中川伸久「ITを利用した個店支援による商店街活性化に関する研究」『平成17年度情報科学研究報告書』第11巻（金沢大学経済学部情報科学ゼミ、2006年）。

アルビン・トフラー、ハイジ・トフラー著／山岡洋一訳『富の未来』（講談社、2006年）。

ダニエル・ピンク著／大前研一訳『ハイコンセプト』（三笠書房、2006年）。

全国手すき和紙連合会「加賀二俣和紙」（http://www.tesukiwashi.jp/p/kagafutama-ta1.htm)。

第7章

地域コミュニティと農山村の現代的再生

菊本 舞

はじめに

　もし、人が生まれたときからその人生を終えるまで、ずっと同じ場所に暮らしていれば、意識することさえなく過ごすかもしれないことも、その地に生まれ育ったわけではない外部の人からみれば驚きをもって受けとめられるような、そうした事柄がある。地域とは、そうした地域「外」の人に驚きを持って受けとめられる何かを有する範域に境界を持つものであろう。もちろん、ある人が一生のすべてを同じ場所だけで過ごすなどということは極端な例であり、現代に生きるわれわれにはあてはまらないことがほとんどである。しかし不思議なことは、現代のように、ヒトやモノの往き来が大変激しく、また情報もあふれている時代にもかかわらず、地域を境界づけるような多数の事柄が多くの地域のなかに未だ埋もれているということである。

　北陸経済の中心地のひとつである金沢においても、それは例外ではない。たとえば金沢市内には伝統文化のひとつとして「加賀鳶梯子登り」がある。現代の地域の消防分団が、日頃の消防（訓練）活動に加えて、江戸期の火消しにその歴史をさかのぼる加賀鳶を継承し、また地元の小学生の子どもたちに向けて、はしご登りの教室を開催している。「加賀とびはしご登り保存会」の事務局も金沢市消防本部のなかに置かれている。加賀の伝統文化を継承し続けているその拠点のひとつが市の消防本部内にあることは、それを知っている人にとって

は何の不思議もないことであろうが、消防と伝統文化が結びついていることなど、とくに大都市部で生活を送ってきた人のなかには考えもおよばない人が少なからずいるはずだ。こうした伝統文化を継承する担い手である地域の消防分団の背後には、非常に強固な地縁を中心とした地域社会の結びつきが存在している。金沢のような都市部においても町内会をはじめとする地縁団体の活動は大変活発であり、その内容は日常的なごみの収集や季節的な冬の除雪・融雪をはじめ、環境、安全・安心、教育、福祉、医療など、地域生活にかかわる多種多様な事柄にわたっている。

　地域生活にかかわるさまざまな活動はさらに農山村部では典型的に見られる。ところで石川県は総面積の4分の3が中山間地域に属し、こうした地域の多くが少子高齢化や過疎の進む農山村部である。こうした地域では、地域の生活や生産の場を維持していくことそれ自体が地域の共同の活動と一体化している。地域社会を基盤とする活動は必ずしも公式の統計やデータのなかに現われてくるとは限らない。しかしながら、地域の共同の活動は、その地域のなかで生活していく上で無視できない価値を持っていたり、あるいは客観的にその必要性が増している。本章ではとくに石川県内の農山村における地域の共同の活動をとおして、地域コミュニティの現代的な再生の方向性を見据えていくこととしたい。

1. 地域コミュニティへの期待

(1) 都市問題への対応としてのコミュニティ行政

　「コミュニティ」とは現代ではさまざまな場面で使用される言葉になっているが、本章では「地域コミュニティ」、すなわちコミュニティのなかでもとくに地縁を中心とした人々の生活の結びつきについて取り上げる。日本においてコミュニティに注目が集まるのは、都市問題の激化する1960年代からのことである。1969年の国民生活審議会による報告書『コミュニティ——生活の場にお

ける人間性の回復――』を受けてコミュニティ政策が登場するが、それらは次のことを示していた。すなわち、高度経済成長期は、生産基盤を中心に公共投資が先行されたが、経済的成長の一方で、都市部の過密の激化と、それに伴う住環境の悪化や公害の発生、不十分な教育・福祉面の整備など、さまざまな都市問題が現われた。こうした高度成長期以降の都市部の「社会的共同消費手段」の不足は、労働力を再生産する場としての地域や家庭の機能の低下をもたらしたのである。当然、それまでにも住民の生活にかかわるさまざまなサービスを提供することを求められてきた地方公共団体ではあったが、都市問題の激化は、その後の経済成長を見通すために無視できないほどになり、国や地方公共団体の対応に頼るだけでは限界を示していた。そのため、都市化の波のなかで失われていった地域社会の生活の結びつきを、あらためて地方公共団体に重層化する形で「コミュニティ」という地域的単位を通して、政策的に地方行政を再建するということが求められた。経済成長を支える生産条件の整備を中心としてきた行政が、消費過程における生活問題への対応としてコミュニティ行政を展開することになったわけだが、一方で、生産基盤の変化に対する後追いの対応という点では限界を持っていた。つまり、コミュニティ行政は、経済成長を押しとどめないために必要とされるその程度において実施・推進されたのであり、その限りにおいてコミュニティという地域単位を新たな行政地域として位置づけることで、円滑な地方行政のあり方を模索したものであったが、それは同時に、新たな自治基盤となる地域的単位としては位置づけられなかったのである。

(2) 近年の地域コミュニティへの注目の背景

さて、地域コミュニティへの注目は、この10年あまりの間にさらに高くなっている。それは阪神淡路大震災を契機とした防災へのリスク対応、子どもが被害者・加害者となる事件などを契機に学校と家庭のみならず地域全体で子を守り育てようとする安全・安心なまちづくりへの取り組み、少子高齢化に対応した地域福祉活動、長引く不況や経済のグローバリゼーションに伴い、コミュニ

ティ・ビジネスなどによって地域内経済循環・地域内再投資を進めようとする試みなど、さまざまな課題が地域コミュニティの重要性を高めているのだが、地域コミュニティの主体性がより一層重視される直接的な要因となっているのは、「平成の大合併」と呼ばれた昨今の市町村合併を中心とする地方行財政改革に伴うものである。行財政の「効率化」の名のもとに進められてきた市町村合併では、従前の行政に代わり、地域コミュニティが行政を補完する役割、そしてさらに進んで地域コミュニティの自立性・自律性が期待・要請されるようになっている。合併前の地方公共団体も地域自治区として法的に組織化されたり、条例による住民の自治組織への参加を要請される場合もあるが、それを住民側がより積極的に主体的に地域コミュニティの活動として展開していくことがのぞまれる。さらに重視されている点が農村におけるコミュニティの再生である。従来、コミュニティといえば都市問題とかかわって取り上げられることが多かったのだが、少子高齢社会による農山村の過疎の一層の進行は「限界集落」を生み出しつつあり、農村の生産や生活を維持していくという観点から農村部の地域コミュニティの主体的な活動を可能とする条件を整備することが求められている。過疎や高齢化で農山村における地域の運営が難しくなりつつある昨今も、地域コミュニティとしての主体性がこうした地域で維持されているのは、皮肉なことでもあり、また一方で希望でもある。

2. 石川県内の地域コミュニティをとりまく状況

(1) 市町村合併

「平成の大合併」において市町村合併が進み、石川県内では、2006（平成18）年2月1日には輪島市と門前町の合併で新輪島市が誕生し、県内自治体数は10市9町となった。今回の大合併で、石川県内では村が消失したことになるが、これで農村問題が解消されたわけではない。むしろ旧自治体はその法的根拠を失うため、農山村部が一地方公共団体の行政区のひとつとして区分される

表7-1 農業集落の寄り合い回数

	0	1～2	3～4	5～6	7～9	10～12	13回以上（%）	一集落当たりの開催回数（回）
全国	1.6	10.9	16.5	19.1	11.3	20.1	20.6	8.7
北陸	1.6	8.4	16.7	21.3	12.6	17.4	22.1	8.8
石川	1.9	10.0	19.4	19.4	11.9	13.8	25.0	8.9

出典：『農村集落調査結果概要——2005年農林業センサス付帯調査——』全国、北陸、石川各版より作成。

ようになり、旧自治体全体の問題として取り上げられていた課題が新自治体全体の問題とは必ずしも認識されなくなり他地区との調整が必要となる。また重点的な課題が他地区の地域課題との比較のなかで決定されるようになる。市町村合併に際しては、法人格は有しないものの地域自治区を設置することによって、一定の自治機能を確保していくことができるが、石川県内で地域自治区が設置されているのは加賀市山中温泉区（旧・山中町）のみである。

(2) 石川県の農山村——農林業センサス農村集落調査より——

　県内総面積の4分の3を中山間地域が占める石川県では、過疎問題は地域コミュニティを考える上で大きな課題である。国立社会保障・人口問題研究所による日本の市区町村別将来推計人口（平成15年12月推計）によれば、2030年には65歳以上人口が50％を超える「限界自治体」[1]が全国で144あげられており、うち石川県内では珠洲市、旧・富来町（現・志賀町）、穴水町、旧・門前町（現・輪島市）、旧・能都町、旧・柳田村、旧・内浦町（現・能登町）の7自治体（現在の自治体数では5自治体）があげられている。農山村における農業などを中心とした生産の条件を維持していくことはそこで生活し続ける、すなわち居住を続けることと一体である。こうした石川県の農山村の状況を、2005年農林業センサス農村集落調査結果概要より概観しておこう。

　まず、農業集落の活動の状況であるが、表7-1の寄り合い回数からから見ると、石川県は0～4回と回数が少ない集落が全体の3割を超える。その一方で、13回以上と回数の多い集落も全体の25％あり、寄り合い回数からは農業集

表7-2 農業集落における実行組合の有無と活動内容

(単位:%)

	実行組合がある	活動内容				
		転作調整等	農業共済	農協活動	農業関連施設管理	農作業等調整
全国	79.4	63.8	58.2	69.2	27.9	7.2
北陸	94.9	87.3	80.0	81.2	45.4	14.9
石川	88.8	80.6	77.5	71.9	48.8	7.5

出典:『農村集落調査結果概要——2005年農林業センサス付帯調査——』全国、北陸、石川各版より作成。

表7-3 農業関連施設の管理主体別農業集落数の割合

(単位:%)

	当該集落	複数集落	水利組合	土地改良区	市区町村	個別・複数	その他	管理せず	ない
農道									
全国	44.2	5.0	0.7	4.8	3.4	29.3	1.0	6.6	5.1
北陸	62.4	5.5	0.4	7.6	1.3	18.0	0.8	5.7	2.5
石川	75.6	2.5	0.6	1.3	—	18.1	0.6	1.3	0.0
農業用用排水路									
全国	49.2	8.2	10.0	6.3	0.8	16.1	0.9	3.5	5.1
北陸	70.0	8.4	4.2	6.7	0.2	7.0	0.5	2.1	1.1
石川	83.8	3.8	2.5	0.6	—	7.5	0.6	0.6	0.6
ため池									
全国	7.6	1.6	3.7	1.2	0.5	3.1	1.2	4.2	76.9
北陸	11.1	1.2	1.0	1.0	0.1	1.0	0.4	5.3	78.9
石川	26.9	1.9	1.3	0.6	0.0	1.9	0.6	6.3	61.3

出典:『農村集落調査結果概要——2005年農林業センサス付帯調査——』全国、北陸、石川各版より作成。

落としての活動が活発な集落とそうでない集落に二極化しつつあることがわかる。一集落当たり開催回数も全国平均回数より高くなっている。また、表7-2の実行組合の活動からすると、転作調整、農業共済、農協活動、農業関連施設の管理など、いずれの内容についても石川県は全国平均を上回り、実行組合を中心に農事に関する活動が進められていることがわかる。とくに、農業関連施設の管理については、全国平均を大きく上回っている。

全国平均を大きく上回る農業関連施設の管理について詳細を見てみよう。表

表7-4　農業集落などで管理している場合の管理状況別農業集落数の割合

(単位：%)

	実施形態			出不足金		助成					
	共同作業の出役義務		人を雇う	ある	ない	ある					ない
	農家	土地持ち非農家	非農家				水利組合	協定集落	土地改良区	市区町村	その他	
農道											
全国	98.8	55.1	43.4	0.9	40.2	59.8	0.6	11.6	4.0	22.9	1.7	59.1
北陸	95.8	47.0	32.2	2.4	41.7	58.9	0.6	11.3	9.5	24.5	0.8	53.1
石川	94.4	57.6	32.0	4.8	53.6	46.4	—	12.8	1.6	31.2	0.0	54.4
農業用用排水路											
全国	99.0	48.8	36.5	0.7	42.4	57.6	3.4	8.5	8.5	11.4	2.0	66.2
北陸	98.0	54.5	39.6	0.5	41.1	58.9	1.9	10.0	14.3	5.8	1.4	66.9
石川	97.2	64.1	37.2	1.4	57.2	42.8	0.7	11.7	4.1	6.9	0.7	75.9
ため池											
全国	96.4	31.7	17.6	3.6	36.5	63.4	2.9	5.9	2.6	8.6	2.2	77.7
北陸	91.5	37.7	22.3	7.7	34.6	65.4	0.8	14.6	3.1	3.8	2.3	75.4
石川	89.6	45.8	22.9	10.4	41.7	58.3	0.0	14.6	—	2.1	—	81.3

出典：『農村集落調査結果概要──2005年農林業センサス付帯調査──』全国、北陸、石川各版より作成。

7-3に見られるように、農道、農業用用排水路、ため池のいずれも、石川県では当該集落で管理されている割合が大変に高くなっている。また、土地改良区や市町村で管理されている割合が全国平均より低いことから、当該集落内で完結するような小規模な施設が多いことが推測される。さらに、個別・複数農家で管理する割合が低いことも特徴的である。

当該農業集落による管理の割合が大変高い石川県であるが、管理の方法などについて見ると表7-4のとおりである。石川県を全国との比較で見ると、出不足金の徴収に特徴的なことがわかる。農道、農業用用排水路ではいずれも半数を超える集落で出不足金を徴収していることがわかる。また農業用用排水路については、7割を超える集落で助成等は受けておらず、全国平均よりさらに1割程度高いポイントになっている。

表7-5 各集落戸数推移

(単位：戸)

年	三井	長沢	小泉・漆原	新保	細屋	内屋	市ノ坂	洲衛	坂田	与呂見	仁行	中	本江・渡合	興徳寺
1970	579	59	26	27	14	27	79	58	14	32	83	41	64	55
1980	563	48	31	29	14	26	76	56	12	30	85	42	62	52
1990	551	65	28	28	14	25	77	54	11	31	78	39	60	41
2000	652	62	114	27	14	28	75	50	10	31	80	40	57	64

出典：農業集落カード票より作成。なお2000（平成12）年、小泉・漆原区の戸数の急増は、特別養護老人ホーム「あての木園」の入居世帯増による。

3．農山村における地域コミュニティ
—— 石川県輪島市三井地区を事例に ——

(1) 輪島市三井地区の概況から

　石川県内の農業集落は先に見たような特徴を持っているが、以下では具体的に輪島市三井地区における農山村集落を取り上げることによって、具体的な集落の運営や共同の活動のあり方について探っていくこととする。

　輪島市三井地区は石川県輪島市の行政区のひとつとして位置づけられる。総面積は5,700haで、山林面積が5,000haを占め、うち8割が植林済みである。農林業中心地域であったが、林業のみで生活することのできた世帯は少なく、多くの世帯が林業または炭焼業と農業とで生計を立ててきた。現在14の区（自治会）から構成される。人口は1950年の3,303人をピークに減少し続け2000年では1,825人、三井地区世帯数は531（2002年）である。ただし表7-5に見るように、集落戸数については人数ほどの減少はみられない。

　三井地区の農業は、表7-6からわかるように、兼業率が高くかつ人口に占める65歳以上人口の比率の高さから、高齢化も進んでいることがわかる。三井地区の農業用水は、同地区が輪島市の水源地帯にあたるもっとも上流の地域に属し、谷間の狭小地および河川の支流沿いに集落および水田が位置しているこ

第7章　地域コミュニティと農山村の現代的再生

表7-6　各区農家率

	①総戸数	②農家数	③区長会把握戸数	②/③×100 農家率	④販売農家	⑤主業農家	⑥準主業農家	⑦副業的農家	⑧65歳以上人口率
長沢	62	21	56	37.5%	15	0	4	11	30.9%
小泉・漆原＊	114	12	30	40.0%	11	2	0	9	64.5%
新保	27	19	27	70.4%	17	1	0	16	33.3%
細屋	14	12	12	100.0%	10	0	1	9	48.3%
内屋	28	10	24	35.7%	10	0	0	10	35.7%
市ノ坂	75	40	70	57.1%	35	1	7	27	30.2%
洲衛＊＊	50	28	48	56.0%	25	0	4	21	23.3%
坂田	10	5	10	50.0%	4	1	0	3	41.2%
与呂見	31	14	27	45.2%	13	0	4	9	41.3%
仁行 区全体	80	44	77	55.0%	31	2	2	27	36.8%
仁行 下仁行班	13	7	13	53.8%					
中	40	19	39	47.5%	15	0	4	11	36.2%
興徳寺	64	38	54	70.1%	28	0	0	28	34.6%
本江	57	30	55	54.5%	27	0	2	25	36.9%
渡合									32.3%
大和町＊＊＊			4						

注：＊小泉・漆原区の①と③において数が大きく異なっているのは、同区内に特別養護老人ホーム「あての木園」があり、「あての木園」の入所者も①の戸数に含まれているためである。さらに⑧は同特別養護老人ホームの入所者84名を含むため、他の区と比べて高い割合となっている。
　＊＊洲衛区の⑧で低い割合となっているのは、能登空港建設関連従事者54名を含むためと考えられる。
　＊＊＊大和町は三井地区に属するが、大和町代表者は三井地区区長会には所属しない。他の区の住所が「輪島市三井町長沢」などと表記されるのに対し、大和町のみ「輪島市大和町」と表記される。大和町は戦前期頃に三井地区外から移住してきた世帯を中心として形成されている町であり、③における三井地区関係協力金のうち、「公民館協力費」、「道路促進同盟会費」、「消防協力費」、「防犯協力費」、「フェスティバル協力費」、「輪島市福祉協議会会費」、「共同募金」については三井地区に支払うが、「区長会費」および「あて祭神事」に関する経費については支払わない（ヒアリングおよび輪島市三井地区資料より）。
出典：①②④⑤⑥⑦については2000年農業センサス集落カードより作成。③は三井地区関係協力金および輪島市社会福祉協議会会費、共同募金のための三井地区区長会資料（2001年）より作成。
　⑧は2000年国勢調査の年齢別人口から作成。仁行区下仁行班の数字はヒアリングによる。
　なお、①と③の数字の違いは調査年度の違いによるものもあるが、区によっては神社会計と区会会計が未分化で一括して処理している区があるため、居住していても区会費（区費）を納めず区会に参加しない世帯もある。③の三井地区関係協力金には、「あて祭神事」（年に1度の「あての森フェスティバルに」三井地区のすべての氏子集団が神輿などとともに会する）に関する経費が割り当てられており、三井地区における区会の加入世帯がそれぞれの区内の神社における氏子集団と同一視されている。

とから、小規模の頭首工（取水用の堰）による自然流入の取水で主にまかなわれ、水が不足しがちな地域では溜池が補足的に利用されてきた。その後1960年代以降、頭首工および用水路のコンクリート化や揚水ポンプによる取水で、現在にいたるまで主に関係受益者や当該区による管理が行なわれてきた。

　三井地区の水利施設のうち、県の水利台帳に記載されている水利施設は15カ所あり、うち14カ所が灌漑用水取水目的であり、1カ所が消雪用用水取水目的となっている。ただし水利台帳に記載されているのは県が管理する二級河川および準用河川部分のみである。たとえばのちに詳細に見る仁行区の場合11の取水施設があるが、そのうち水利台帳に記載されているのは2カ所のみであり、小泉・漆原区では5つの取水施設があるが水利台帳に記載されているのは1カ所のみである[2]。

(2) 3集落の比較に見る地域コミュニティ

　以下では、三井地区のなかでも、農業用水の確保に揚水ポンプ[3]を使用する仁行区下仁行班、小泉・漆原区、新保区の3つの区（班）における用水の運用や地域のさまざまな共同活動を事例として見ていく。14の区のある三井地区のなかでもこの3つを取り上げるのは、揚水ポンプの利用が、頭首工による水の利用と異なり、機械化や個別化の過程で金銭的な負担や管理を必要としており、いずれも受益者負担で対応することが必要とされるにもかかわらず、すべてを受益者負担とするのではなく、賦役や費用負担を区（班）によって共同で負担する方法がとられていることにバリエーションが見られることがあげられる。のちに見るように、負担方法や内容は区（班）によって異なり、また同じ方法でも区の全世帯が受益者であった段階と一部しか受益者がいない段階、また区費徴収における財産割および均等割の割合の違いによりその性格が異なる。

　3つの農業集落が比較しやすいように表7-7をあげておく。特徴的な点について踏まえておこう。

　さらに、仁行区においては7つの班に分かれており、班が実質的な地域の運営の場となっていることから、表7-8に班ごとの特徴を記しておく。仁行区

表7-7 三集落の特徴

		新　保	仁　行	小泉・漆原
戸数	戸	27	77（81）	29（20）
	構成	小学生3、4人。中学生1、2人。若夫婦がいるのは3軒のみ。	27、8軒が高齢者のみ（うち10数名は1人暮し）	
林道普請・水路・農道・	共同作業	4月江掘、7月井草ひき、林道草取り。	農業用水の管理は関係者で区会は関与せず。（農業用水11）	道路愛護は各班で実施
	出不足など	江掘、井草引きとも全戸参加。出不足金は耕作割で徴収し、女性参加の場合も500円徴収する。宮世話方は普請免除。	出不足金なし	出不足金なし
結		結は昭和35年頃の農作業はさかん。昭和47、48年の基盤整備後田植機が入るようになりなくなる。今はほとんどなし。 茅葺屋根の葺き替え（梅雨前か梅雨明け7〜10日）は昭和40年頃なくなる。 結として労働力を借りるばかりでお返しができないと消滅。		
講	門徒	24軒が浄土真宗正円寺の門徒。門前浦上2軒。興徳寺仏照寺1軒。		18軒浄土真宗 6軒禅宗
	村請お講	十三日お講は村請お講として、8カ村がくじびきで担当月を決める。 年に1度の村請お講で宿は門徒でなくても回ってくる。		十三日お講
	内お講	内お講：春、秋に講がある。集落は2つの講組に分かれておりそれぞれが年2回の講を行なうが、互いの講組に案内を出すことはない。お布施は講銭として1軒200円。	仁行単位：1月に餅お講、6月、秋月	餅お講（2月20日）
	その他	御講申（おこうもし）：春の繁忙期を除き年10回を集落ごとに1回ずつ担当する。新保は日南田（ひなた）グループと陰田（かげた）グループの2組がそれぞれ1回ずつ担当する。参加できない場合は1,000円出す。	班単位：十文講（十文お講、チョウモンコウとも）	大用寺涅槃（ダンコマキ）8月

祭り	郷社 市ノ坂	春（上三井から神輿5集まる）郷社祭り		4月18日（市ノ坂郷社祭）
	大幡郷社		5月3日大幡まつり（本江、渡合、仁行、中、興徳寺、長沢、小泉、打越、熊野から集まる）	5月3日下三井郷社祭
	区内	秋2回	春、秋	春、秋は2回（小泉と漆原各1）
祭のお当	お当	10年ほど前から5軒ずつ。以前は3軒で。一通りしたので、また元に戻すかもしれない。		
	経費	2.5～3万／軒×5軒＝15万円弱。昔はゴンゲンダ（宮田）で当元3軒が耕作。		
	祭準備	当番は祭り前日1.5時間程度かけて、掃除、草刈り、神輿準備、のぼり旗、幕はり。	冬囲い、囲いはずし、清掃・旗たて・幕はりを班ごとに毎年交替で分担。人口の減少と高齢化で担当できない班を除くといくつかの班に仕事が集中。	
共有地	宮持	ゴンゲンダ（宮田）で基盤整備事業後も2反弱残る。当元3軒が耕作したが、平成以降は減反で草刈りのみ。	宮山あり。	宮田。固定資産税は区で負担。減反で今は放置。
共有林、仲間山など	入会	戸山（コウヤマ）：平均割で持分も共同。春の江掘の後に雪による倒木を手入れ。面割の山は生木確保のため火葬場の近くにあった。		
	仲間山	地価山：持分が買った時の金額に応じ設定。売れたらその持分に応じて配当。昭和40年代基盤整備費捻出のため一部を売った。明治30年代に実測されたところで、現在は水源涵養林、ため池などになっている。	班ごとに仲間山があったが今ではわからない。何人かの共有の山はある。	現在はなし。16軒で持分が三段階に分けられていた。最終的に8、9軒で持っていたが、現在は県に売ってしまった。

区会・寄合など	年初め	1月年始の寄合	1月5日頃寄合はじめ。（行事計画、予算、新区長承認）	
	年末	12月万造寄合	12月（会計報告）：参加者は実際には関係者のみ。新区長承認前に区長として仕事を開始。	12月給米
			生産組合長は上（松尾・合・古屋）下（外平・青谷、クスバ、下仁行）で各1。組合長は班ごとに2年交替。	
		寄合は区長の家で行なう。	番戸（班長）が連絡。班によって1カ月棟送り、1年交代などがある。	
区費の徴収	区費徴収法	戸割と耕作割がある。	戸割：地価割（田と山、宅地は入れない）＝5.5：4.5。地価割は評価額によるが、大きな変化がある場合をのぞき、例年どおり。5、6年前の評価額による。	均等割：地価割＝3：2 程度。隔月の予納制。
	部落外者区費	他部落費も徴収する。	部外区費：仁行に土地（山、田、宅地）を持つ域外居住者から1,000円単位で徴収。7、8軒。	他部落割が地価割全体のうちの6割程度を占める。
			1月の総会で予算確定4月、9月（税金支払い少ない時期）に徴収。1～3月は区長が立替え。	
区費の使途	人件費など	区長手当24万円（生産組合長兼務）。本山世話方3万円。ポンプ管理手当を別会計で管理者2万円×2人。区長手当の20％、ポンプ管理者手当は耕作割としている。	区長手当30万円、生産組合長手当6万円（上、下2人）。	区長手当20万円（生産組合長兼務）。ポンプ管理者1万8,000円。納税奨励金は婦人会活動費。
区長		万雑寄合で投票し、2年先の区長を決定する。	任期1年（通例2年）。再選可。	班長6名で決定。
農業用水		水源取入口から他部落を通る1カ所は修復を上流関係集落に頼んでいる。ポンプ2個を主に利用。その他移動小型ポンプを個人で持つ人もいる。	11カ所。うちポンプが2。	5カ所。うちポンプが1。

出典：三井地区ヒアリングより作成。

表7-8　仁行区

	仁行	下仁行	袋	青谷
区会加入77戸 総数80戸		13：以前は15（現在は空2、1人暮し3）	9	15
役員		班長：1年制棟送り 区の委員：1	班長：1カ月ごと棟送り	班長：1カ月ごと棟送り
道路		県道草刈り：年1（昔は年2回）		道路清掃・草刈り
水路		全戸参加：世帯1名ずつ	関係農家	関係農家
用水確保		ポンプで揚水で左岸、右岸でメインの用水路が各1		頭首工
用水管理の変遷		全戸農業時代は全戸参加。⇒当事者のみ必要に応じて参加。⇒7、8年前から左岸右岸の所有の有無、耕作の有無に限らず春は1日ですべて掃除など。		関係農家
農業者		全戸田持ち。現在耕作者は7軒（中谷（半枚田）、西、浅田、道下、浅田、高井、坂下）で他は請負。		全戸田持ち。現在耕作者は半分で他は請負
祭り		班内当元の手伝い（1軒1人）。班内に親戚があれば2人で手伝いに行く。		班内の当元の手伝い
十文講		十文お講（毎月15日）。女性も出る。茶・菓子。人集めのために頼母子講（各戸月5,000円）。	十文講あり。昼間。女性多い。	十文講。女性多。夕食後、酒・菓子で23時位まで。貯金の積み立て。
共有地		何人かの仲間山あり。共有田はなし。戦前はタキモン場あった。基盤整備前までは谷間の田（山田）のカゲドリ、カゲナギがあった。日当たりの悪いところ10間分、良いところ5間分。今は山主の権利。火葬場跡20歩程度。牛馬処理場。		班の山2、3カ所（植林済）。かつては下草刈りの共同作業。現在は木が売れないため管理していない。2、3人の共有の山もある。
葬式		下、中、上の3組があり、組内は1軒に2人、組外の班の家は1軒1人が手伝い。昔は組ごとに葬式・結婚式・祭を担当。		手伝う
その他班の行事など		夏に班内の子どもから高齢者まで、バーベキュー（会費と納税組合奨励金）。水路掃除などの後に飲み会。		納税組合奨励金とお講貯金で温泉などへ旅行に行く

出典：三井地区ヒアリングより作成。

各班の特徴

	外平	古屋	渡合	松尾
	6	17（空1）1人暮らし2、高齢者世帯9。金沢近辺に子どもがいる家が多い。	7	10（うち空1）
	班長：1カ月ごと棟送り	番戸：1カ月交替で輪番	班長：1カ月ごと棟送り	番戸：1カ月ごと輪番（以前は1年）納税、委員：1年ごと輪番
	関係農家	関係農家 実際の耕作者	全戸参加 古屋の関係者も参加	全体 田の面積に応じて負担
		頭首工	頭首工	頭首工（基盤整備前は川に木を渡し堰とめ）
		昔から関係農家で管理。水争いはなく、必要な時、必要な分だけ。		
		田を売買して2、3軒は全く持たない家もある。現在耕作するのは10軒。	現在耕作者は5軒	現在耕作者は5軒 山田は山林に
			班内の当元の手伝い	
	昨年暮れになくなった	10年ほど前になくなった。僧侶を招く費用の問題。	十文講。1999年から第1土曜夜（それまでは15日）。酒・乾き物。	十文お講 男性のみ
		班の仲間山2、3カ所で2、3反歩ずつあった（雑木）。火葬場近くの山。共有田なし。		班の仲間山を戦後個人に分配した。山田は7間は陰刈り、カゲナギで、焼畑もあった。基盤整備後は山側には道があるため、山に接する田はなし。
	手伝う	手伝う	手伝う	働き盛りの大人は男女全員手伝う
			8月に子どもから高齢者まで、バーベキュー	道路愛護の後に慰労会

は三井地区においてもっとも世帯数の多い区であり、共同作業の単位や、区の運営は区を構成する7つの班が中心になっており、小泉・漆原区や新保区とは異なる特徴を持っている。三井地区には生産組合（戦前の農事実行組合に遡る）がどの区にも形成されているが、仁行区のみ2つの生産組合がある。また、班ごとに納税組合長、宮総代が1人ずつ、委員が班に2人ずつ置かれている。区を氏子集団とする外神社の雪囲い（外し）、春と秋の小祭りの清掃および準備、隣接する本江区との入会神社となっている大幡神杉伊豆牟比神社（通称：大幡神社）の雪囲い（外し）、郷社祭りの清掃、秋の大祭りの清掃、集会所の雪囲い（外し）については、班ごとの当番制としている。また三井地区の他の区にはない特徴として、十文講が班ごとに開かれてきた。十文講は、班内の各家を順に会場として毎月1回開かれ、各世帯から1人ずつ参加し、会場となった家の仏壇に経をあげ、その後飲食をともにするというものである。班によっては、十文講の際に貯金の積立金が集められたり、班で必要な話し合いが行なわれる。世帯数が多く区全体の寄合を開催しにくい仁行区においては、十文講が実質的な寄合の場として大きな機能を果たしている。時間帯・開催日の変化や飲食の簡素化を伴いながらも、現在下仁行班を含む5つの班で行なわれている。下仁行班は仁行区においてもっとも下流に位置する班である。

①信仰・祭り

こうした比較のなかで、石川県内の地域コミュニティを見るうえで、やはり信仰や祭りについて触れないわけにいかない。石川県は一向一揆で有名なように浄土真宗の影響が強く信仰に篤いと言われるが、この三井地区における各集落でもその特徴が見受けられる。

講は門徒ごとの講と、区（班）ごとの地縁的講とがあり、寺で行なわれる講行事に加え、区、班、講組を中心とする講も定期的に行なわれる。集落レベルで細かく見てみると、たとえば新保区の講行事は表7-7に見られるように、村請お講、内お講、御講申しといった各種の講行事がある。仁行区では十文講と呼ばれる講行事があり下仁行班では頼母子講が毎月開催されており、現在で

は親睦や定期的なコミュニケーションの場としての機能も大きくなっている。小泉・漆原区では、無住職となった曹洞宗の寺である大用寺を区の財産として有し、同寺での講行事を行なう（真宗門徒も参加する村お講としての講行事となっている）ほか、大用寺を区の集会所としても利用している。

　区の構成世帯はそれぞれが神社の氏子集団と同一であり（ただし小泉・漆原区には、2つの氏子集団がある）、区ごとに神社、寺、宮田、共有林などの共有財産を持ち、祭の行事や神社の維持管理を行なう。いずれの集落においても、春と秋には必ずその集落内にある神社でのお祭りが開催されており、合わせて郷社祭が開催されている。郷社祭には、本江区と仁行区の入会神社の郷社祭と、三井地区を上三井と下三井の2つに分けるそれぞれの郷社祭がある。上三井と下三井の郷社祭については、日清戦争の合同祝勝祭が元になっているとされる。小泉・漆原区のみが、両方の郷社祭に参加し、それ以外の新保や仁行を含む区はどちらかの郷社祭に参加することとなる。小泉・漆原区は明治期の市制町村制以前はそれぞれがひとつの村をなしており、現在でも氏子集団は2つに分かれていることが、仁行区や新保区とは異なる特徴となっている[4]。神社会計についてはそれぞれの氏子集団で処理されているが、祭り行事は区の行事として両氏子集団共同で行なっている。市ノ坂神社の郷社祭および大幡神社の郷社祭の両方に参加する由来は文献およびヒアリングでは明らかではない。しかし小泉と漆原が元は別の村であった歴史からすれば、小泉と漆原とはそれぞれが別の郷社祭に参加していた可能性は大きいと推察される。なお漆原は藩政期にすでに10軒以下であったが支配力の大きな肝煎などの多い裕福な村であった。

　明治以降の農村は、町村合併以降の政治的経済的変化のなかで江戸期の自然村の枠組みを利用しながら再編成された。だがこの再編成の際に、それまでの地域的枠組が大きな役割を果たし、町村合併を繰り返し地方公共団体としての地位を失った後においても、旧村を基本的な単位とした行事がその時々で新たな意味づけを加えられながらも、現在まで継続していることは重視されなければならないであろう。

三井地区における祭や講行事の多さと氏子・門徒集団としての集落の結びつきの強さは、区会運営費にも現われ、経費・積立金など各戸の負担額は大きい。また区費にはあがらない経費として神社の祭りに用意される御膳などの経費があり、その当番にあたる「お当(とう)」が負担する。

②区会会計

　財政統計と異なり、区会など団体の会計は公式データとしては現われてこない。それだけに単純に比較を加えることは難しい。しかし地域コミュニティをみるとき、金銭面からも地域の活動を把握することは大変重要である。全体の収入がどのような方法や内容でまかなわれ、また何に重点を置いて支出がなされているのか、隣り合う小さな集落同士でも非常に大きく異なっている。現代では主として予算制がしかれるようになってきているが、支出費目によっては、区費などのなかでまかなうのではなく、都度徴収する場合もある。農村部では従来その土地の有力者(輪島市三井地区では「オヤッサマ」と呼ばれる地主層)たちが年末まで地域の運営に必要な支出を立て替えており、年の暮れに「万雑割り」「万雑寄合」と呼ばれる場で1年分の精算が行なわれたものであった。今でも新保区では年末の区会のことを「万造寄合」と呼んでいるが、仁行区、小泉・漆原区と比べ区費などの徴収額が圧倒的に多いのが新保区の特徴である。区費2,000円、事業積立金1,000円、白山宮建設積立金5,000円の計8,000円が毎月各戸から徴収される。白山宮積立金については10年以上続けられ、2001年には事業積立金で白山神社の石垣が積まれた(3,444,000円)。神社のほかに共有林(戸山(こやま)〔コウヤマとも〕)が集落名義で所有されており、林道とともに管理している。表7-9は支出面から区内の共同の活動あるいは区としての活動経費を見た表である。なお、ポンプなど管理費は含まれず別会計になっているほか、三井地区関係協力金として、公民館協力費、道路促進同盟会費、消防協力費、あての森フェスティバル協力費(区長会費については当年度支出に現われている)、輪島市社会福祉協議会関係費としての会費などが割り当てられている(共同募金については当年度支出に現われている)。こうした区決

第7章　地域コミュニティと農山村の現代的再生　195

表7-9　新保区の2001（平成13）年度の支出

(単位：円)

		支　出	
手当	310,000	240,000 30,000 20,000 20,000	区長・生産組合長 本山世話方 一本橋ポンプ管理者 樋見ポンプ管理者
人夫賃	43,465	31,465 8,000 4,000	鉄道敷草刈人夫 万造人夫 転作資料作成人夫
用地代	2,247	1,700 350 197	消防用水地代 樋見ポンプ地代 共有地土地改良賦課金
寄合会議費	80,003	35,000 35,000 5,003 5,000	寄合始酒 万造 総普請 総普請
消防費	5,000	5,000	市ノ坂自警団に酒2升
光熱費	118,200	20,832 2,514 2,793 61,667 30,394	神社、宮、街灯 総普請草刈機ガソリン 総普請林道草刈機ガソリン 一本橋ポンプ電気 樋見ポンプ電気
営繕費	152,000	9,200 142,800	街灯修理 樋見ポンプ修理
保険料	19,000	19,000	町会行事保険料
神社費	3,565,325	55,425 19,400 13,500 ＊3,444,000 33,000	市ノ坂郷社祭 氏子総代会負担金 不動宮祭 白山宮石垣積 あて祭
他	37,218	3,318 10,000 5,000 18,900	除雪謝礼 体育大会補助 区長会費 共同募金
計	4,332,458		
地区関係協力金 （区決算書に現われない）	97,200	8,100 27,000 5,400 16,200 8,100 27,000 5,400	区長会費　　300／戸 公民館協力費　1000／戸 道路促進同盟会費　200／戸 消防協力費　600／戸 防犯協力費　300／戸 フェスティバル協力費　1000／戸 社会福祉協議会会費　200／戸
支出計（修正）	4,429,658		

出典：新保区資料より作成。なお、＊の神社費における白山宮石垣積については、経常的経費ではない。

表7-10　総戸数および農家数の推移

		1970	1980	1990	2000
仁行	総戸数	83	85	78	80
	農家数	78	65	65	44
小泉	総戸数	26	31	28	114
	農家数	25	23	22	12
新保	総戸数	27	29	28	27
	農家数	27	25	21	19

出典：2000年世界農林業センサス農業集落カードより作成。

表7-11　施設など管理への出役義務

	農道	農業用用排水路	生活関連施設
仁行	農家	農家	全戸
小泉	全戸	農家	全戸
新保	全戸	全戸	―

注：表中の「全戸」は全戸に共同作業の出役義務があり、「農家」は農家に共同作業の出役義務がある。
出典：2000年世界農林業センサス農業集落カードより作成。

算書にはあらわれない協力金、負担金も合わせれば、区を通して均等割で負担する額は1戸当たり年間99,600円にもなる。さらに区費の負担額が大きいだけでなく、農業関係の支出以外はすべてが均等割とされていることは、仁行区や小泉・漆原区では区費負担の40～50％が地価割とされていることと比較して大きな特徴といえる。

③生産・生活にかかわる条件整備の方法
　　──揚水ポンプの維持管理とその作業・経費分担から──

　3つの地域の農家率は新保区がもっとも高く、小泉・漆原区がもっとも低くなっている。それに対応するように、農道、農業用用排水路にかかわる管理は農家率の高い新保区は全戸に共同作業の出役義務があり、農家率の低くなる仁行区や小泉区では農家の共同作業が中心になる（表7-11）。表だけみれば農道や用水などは直接受益者のみで管理されているように見える。しかしヒアリングの内容からは、農道、農業用用排水路の管理が農家となっている仁行区において、下仁行班のみは班全体で揚水ポンプや用排水路が掃除されるなど、その内容は多様なものを含んでいる。農道については全戸管理で農業用用排水路については農家管理となっている小泉でも、春の一斉の農道や用水路の掃除は、同日に区全体で行なわれ、当日の役割分担で農家が用水路などを中心に掃除することが多い[5]。

以下では3つの地域における揚水ポンプの管理にかかわる特徴を比較していく。比較しやすいように表7-12を掲げておく。

下仁行班では、前入ポンプ、平田ポンプの導入後は、田の所有者によるポンプの個別利用、水の引き入れの個別化が確立したが、全世帯15戸（1975年頃）が農業従事者であり、用水の維持・管理も全世帯で行なってきた。その後農業従事者の減少と高齢化が進み、ポンプや用水の受益者だけではその管理に支障をきたすようになり、1994年頃から班内全世帯参加でポンプ・用水掃除などを行なうこととなった。班内には集落地外にしか田を持たず、前入・平田両揚水ポンプの用水を使用しない世帯が1戸あるが、春の用水・ポンプの掃除などには参加する。

なお仁行区における他の9つの農業用水はすべて耕作者による維持管理法をとっており、下仁行班のような班内全戸の作業によるというものは例外的である。そのため、前出の前入・平田ポンプを利用しない世帯は、班外（仁行区内）に持つ耕作地で利用する用水と合わせて春の用水掃除などには少なくともそれぞれ1回ずつ、2回は参加することになる。下仁行班では農業用水が地域の共同施設・共同利用の対象と意識的に捉えられつつある一方、下仁行班の平田・前入両ポンプを除く仁行区の他の用水は従来どおり個別生産条件の集合体として捉えられていると考えられる。

小泉・漆原区の農家率は三井地区の他の区と比べると低いが、春夏には総普請として頭首工・ポンプ・用水の掃除や農道・林道などの草刈が行なわれる。出不足金はないが、ほぼ全戸が参加し、参加できない世帯では、区で規定された人足費を超える費用で区の内外から人を雇うこともある。

ポンプ受益者は9戸だが、そのうち小泉・漆原区内の居住者は6戸であり、残り3戸は区外の居住者である。ポンプ使用電気代については耕作者による面積割となっているが、ポンプ設置時には地元負担金のうち1割が区から支出された経緯があり、毎年のポンプ管理者手当についても区費から充当されている。

新保区の春夏の総普請で特徴的なことは出不足金の徴収である。出不足金の徴収自体は三井地区の他の区でも行なわれているところがあるが、新保区では、

表 7 -12 揚水ポンプの管理と

	仁行区下仁行班（戸数13）
区、班の特徴	仁行川、県道沿い。仁行（7班）区内でもっとも下流。 班で毎月十文講を行ない頼母子で競り落としている。
農業規模	農家数7（6がポンプ利用）経営耕地6 ha
揚水ポンプ設置前	上流袋（ふくろ）班の大栗（おおぐり）用水を利用。 春の取水時には1回／3日は用水路の点検。
ポンプ名・設置時期	・前入（まえいり）：1962（昭和37）年災害復旧事業 ・平田（ひらた）：1972～76（昭和47～51）年団体営圃場整備事業
総普請	春は8年前から班全戸参加。ポンプの利用の有無および右岸・左岸の田の所有の有無に限らず、全戸参加で水路・ポンプ掃除、草刈を行なう。 夏以降は耕作者が中心。
出不足金	なし
管理者	1名（最多面積耕作者）
運転	必要に応じて各自で運転
設置・修理地元負担金	区による負担はなし 田所有者による面積割
電気代	耕作者による面積割
管理者手当	
区内の農業用水	揚水ポンプ2・頭首工からの自然流入9のうち、下仁行班は揚水ポンプ2のみ

出典：センサス農業集落カード、水利台帳および付属地図、輪島市土木事務所資料、三井地区ヒアリング、各区資

　田の所有面積の大小により金額差がつけられて徴収される。2001年実績では、春は2,000円、2,500円、4,000円の3階級に分けられている（ただし夏は一律2,000円であった）。また女性参加の場合には一律500円が徴収される。2001年総普請では春は不参加7軒、夏は不参加5軒、女性参加4軒となっており、田

それにかかわる共同作業の特徴

小泉・漆原（戸数30）	新保（戸数27）
河原田川、県道沿いの集落。班は6。小泉、漆原それぞれで氏子組織を形成し神社を所有。曹洞宗系の廃寺を有し集会場としても利用。簡易水道を運営。	神社の周りに形成。講組2、村請お講と門徒講がある。区会費における最大費目は宮事業積立金。
農家数12（6がポンプ利用）経営耕地7ha	農家数19　経営耕地10ha
ポンプの場所に以前は頭首工。新保の耕作者が設置運用。井ブタ地域の耕作者は負担なしで利用。	7カ所に頭首工を設け利用。2カ所は他部落に頭首工を設置（ひとつは左記井ブタ）。地内に届く前に川上の地内の田に水の大部分が入ってしまい2カ所とも慢性的に水不足。溜池もあり。
井ブタ：1987（昭和62）年頃河川改修時	・樋見：1960（昭和35）年頃 ・一本橋：1977（昭和52）年県単土地改良事業：暗渠で3つの水の出口あり
春・夏1回ずつ全戸参加。水路・ポンプ・頭首工掃除。田を持たない人は、主に春は共有林の木起こし、夏は県道・林道の草刈に参加。	春・夏1回ずつ全戸参加。水路・ポンプ掃除、林道草刈、夏の県道草刈を行なう。
なし。人足費を払い人を頼むことがある。	あり。田の所有面積に応じ耕作割。女性参加の場合には一律500円を徴収。
1名（ポンプ設置の井ブタ地域居住3軒のうち耕作面積の多い耕作者2軒が交替で管理）	各1名（任期など規定なく、管理者の高齢化に伴い、世代交代はする）
管理者のみ運転	管理者のみ運転
区で1割を負担。残りを田所有者による面積割。	田所有者による面積割。毎年、電気代と同額をポンプ積立金に。2001年修理費の3分の1を積立金から充当。
耕作者による面積割	田の所有者による面積割
18,000円／年（区会会計から）	20,000円／年×2人（田の所有者による面積割）
揚水ポンプ1・頭首工からの自然流入4	現在はポンプ2のみ

料より作成。

を所有しながら耕作について全面委託をしている世帯が参加しない傾向にある。三井地区の他の区と比べると新保区は農家率が比較的高いといえるが、農事にかかわる共同作業が区全体のものとして取り組みにくくなっていることがわかる。

表7-13 1991（平成3）年度井ブタ水利事業収支決算書

（単位：円）

支　出

項　目	金　額	摘　要		
電力料	54,038	5月	15,516	
		6月	16,925	
		7月	6,840	
		8月	9,628	
		9月	5,129	
管理手当	18,000			
計	72,038			

収　入

項　目	金額	摘要
繰越金	0	
耕作者	54,038	下記
区負担金	18,000	
計	72,038	

耕作者負担金、徴収票

耕作者	居住地区	耕作面積比率	金　額
①	小泉区井ブタ	23.1	12,483
②	小泉区井ブタ	38.3	20,697
③	小泉区井ブタ	4.2	2,270
④	小泉区前田	6.1	3,296
⑤	小泉区前田	2.9	1,567
⑥	小泉区前田	8.4	4,539
⑦	新保区	11.0	5,944
⑧	新保区	2.4	1,297
⑨	市ノ坂区	3.6	1,945
	計	100.0%	54,038円

出典：小泉・漆原区資料より作成。なお、入手されたのは1991年の資料であるが、ポンプ管理者手当金額が現在と同じ18,000円で変化がなく、耕作者面積比率についても現在にいたるまでほとんど変化がないことから（ヒアリングより）、現在の電気代負担額についてもほぼ同様と推察される。
　①、②の2名が交代でポンプ管理者を担当する。⑦～⑨の居住地区である新保、市ノ坂は小泉・漆原の隣接区であり、新保、市ノ坂より小泉・漆原区への入作となっている。

　ポンプの電気代、管理者手当は区会の特別会計で田の所有面積割であるが、ポンプごとに電気代と同金額をポンプの維持・更新用積立金として積み立てている。なお、2001年には樋見ポンプ修理費について3分の1を積立金で充当し、残り3分の2を所有面積割で徴収した。

表7-14　新保区のポンプに関する当年度収入支出の対応関係（2001年度）
（単位：円）

収　　入		支　　出	
一本橋ポンプ			
一本橋ポンプ打ち立て金	80,500	一本橋ポンプ管理者手当	20,000
前年度繰越金	1,167	一本橋ポンプ電気代	61,667
樋見ポンプ			
樋見ポンプ打ち立て金	150,500	樋見ポンプ管理者手当	20,000
前年度繰越金	106	樋見ポンプ電気代	30,394
		樋見ポンプ修理費	100,000
ポンプ積立金より繰り入れ（一本橋、樋見合同の積立金）	42,800	樋見ポンプ修理費	42,800

注：表中の「打ち立て金」は当年度支出に応じて使用面積割でまかなうことである。
出典：新保区資料より作成。

　以上から改めて3つの地域を比較してみると、小泉・漆原区は三井地区のなかで農家率が低いにもかかわらず、ポンプの管理について区全体で取り組もうとする姿勢が明確に現われているようである。それはポンプの設置時の区の1割負担、あるいは管理者手当が区会から拠出されることによる。区の内外からの区費の徴収は「均等割」対「地価割」[6]が3：2程度（2000年実績）で均等割の割合は年々高まっており[7]、農家・非農家、土地所有の有無にかかわらず均等負担の性格が強まりつつある。

　ポンプ管理者については、新保区のとくに樋見ポンプの管理者の管理責任が高い。それはポンプが旧式でバルブの開閉の作業に技量や体力が必要とされるためである。また体力が続く限り管理者としての任務は続き、高齢を理由にのみ交代されてきた。井ブタポンプの管理者については小泉・漆原区が県道沿いに延びた地域であり、運用の便宜上、井ブタの居住者2人（耕作面積ももっとも多い）に任されたものである。下仁行班では最多面積耕作者が管理している。

　春の用水あげ、ポンプ掃除を中心とした共同作業については、下仁行班が班による共同管理的性格を強めている。かつては受益者のみで用水・ポンプの掃

表7-15 小泉・漆原区における区費の徴収方法の変化

(単位：円)

区費	徴収方法	1989年	2000年
区費	均等割（戸割）	145,000	310,000
	地価割	218,500	89,500
地区外区費	地価割	93,900	125,900
計		457,400	525,400
均等割：地価割		32：68	60：40

出典：小泉・漆原区資料より作成。

　除を行ない、さらに維持管理が困難になった時期を経験しているだけに、下仁行班住民の共同作業としての捉え方は意識的である。一方で受益者負担的性格が強いのは新保区である。全戸参加が原則であるが、不参加の場合の出不足金の負担が田の所有面積に応じて金額差がつけられることからそのように考えられる。さらに新保区では所有地を全面的に耕作委託している世帯の不参加率が高い傾向にあり、実農家と非農家の分離がより進んでいる。他方、小泉・漆原区の総普請では、出不足金を徴収すれば現金費用負担で済ませ参加しない世帯が出ることを危惧し出不足金を徴収しない。ただし参加できない世帯では人を雇うこともある。つまり集落レベルでは現物形態の労務提供を基本としながらも、新保区の出不足金徴収形態とは異なった形で貨幣が介在している。しかしながら小泉・漆原区では、従来から地域の維持にとって必要とされてきた共同体的規制が現在も何らかの形で働いており、直ちに労務の現物形態から出不足金徴収への移行形態と捉えることはできない。また、新保区のような労務の現物形態から出不足金の徴収への移行をもって、共同体的関係がより失われたとするのも一面的な捉え方である。出不足金の徴収は地域内の共同管理にかかわる労働配分をどのように行なうかという問題へのひとつの対処法である。小泉・漆原区では区外の人を雇うことがあるのに対して、新保区ではあくまで区内で完結・解決する方法がとられており、むしろ出不足金の徴収が土地の総有意識や共同体的関係の強さとして現われているとも考えられる[8]。

表7-16　新保区の出不足金の使途（2001年）

(単位：円)

総普請	金額	万造帳への繰入法	金額	主な支出
春 江堀（用水あげ：1日）	21,500	「耕作割」欄すなわち生産組合会計へ	21,500	区長（生産組合長兼務）給料の一部 資料作成人夫賃 総普請後の晩酌代 草刈機用ガソリン代
夏 江草引き（用水路草取り）および林道草刈半日	12,000	「耕作割」欄すなわち生産組合会計へ	6,000	区長（生産組合長兼務）給料の一部 資料作成人夫賃 総普請後の晩酌代 草刈機用ガソリン代
		林道会計へ	6,000	総普請後の晩酌代 草刈機用ガソリン代
計	33,500		33,500	

注：なお、すべての支出金額の合計と出不足金が対応しているわけではない。会計区分のどこに出不足金が繰り入れられたかを見るための表である。
出典：新保区資料より作成。

　出不足金の徴収を集落運営の対応に利用することについては、出不足金の徴収は、すなわち地域の共同の賦役や労働がすでに市場原理を導入しなければ成立しえなくなっていると評価される向きもある。しかしそれは、出不足金を徴収面からしか見ていないのであって、徴収された出不足金の具体的な使途からも合わせて評価する必要がある。すなわち、①集落外部に共同作業の担い手を確保するための委託金として出不足金を徴収する場合（つまりこの場合には、集落内部に地域資源を再生産する力がなくなっていることを示すであろう）、②徴収される出不足金を共同作業の労をねぎらう区内の飲食費として費消する場合、③集落の共有財産会計に繰り入れる出不足金など、その使途に応じて出不足金徴収の持つ意味は異なってくる。貨幣的関係が媒介することが直ちにその集落の集落としての結びつきの崩壊に繋がるとは限らない[9]。

　では新保区における出不足金はというと表7-16のようである。まず新保区「万造帳」への出不足金の繰入の段階で、総普請の内容にそって会計が区分されている。すなわち、用水普請に関しては生産組合会計である「耕作割」欄へ、用水普請と林道など普請については半額を林道会計に繰り入れている。支出と

の対応関係では、林道会計への繰り入れ分は当年度支出の飲食費および燃料費として費消されており、普請の経費として費消されている。一方生産組合会計に繰り入れられた分については、普請の経費だけでは費消されず、同様に生産組合会計収入として扱われるJAからの活動補助金、他部落区費（新保区外居住者による区内土地所有に課する区費）などと同様に、その他の人件費として使用されるが、人件費以上の収入となるため、繰越金として積み立てられる。このように同じ出不足金でも、繰り入れる会計ごとにその性質が異なって現われてくる。生産組合会計に繰り入れられている分は、人夫賃というよりは、将来を見通した積立金となっているのである。

　揚水ポンプを中心として農業用水を利用する地域コミュニティと施設の維持管理にかかわる共同の仕方、個別化の対応をみた。農業用水は生産の共同条件に属すものであり、受益者が区（班）という限られた範囲の全世帯に及んでいる段階では、その生産の共同条件の維持管理も共通に必要な生産条件として共同に行なうことができたが、農業の近代化と非農家の増加により、各作業の担い手がその受益者に限定されるという一般的傾向は本章における事例にもあてはまった。しかしながら下仁行班においては、現物形態としての労務提供の面では、個別的対応から共同作業へと作業形態が変化しているほか、区費から農業用水の管理に費用負担する小泉・漆原区のように、農業従事者が減る一方で区費に占める均等割の割合は高まっている。さらに新保区のように高齢化と担い手不足に悩みながらも区内で解決する方法を模索している。今日の居住者と生産者との乖離のなかで地域の再生産条件をどのように維持管理していくかという問題は、生産者・関係者のみによる解決を求める方向、貨幣的な解決を求める方向、地域の再生産の条件として捉えなおし居住者を含む全員による解決を求める方向、さらに新たに交流人口を増やすなど地域の外に積極的に担い手を求める方向が考えられる。中山間地域のような広大な地域資源を抱える条件不利地域では、貨幣的な方向だけでは地域を維持保全することは不可能であり、生産条件を地域全体の生活条件として新たに捉えなおすことによる地域共同管理が、より望ましいと考えられる。また貨幣的解決を求める場合にも、どのよう

な方法でどこに求めるかということと合わせて、どのように配分されるのかが重要である。さらに、地域共同管理を超える範囲の地域や水系単位での専門的知識や技術、貨幣的支援などが、有機的連関を持つことが合わせて重要である。

おわりに——農山村コミュニティの生産・生活諸条件——

　以上、石川県輪島市三井地区における地域の活動やその運営のされ方、生産条件としての農業用水関連施設の維持管理について見てきた。こうした地域の活動に分け入るとき、まずわれわれが認識すべきことは、地域にいかに多くの多様性が眠っているかということである。こうした多様性は当該地域の長い歴史や抱えてきた課題への対応などから生まれるものであり、施設の管理、区会の会計など、あらゆる地域内の活動におよんでいる。それは当該地域の外の人間にとっては大変複雑な方法や内容に映ることもある。だがそれが当該地域にとってはもっとも効率的であり理にかなっているということが多々あるのだ。さらに、とくに農山村の地域コミュニティにおいては、揚水ポンプのような生産条件の整備にかかわることであっても、それが維持されなければ生活し続ける条件が整わない。とすれば、生産条件は生活条件と常に不可分のものとして当該地域では現象し認識されるのであって、こうした観点から離れて地域を見ることはできないであろう。農山村コミュニティの維持やコミュニティの再生の方向性には、常に生産条件と生活条件との関係性が問われることになるのである。

1) 大野晃『山村環境社会学序説——現代山村の限界集落化と流域共同管理』（農山漁村文化協会、2005年）。なお、「限界自治体」とは大野氏によれば「65歳以上の高齢者が自治体総人口の半数を超え、税収入の減少と老人福祉・高齢者医療関連の支出増という状況のなかで財政維持が困難な状態におかれている自治体を指している」（同前、11頁）。
2) 水利台帳による数字は石川県輪島土木事務所保管資料による。実際の取水口数

はヒアリングによる。
3) 歴史的には、揚水ポンプが農業用水利施設として使われるようになるのは明治末以降のことであり、本格的に使われるようになるのは昭和期になってからであるとされる。また小型の移動ポンプが個々の農家によって使用されるようになるのは戦後のことである（玉城哲「房総半島における揚水装置」『水温の研究』〔河川水温調査会、1969年1月〕、『水社会の構造』〔論創社、1983年〕所収、73頁）。
4) ただし明治期には多くの区において氏子集団は必ずしもひとつではなかった。仁行区においても1909（明治42）年に区内の2つの神社が合祀されている。合祀された松尾神社などについては現在でも地図上に祠として残されている。

　なお石川県における神社合祀は、1906（明治39）年の石川県知事勧告により町村合併の推進とともに行なわれたとされる（宮本憲一「明治大正期の町村合併政策――明治地方自治制の矛盾とその展開」、島恭彦編『町村合併と農村の変貌』〔有斐閣、1958年〕116頁）。三井村は1907～09（明治40～42）年に合祀が進められた。
5) 各区のヒアリングより。なお、用水路掃除などは、「江ざらい」「用水堀」（小泉・漆原区）、「江掘」（新保区）、「井堀」（市ノ坂区）、「用水あげ」（細屋区）など、さまざまな呼び方がある。
6) 小泉・漆原区の地価割は、それぞれの所有地について係数が定められており、係数を地価に乗じて各戸の地価割額が決定される。係数は大きな順に、宅地、耕地整理済みの田、耕地未整理の田、植林済みの山、雑木の山、畑である。また同じ三井地区でも仁行区の場合には、区内所有の田と山林の評価額によって地価割額が決定され、宅地などは対象にならないほか、徴収金額を100として戸割（均等割）：地価割の比率がおおよそ45：55になるようにしている（輪島市三井地区ヒアリングより）。
7) 区内の世帯の区費徴収比率の場合には均等割：地価割が3：1程度、均等割：区内外の土地所有者を含めた地価割は3：2となる。
8) 高齢化と後継者の不在により農業を続けることが困難になりつつある状況に対し、可能ならば他所の人ではなく区内の人に請負を依頼したいという声が聞かれた（ヒアリングより）。
9) 貨幣関係の媒介は、今日の地域通貨や有償ボランティアなどの議論を考える際の示唆を与えるように考えられる。単なる共同体的関係の崩壊過程と捉えるのではなく、新しい関係の創出という側面を合わせて見るべきであると考えられる。

第8章

金沢の福祉制度と介護ビジネス

横山 壽一

はじめに——伝統と最先端——

　兼六園の近くに「第三善隣館」と呼ばれる施設がある。昭和11年に当時の方面委員らの手によって設立され、以後、民生委員を中心に地域の住民によって支えられ続けてきた施設である。現在、「味噌蔵福祉センター」「愛育保育園」「デイサービスセンターさつき苑」の3つがそのなかで活動している。そのうちのひとつ「デイサービスセンターさつき苑」の一角に「テレビ電話」が設置されている。これは、金沢市が「金沢情報長寿のまちづくり」の第一弾として行なった「テレビ電話利用実験」の際に用いられたもので、実験後もデイサービスの職員と利用者とをつなぐホットラインとして活用されている。また、「福祉センター」には「シニアパソコン通信学習教室」が置かれ、パソコンが10台近く設置されている。この教室は、高齢者の情報リテラシーを高める場として、ボランティアの協力のもとで運営されている。

　善隣館とIT。戦前からの地域福祉の拠点と情報機器を活用した高齢化時代への対応という、相容れない関係にあるかにみえるこの2つが一体化し十分に機能している。しかも、それらが行政と民間組織の協働関係のもとで実施され、維持されてきている。金沢における福祉・介護事業の展開には、こうした「伝統と最先端」とでもいうべき組み合わせと「公私の協働」という特有な方式をさまざまな場面で見出すことができる。この点に注目して、金沢の福祉制度と

介護ビジネスについて考えてみたい。

1. 善隣館と地域福祉

(1) 善隣館の歴史

　善隣館は、地域住民に対する社会教育と社会事業を展開するための地域拠点として設立されたいわゆる「隣保館」である。昭和9年に金沢市野町方面委員部常務委員であった安藤謙治によって設立された「第一善隣館」を嚆矢とし、以後、昭和19年までに17館、戦後に2館、全部で19館設立された。そのうち12館が現在も地域福祉の拠点として機能している（表8-1）。

　善隣館の設立に中心的な役割を果たしたのは戦前の方面委員（民生委員の前身）である。方面委員制度は、大正6年に創設された岡山県済世顧問制度から始まり、翌7年の大阪府方面委員制度、東京府慈善協会救済委員など、先行事例を範にそれぞれの地域が独自の内容を盛り込みながら相次いで制定され、昭和3年の福井県での設置を持ってすべての道府県で普及を見るにいたった。石川県は、大正11年に社会改良委員として設置され昭和3年に方面委員に改称された。

　道府県による任意設立の制度にもかかわらずこの制度が相次いで導入されていった背景には、第一次世界大戦（大正3〔1914〕年）以後における経済不安と生活不安の広がり、それを背景とした社会問題の頻発という社会状況があった。方面委員の活動が広がるにつれて、「窮乏の質と量の以外に広く深いこと、恣意的な事前や隣保相扶だけではどうにもならないことが明白となってきた」[1]ことから、こうした事態に対応し得ない「恤救規則」にかわって新たな救貧制度を求める動きが全国の方面委員によって進められ、昭和4年に「救護法」の制定を見るにいたった。その救護法に執行機関としての市町村長の補助機関として救護委員を置くことが盛り込まれ、方面委員がその役割を担ったことから方面委員の活動が全国的に強まっていった。そのことが同時に、任意に設けら

れた多様な形態を取る方面委員制度の全国的統一を促し、昭和11年の方面委員令によってそのことが実施された。

こうした方面委員をめぐる動きのなかで善隣館は登場した。善隣館の設立の経緯について、当時の方面委員のひとりで自らも「第三善隣館」の設立を手がけた荒崎良道は、次のように述べている。

「社会調査の結果、地域社会のいろいろな問題が発見され、ニードとして解決まで持って行かねばならないという要求も出て来た。そして、こうした結果から金沢市における各地区の方面委員は昭和7年頃から保護関係や授産関係または人事問題、教護医療問題などの問題別に分担し、委員が専門的に研究協議を重ねてニードの処理解決に努めるという部会制をとった。善隣館創設もその当時、昭和5、6年頃から次第に芽生えてきたものである。

しかしそれ以前にも、地域的に幼児託児所の必要を感じ、委員自ら土地建物を地域住民の協力を得て、率先、設置したり、経済的保護や不良住宅の改善のため、授産場や改良住宅を建設したり、軽費診療など、地域のために努力した方面委員部も少なくない。こうしたいろいろな苦心が刺激となって地域ニードの解決をなす委員活動の拠点を設置しよう、小学校の応接室の隅に小さい机1つの侘しい方面事務所では何もできぬのではないかという方面委員の要望が盛り上がる力となり、気勢の集中が1つの善隣館となり、ついに15地区15センターが生まれることになったのである」[2]。

その魁となった「第一善隣館」は、上述したように、安藤謙治によって昭和9年に設立された。安藤は、金沢市との交渉を重ねて野町小学校の旧校舎を無償で借り受ける許可を得、開設を実現させた。開設にあたっては、恩賜財団慶福会・方面委員助成会からの助成金、一般篤志家からの寄付金が用いられた。運営主体は野町校下方面委員会、館長には金沢市社会課長遠藤三郎があたった。金沢市は運営に対して公費による助成を行なった。事業内容として、託児所、授産室、図書室、仏教講、相談、講演講習の実施が手がけられた。方面委員が発起し、行政による支援と地域住民の協力のもとで、社会福祉事業と社会教育事業を実施するという「第一善隣館」のスタイルは、以後の善隣館の設立・運

表 8-1 善

名称	所在地	設立年月日	経営主体	事業内容	備考
長江谷善隣館	東長江町229	昭和15年4月1日（昭和27年4月）	夕日寺国民学校下請団体	授産・冬季保育・青少年指導・健康相談・強化指導	閉館
小立野善隣館	小立野5-1-5	昭和15年10月1日	石引町方面委員部（社福）小立野善隣館	授産・保育・軽費診療・健康相談・軍事援助・強化指導・各種相談	保育所・相談事業
北安江善隣館	北安江町248	昭和15年10月1日（昭和46年11月20日）	諸江町方面委員部	授産・保育・母性保護・軍事援護・教化指導・各種相談	閉館
永井善隣館	菊川2-8-2	昭和15年11月1日	菊川町方面委員部（社福）永井善隣館	授産・保育・図書館・学習塾・軍事援護・教化指導・各種指導	隣保事業・保育所・児童クラブ・心配ごと相談・地域デイサービス促進対策事業（平成6年4月開始）・地域デイサービス促進対策事業（平成6年4月開始）
森山善隣館	森山2-18-4	昭和17年12月20日	森山町方面委員部（社福）森山善隣館	授護・軽費診療・教化指導・各種指導設備の提供	隣保事業・心配ごと相談・地域デイサービス事業・D型デイサービス・地域デイサービス促進対策事業
栗崎善隣館	栗崎1-4	昭和18年4月1日	栗崎町方面委員部（社福）栗崎善隣館	保育・生年修養所・各種相談	保育所・心配ごと相談・地域デイサービス事業・D型デイサービス・地域デイサービス促進対策事業
新善隣館（公民館併設）	鱗町62-1	昭和18年10月1日	新堅町校下方面委員部	軽費診療・授産・愛育事業（乳幼児健康相談・保健婦訪問指導）・教化指導	隣保事業・心配ごと相談・地域デイサービス（平成6年4月開始）・地域デイサービス促進対策事業（平成6年1月開始）
此花厚生館（公民館併設）	笠市町6-4	昭和19年7月7日	此花地区民生委員協議会	授産・各種相談	隣保事業・心配ごと相談
材木善隣館	材木町13-40	昭和30年10月6日	材木町民生委員協議会（社福）材木善隣館	保育所・幼稚園・各種相談	保育所・幼稚園・児童クラブ・心配ごと相談・地域デイサービス促進対策事業・地域デイサービス促進対策事業
中村町善隣館（公民館併設）	中村町10-35	昭和35年4月20日	中村地区民生委員協議会（社福）中村町善隣館	心配ごと相談・世帯更生運動	各種団体事務受託、保育所・幼稚園・児童クラブ・心配ごと相談・地域デイサービス・隣保事業・心配ごと相談・老人憩の家の運営

出典：阿倍志郎編『小地域福祉活動の原点』全国社会福祉協議会（1993年）より作成。

隣館一覧

名称	所在地	成立年月日（閉館年月日）	設立主体（現・設立団体）	事業内容 設立当初	事業内容 現行
第一善隣館（公民館併用）	野町3-1-15	昭和9年9月1日	野町方面委員部（社福）第一善隣館	授産・保育・善隣少年団・技芸部（長唄・舞踊）・芸能・技芸部・謡曲・同心講・各種相談・乳児検診・設備の提供	隣保事業・保育園経営・児童クラブ・心配ごと相談・地域デイサービス・地域デイサービス促進対策事業
第二善隣館	弓ノ町16	昭和10年5月15日（不明）	松ヶ枝町・比花町・諸江町	授産・各種相談・保育・教化指導	閉館
第三善隣館	小将町8-23	昭和11年4月1日	材木町方面委員部（社福）第三善隣館	教化改善部・健康相談・内職奨励授産部・宿泊保護部・診療所・保育園・教養七生寮（遺家族子弟対象）・美芸女学院（洋裁・和裁・華道・茶道など）・養護施設・肢体不自由児保育所	隣保事業・保育所・休日保育所・心配ごと相談・高齢者生きがい教室・配食サービス・友愛訪問・B型デイサービス・ボランティア育成・地域デイサービス促進対策事業
長町会館	長町1番丁15	昭和12年4月20日（不明）	長町方面委員部	授産・軍事援護・各種相談・教化指導	閉館
長土塀善隣館	長土塀1-18-25	昭和14年4月20日（昭和45年）	長土塀方面委員部	授産・保育・愛育事業・各種相談・教化指導	閉館
大野町善隣館	大野町4-84	昭和14年4月20日（昭和45年）	大野町方面委員部	授産・保育・各種講習・軍事援護・健康相談・副業奨励・各種相談	閉館
馬場福祉会（旧・第五善隣館）	東山3-29-22	昭和14年9月1日	（社福）馬場福祉会	授産・愛育研究・乳幼児保育・軽費診療・健康相談・栄養研究補給・軍事援護・教化指導・各種相談	各種団体事務局受託・保育所・心配ごと相談・D型デイサービス・地域デイサービス促進対策事業部
長田町社会館	深川町3-2	昭和15年3月（不明）	第二善隣館から独立（不明）	公民教育	閉館

営の原型となった。

(2) 善隣館と金沢の地域福祉

　善隣館の多くは、時代の変化に対応しながらその活動を今日まで引き継いできている。その歩みについて、『小地域福祉活動の原点・金沢——善隣館活動の過去・現在・未来』は、大きく5つの時期に分けて整理している。それをもとに、まず簡単に現在までの歩みをたどっておこう。

　第1期は、誕生から昭和11年の第三善隣館開設までの時期で、善隣館の基本的な姿・方向が示された時期である。その内容とは、「第一善隣館」のスタイルとして上述した諸点である。事業内容についてやや補足しておくと、保育事業、授産事業、相談事業に加えて、母子保護事業、母子保健事業、診療事業（軽費診療所の開設など）など、地域の実情に合わせてより多様な事業が取り組まれていたことが注目される。第2期は、第四善隣館の開設から終戦までの16館が出現する時期で、善隣館が相次いで建設され普及がはかられた。第3期は、戦後から昭和30年代終わり頃までの時期で、法にもとづく事業として許可を得て再スタートを切った。授産所は生活保護法にもとづく保護施設、保育所は児童福祉法にもとづく児童福祉施設へとそれぞれ再編された。善隣館の多くは認可を得て保育事業を引き継いだが、授産事業は大部分が廃止された。また、社会教育事業は、公民館の普及に伴った善隣館の手から離れていった。さらに、軽費診療所も国民健康保険の定着によって意義が薄れ廃止へと向かった。第4期は、昭和40年代から昭和60年頃までの時期で、第3期で経験した再編によって事業の主要な部分が公的な制度に移ったことによって、事業の縮小を余儀なくされた。第5期は、昭和62年以降今日までの時期で、デイサービスを中心に高齢化への新たな対応がはかられるなかで再び活気が戻ってきつつある。金沢市も、『福祉プラン21金沢』や『長寿安心プラン2000』などにおいて、善隣館地域福祉の拠点としてあらためて積極的に位置付け、整備を進めていく姿勢を明らかにしている。

　善隣館は、以上のような歩みのなかで、拠点としての建物を最大限生かしつ

つその時々の地域における生活問題に真正面から取り組み、民間の立場に立って先駆的・開拓的な役割を果たしてきたところに特徴がある。同時に、見落としてならないのは、こうした善隣館の活動が、一部の方面委員、民生委員のみによって展開されてきたわけではなく、地域の住民自身がその担い手として直接間接に関わってきた点である。いうまでもなくその度合は地域によって無視できない違いがあり、しかも時代とともに弱まってきたことは否定できないが、善隣館活動を見る上で無視できない側面である。現在の状況について、もっとも活動的な善隣館のひとつである「第三善隣館」について見ると、現在取り組んでいる手作り弁当サービス（一人暮らしの高齢者への配食サービス）、一針運動（おむつづくり、小物づくりなど）、福祉バザー、デイサービスなどは、いずれも地域住民からなる多くのボランティアによって担われ支えられており、善隣館活動が同時に住民自身の地域における自主的な福祉活動でもあることを知ることができる。

　もう一点触れておく必要があるのは、出発当初から行政との協力関係が一貫して維持されてきていることである。善隣館設立の際の行政との関係はすでにみたが、その後の保育事業、デイサービス事業などの取り組みにおいても、行政が善隣館の活動を評価・尊重して積極的に委託することでその活動を広げ支えるとともに、善隣館の側も単なる下請けではなく地域における新しい課題と対応を提起してその実施をまず先駆的に行ない、行政にその制度化を求める取り組みを進めてきた。金沢の地域福祉を特徴づける方式として「はじめに」でも触れた「公私協働」は、具体的にはかかる関係を指している。保育所に代表される福祉事業における民間組織・施設の高い比率は、こうした特有の公私関係に起因している。

　では、この「公私協働」は、現代の福祉制度にどのような形で受け継がれ、具体化されているのだろうか。次にこの点を見ることにしよう。

2. 福祉制度と公私協働

(1) 金沢市の福祉行政と独自事業

　市町村の福祉制度は、基本的には以下の3つの部分から構成されている。第一は国が定めた制度で法律にもとづくもの、第二は都道府県の単独事業で都道府県条例にもとづくもの、第三は市町村の単独事業で市町村条例にもとづくもの、以上である。実際にはもう少し複雑で、国の制度であっても法律にもとづく部分と法律をベースにしてはいるが都道府県および市町村が条例で独自の内容を付加する部分がある。市町村の福祉の特徴は、こうした法律で定めた内容への独自の追加部分、裁量のきく内容での工夫、国・県の制度にはない市町村の単独事業に示される。

　こうした自治体における福祉制度の重層的な仕組みが比較的捉えやすい高齢者福祉の制度についてやや立ち入って見ておこう[4]。図8-1に示されているように、高齢者福祉の分野には、国の制度と並んで多くの単独事業が設けられていることがわかる（＊印以外は単独事業）。ただし、このうち介護保険は、国の制度だが保険者が市町村であり、保険者の裁量に委ねられた部分を条例などで定めることになっている点で、本来の単独事業とは区別される。

　これまで国の事業であったものの多くが自治体の事業に切り替えられてきているため、大部分が単独事業となってきてはいるが、独自に生み出したという意味での本来の単独事業は、その多くが「いきがい活動支援施策」として位置付けられているものである。具体的には、現金給付として支給するもの（長寿お祝金、ふれあい入浴補助など）、働く機会を提供するもの（ことぶき奉仕団補助、高齢者農園補助、生きがいと創造の工房事業など）、高齢者自身の活動を支援するもの（老人連合会活動補助、福祉バス運営など）などである。

　金沢市の独自性がより明確に示されているのは、第一に「地域福祉ネットワーク強化事業」である。この事業は国の事業ではあるが、すでに昭和63年か

第8章　金沢の福祉制度と介護ビジネス　215

図8-1　高齢者福祉対策の体系（平成18年度）

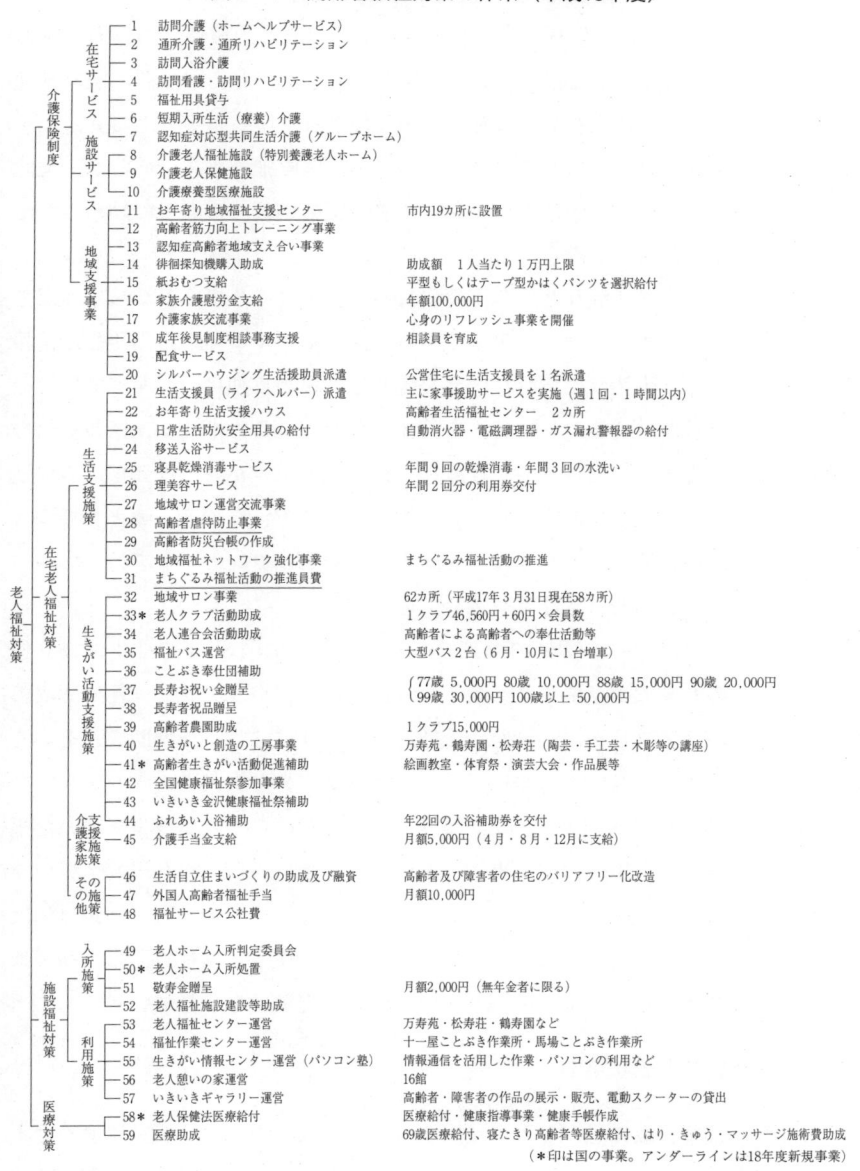

老人福祉対策

- 介護保険制度
  - 在宅サービス
    - 1　訪問介護（ホームヘルプサービス）
    - 2　通所介護・通所リハビリテーション
    - 3　訪問入浴介護
    - 4　訪問看護・訪問リハビリテーション
    - 5　福祉用具貸与
    - 6　短期入所生活（療養）介護
    - 7　認知症対応型共同生活介護（グループホーム）
  - 施設サービス
    - 8　介護老人福祉施設（特別養護老人ホーム）
    - 9　介護老人保健施設
    - 10　介護療養型医療施設
  - 地域支援事業
    - 11　お年寄り地域福祉支援センター　　　　　市内19カ所に設置
    - 12　高齢者筋力向上トレーニング事業
    - 13　認知症高齢者地域支え合い事業
    - 14　徘徊探知機購入助成　　　　　　　　　　助成額　1人当たり1万円上限
    - 15　紙おむつ支給　　　　　　　　　　　　　平型もしくはテープ型かはくパンツを選択給付
    - 16　家族介護慰労金支給　　　　　　　　　　年額100,000円
    - 17　介護家族交流事業　　　　　　　　　　　心身のリフレッシュ事業を開催
    - 18　成年後見制度相談事務支援　　　　　　　相談員を育成
    - 19　配食サービス
    - 20　シルバーハウジング生活援助員派遣　　　公営住宅に生活支援員を1名派遣
    - 21　生活支援員（ライフヘルパー）派遣　　　主に家事援助サービスを実施（週1回・1時間以内）
    - 22　お年寄り生活支援ハウス　　　　　　　　高齢者福祉センター　2カ所
    - 23　日常生活防火安全用具の給付　　　　　　自動消火器・電磁調理器・ガス漏れ警報器の給付
- 在宅老人福祉対策
  - 生活支援施策
    - 24　移送入浴サービス
    - 25　寝具乾燥消毒サービス　　　　　　　　　年間9回の乾燥消毒・年間3回の水洗い
    - 26　理美容サービス　　　　　　　　　　　　年間2回分の利用券交付
    - 27　地域サロン運営交流事業
    - 28　高齢者虐待防止事業
    - 29　高齢者防災台帳の作成
    - 30　地域福祉ネットワーク強化事業　　　　　まちぐるみ福祉活動の推進
    - 31　まちぐるみ福祉活動の推進費
  - 生きがい活動支援施策
    - 32　地域サロン事業　　　　　　　　　　　　62カ所（平成17年3月31日現在58カ所）
    - 33*　老人クラブ活動助成　　　　　　　　　　1クラブ46,560円＋60円×会員数
    - 34　老人連合会活動助成　　　　　　　　　　高齢者による高齢者への奉仕活動等
    - 35　福祉バス運営　　　　　　　　　　　　　大型バス2台（6月・10月に1台減車）
    - 36　ことぶき奉仕団補助
    - 37　長寿お祝い金贈呈　　　　　　　　　　　(77歳 5,000円　80歳 10,000円　88歳 15,000円　90歳 20,000円
    - 38　長寿お祝品贈呈　　　　　　　　　　　　 99歳 30,000円　100歳以上 50,000円)
    - 39　高齢者農園助成　　　　　　　　　　　　1クラブ15,000円
    - 40　生きがいと創造の工房事業　　　　　　　万寿苑・鶴寿園・松寿荘（陶芸・手工芸・木彫等の講座）
    - 41*　高齢者生きがい活動促進補助　　　　　　絵画教室・体育祭・演芸大会・作品展等
    - 42　全国健康福祉祭参加事業
    - 43　いきいき金沢健康福祉祭補助
  - 介護家族支援施策
    - 44　ふれあい入浴補給　　　　　　　　　　　年22回の入浴補助券を交付
    - 45　介護手当金支給　　　　　　　　　　　　月額5,000円（4月・8月・12月に支給）
  - その他施策
    - 46　生活自立住まいづくりの助成及び融資　　高齢者及び障害者の住宅のバリアフリー化改造
    - 47　外国人高齢者福祉手当　　　　　　　　　月額10,000円
    - 48　福祉サービス公社費
- 施設福祉対策
  - 入所施策
    - 49　老人ホーム入所判定委員会
    - 50*　老人ホーム入所処置
    - 51　敬寿金贈呈　　　　　　　　　　　　　　月額2,000円（無年金者に限る）
    - 52　老人福祉施設建設等助成
  - 利用施策
    - 53　老人福祉センター運営　　　　　　　　　万寿苑・松寿荘・鶴寿園など
    - 54　福祉作業センター運営　　　　　　　　　十一屋ことぶき作業所・馬場ことぶき作業所
    - 55　生きがい情報センター運営（パソコン塾）　情報通信を活用した作業・パソコンの利用など
    - 56　老人憩いの家運営　　　　　　　　　　　16館
    - 57　いきいきギャラリー運営　　　　　　　　高齢者・障害者の作品の展示・販売、電動スクーターの貸出
- 医療対策
  - 58*　老人保健法医療給付　　　　　　　　　　　医療給付・健康指導事業・健康手帳作成
  - 59　医療助成　　　　　　　　　　　　　　　　69歳医療給付、寝たきり高齢者等医療給付、はり・きゅう・マッサージ施術費助成

（*印は国の事業。アンダーラインは18年度新規事業）

出典：金沢市福祉保健部『金沢の福祉と保健』（平成18年度）43頁。

ら「まちぐるみ福祉活動推進事業」に取り組み、各地域に民生委員を中心に「まちぐるみ福祉活動推進チーム」を設け、地域組織・地域住民の協力のもとで高齢者の暮らしを支える活動を独自に展開してきた。したがって、国庫補助の対象事業とはいえ、内容的には独自性が発揮されている事業である。

第二に「地域サロン」事業である。この事業も国庫補助事業であるが、地区社会福祉協議会に委託し地域のボランティアの幅広い参加のもとで勧められている点でやはり独自性がみられる。

第三は、はじめにで触れた「金沢情報長寿のまちづくり事業」から生みだされた「生きがい情報センター」事業である。国のモデル事業から出発した情報長寿のまちづくり事業は、新たな内容を盛り込みながら独自の展開を続け、そのなかで「生きがい情報センター」を具体化させた。この事業は、情報通信を活用した作業を通じて高齢者および障害を持つ人の生きがいと社会参加の促進を図る事業を学校の空き教室を利用して進める事業で、高齢者、障害を持つ人、就労、生きがい、情報、そして教育を統合する新しいコンセプトを持つユニークな事業として全国的にも注目を集めている。

第四は、バリアフリー関連の施策である。狭義には図8-1の「生活自立住まいづくりの助成および融資」を指すが、実際には、バリアフリー住生活改善出張相談、バリアフリー出張講座、公益的施設バリアフリー整備助成、そしてバリアフリー交通システムの整備（ノンステップバスの導入、メルシーキャブサービス事業、コミュニティバスの導入など）、そしてモデル空間を用いた福祉機器との一体的利用への支援事業（モデルハウス、のちに福祉用具情報プラザ）などいくつもの関連する事業が展開されている。バリアフリー施策自体は各地で取り組みが進み今では珍しくなくなったが、住宅、福祉機器、交通、地域環境整備などを含む施策の広がりという点で、先進性を示している。

(2) 福祉行政と公私協働

こうした福祉行政に見出される最大の特徴が、ほかならぬ「公私協働」による実施である。高齢者福祉施策のうち、具体的なサービスを提供するものは、

上で取り上げた独自事業をはじめ、大部分の事業が金沢市社会福祉協議会と福祉サービス公社および民間事業者に委託されている。行政が責任を持つ公的な福祉サービスを民間の組織を通じて提供するこの方式は、とりわけ地域福祉の領域で広範囲に実施されてきた。

具体的には、まず福祉サービス公社には、老人福祉センター、ことぶき作業所、生きがい情報作業センター、シルバーハウジングの管理・運営、お年寄り介護相談センターの運営、生きがいと創造の工房事業、そして生活支援員（ライフヘルパー）、派遣事業（要介護認定で非該当とされた高齢者に対してホームヘルパーを派遣）、が委託されている（29の民間事業者に委託）。

また、金沢市社会福祉協議会には、地域サロン事業（直接には地区社会福祉協議会）、ことぶき奉仕団事業、いきいきギャラリー事業、老人憩いの家・地域老人福祉センターの管理運営などが委託されている。さらに、お年寄り生活支援ハウス事業（在宅復帰を目的に、一人暮らしが困難な高齢者などを対象に、一定期間、生活支援員の指導のもとで各種生活支援サービスを実施）は医療法人へ、「配食サービス」は21事業者へ、それぞれ委託されている。

こうした仕組みは全国的に広くみられる内容で、それ自体を特徴として挙げることはできないが、金沢市の場合、善隣館活動など早くから地域福祉を担ってきた民間組織が行政に先駆けて行なってきた活動を市の事業として位置付け、行政がその普及に努める一方、民間組織と相談しながら市として事業を起こし民間組織の活性化をはかるなど、行政と民間が文字どおり「協働」しながら展開し地域福祉を築いていく事業が数多く見られるところにユニークさがある。

介護保険制度の発足による事業者の相次ぐ参入によって、こうした状況に変化が生まれている。同時に、「公私協働」を新たな形で展開していこうとする動きも見られる。次に、その介護保険事業を取り上げ、介護ビジネスの現状と課題について検討しよう。

3. 介護保険と介護ビジネス

(1) 介護保険制度の概要と介護ビジネスの特有な性格

はじめに、介護保険制度の基本的な仕組みを概観し、その上で、制度がつくりだす介護ビジネスの特有な性格を確認しておこう。

介護保険は、介護保険法にもとづく国の事業であるが、市町村が保険者の役割を担い制度の具体的な取り組みは市町村単位で行なう。40歳以上のすべての国民が被保険者となる強制加入の方式が取られており、被保険者は第1号（65歳以上）と第2号（40歳から64歳）に分類される。介護保険の利用を希望する被保険者は、介護の必要度を測るための作業である「要介護認定」を受ける必要がある。「要介護認定」では、調査にもとづくデータなどをもとに、対象者のランクづけ（介護の必要度に対応した要支援1と2、要介護1から5、非該当の8ランク）を行ない、それぞれが利用できるサービスの種類と程度を決定する。具体的には、要支援の人には「予防給付」、要介護の人には「介護給付」がそれぞれ提供される。ただし、「非該当」の人は「介護の必要なし」との判断のため利用が認められない。

介護給付にはいわゆる訪問介護、通所介護などの「在宅サービス」、介護老人福祉施設などの「施設サービス」、当該市町村の住民の未利用できる認知症対応型共同生活介護（グループホーム）などの「地域密着型サービス」、福祉用具貸与や住宅回収などの「生活環境を整えるサービス」がある。「予防給付」には同じく「在宅サービス」「地域密着型サービス」「生活環境を整えるサービス」があるが、「施設サービス」は含まれない。どのサービスをどの程度利用するかは本人が選択し決定することになるが、介護のランクごとに保険で利用できる上限額（区分支給限度額）が定められており、それを超過する場合は保険の対象外となる。なお、利用そのものについては行政は関与せず、利用者が事業者を選びその事業者と直接契約を交わす「利用契約」のスタイルが基本と

なる。

　介護サービスの提供は、指定を受けた事業者によって行なわれる。事業者の指定は、申請にもとづき都道府県および市町村がサービスの種類ごとに行なう（市町村は地域密着型サービスの事業者のみ）。指定の可否は、サービスの種類ごとに定められている人員基準、施設基準、運営基準をクリアしているかどうかで判断される。サービスを提供した事業者には、サービスの種類ごと・介護度ごとに定められている「介護報酬」にもとづいて提供したサービスの量に比例して支払いが行なわれる（ただし一部に定額制もある）。

　財源は、保険料と公費（国、都道府県、市町村がそれぞれ負担）から賄われる。その他に利用者が利用ごとに負担する利用料（利用金額の10％）が充てられる。保険料は、第１号被保険者については市町村単位で、第２号被保険者は所属する医療保険の保険者ごとにそれぞれ決められ、３年ごとに見直しされる[5]。

　以上のような介護保険の仕組みは、行政が利用と提供の双方に対して直接に関与し管理・運営する「措置制度」とは異なり、当事者同時の契約を基本としている。その限りでは、一般の財・サービス市場と大差のない仕組みとなっている。しかし、実際には、指定事業者の方式を取ることで「参入規制」が行なわれるとともに、介護報酬にもとづく支払とすることで価格を規制して価格競争を排除している。したがって、参入・撤退が自由で価格競争が自由に展開される「自由市場」とは異なっている。介護市場は、公的規制によって市場の基本的な機能が制限されている、いわば「準市場」として位置付けることができる[6]。

(2) 金沢市における介護保険事業の現況

　それでは、金沢市における介護保険事業は、どのような現状にあるか。やや具体的な実施状況を見ておこう（以下の数値は2006年10月末現在のものである。それ以外のものは時期を明記した）。

　第１号被保険者（65歳以上）は84,079人、総人口に占める比率は19.0％であ

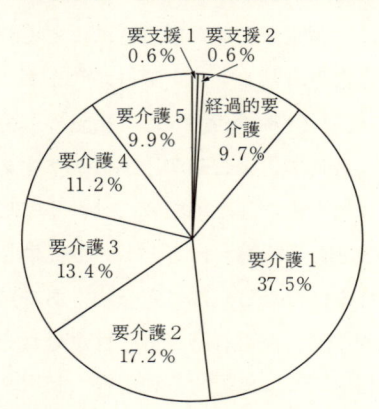

図8-2　要支援・要介護認定者数（平成18年4月末）

- 要支援1　0.6%
- 要支援2　0.6%
- 経過的要介護　9.7%
- 要介護1　37.5%
- 要介護2　17.2%
- 要介護3　13.4%
- 要介護4　11.2%
- 要介護5　9.9%

注：要支援・要介護認定者数は16,124人（うち65歳以上は15,695人で被保険者の19.0%に当たる）。
出典：金沢市介護保険課資料。

る。このうち要介護認定者は16,475人で、第1号被保険者の19.1%にあたる。要介護認定者の介護度別分布は、図8-2のとおりである。軽度の要介護1が全体の3分の1を占め、重度の介護度4と5がそれぞれ10%を占める。全国平均から見ると、介護度4および5の比率がやや低く、逆に介護度1および2の比率が高い。ちなみに、在宅生活者では介護度1と2で6割近くを占め、逆に施設生活者では介護度4と5で半数を占める。介護度別の推移を見ると、要介護1の伸び率がもっとも高い。心身に不安を感じ始めたら早めに認定を受ける傾向が全体として強まってきたことをうかがわせる。

　次に介護サービスの利用状況について見ると、在宅でサービスを利用している人は9,093人、施設サービスの利用者は3,333人である。サービス利用者は、要介護認定を受けた人の8割程度であり、認定を受けても利用していない人が少なくない（入院などで利用が中断している人、施設への利用に転換した人なども含んでいる）。施設利用の割合は25.3%で、施設別にはやや異なるものの、全体では依然として上昇傾向にある。

　サービス別の利用について費用ベース（給付額）で見ると（図8-3）、在宅

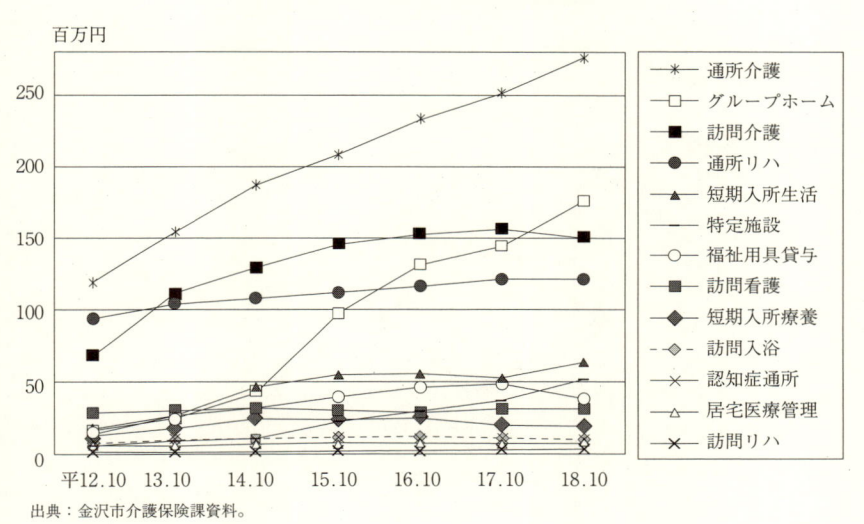

図8-3　居宅サービス別費用の推移

凡例：
- 通所介護
- グループホーム
- 訪問介護
- 通所リハ
- 短期入所生活
- 特定施設
- 福祉用具貸与
- 訪問看護
- 短期入所療養
- 訪問入浴
- 認知症通所
- 居宅医療管理
- 訪問リハ

出典：金沢市介護保険課資料。

の場合、訪問介護、通所介護、グループホームが上位を占めている。このうち訪問介護は横ばいないし低下傾向にあるが、通所介護とグループホームは急激な上昇が続いている。通所介護の上昇は、先にみた要介護1の増大に対応している。他方、グループホームは、重度の人の増大に対応しているが、加えて次にみる介護施設における利用の難しさ（長期にわたる入居待ち）も強く影響している。介護度別に見ると、全体として重度の人は訪問介護、訪問看護、短期入所、居宅療養管理指導の利用率が高く、医療系サービスとの組み合わせが多い。軽度の人は通所介護、住宅改修などの利用率が高く、介護予防への対応が見られる。

　施設サービス（利用者ベース）は、三種類のうち介護老人福祉施設（いわゆる特別養護老人ホーム）と介護老人保健施設（いわゆる老人保健施設）が全体のほぼ8割を占め、介護療養型医療施設は、医療保険適用の施設と並存していることもあって、この2つに比べると利用は少ない。これらの施設のうち、とりわけ介護老人福祉施設は利用希望が増大しており、上述したように利用が始

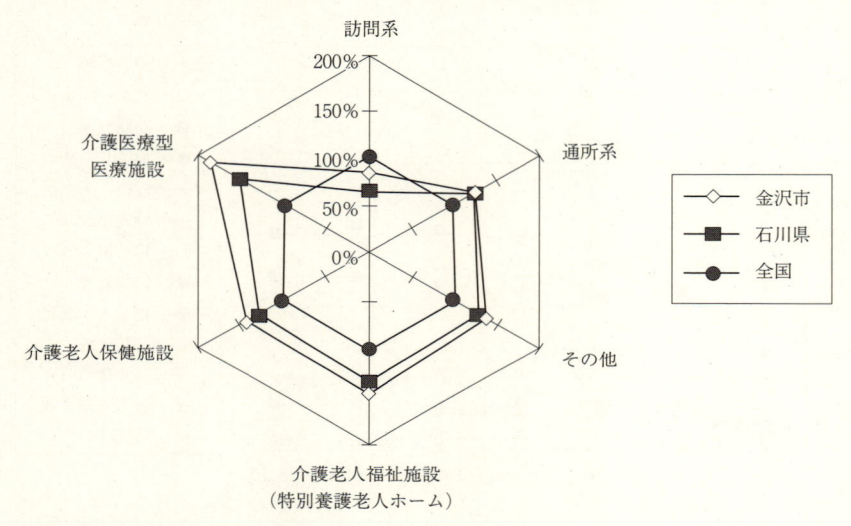

図8-4　高齢者1人当たりサービス別給付額の水準（平成17年4月利用分）

出典：金沢市『長寿安心プラン2006』平成18年3月、14頁。

まるまでにかなりの期間待機しなければならない。待機者の数は、金沢市ですでに1千人を超えており、施設によっては待機期間が5年以上にもなる。その最大の待機場所となっているのが介護老人保健施設で、金沢市が行なった平成17年6月の調査では、待機者の34.6％が介護老人保健施設で待機しているとの結果が出た。介護老人保健施設は、リハビリを通じて機能の回復をはかり在宅への復帰を支援することが本来の役割ではあるが、早くから上述のような特別養護老人ホームの待機場所としての利用が広がったことから、利用者の介護度は介護老人福祉施設とほとんど変わらないのが実情である。

　以上のサービス利用状況を給付額ベースで全国平均と比較してみると、施設サービスおよび在宅サービスの通所系は全国平均を上回っているが、在宅サービスの訪問系（訪問介護、訪問看護、訪問リハビリなど）については下回る状況にある（図8-4）。

　在宅サービスの場合、利用の種類と量は利用者自身が選択し決定する仕組み

図８－５　居宅サービスの利用割合

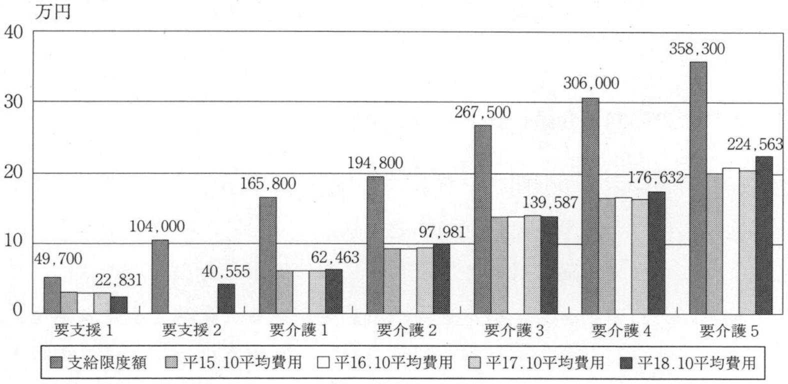
万円
40
30
20
10
0
49,700
22,831
104,000
40,555
165,800
62,463
194,800
97,981
267,500
139,587
306,000
176,632
358,300
224,563
要支援１
要支援２
要介護１
要介護２
要介護３
要介護４
要介護５
支給限度額
平15.10平均費用
平16.10平均費用
平17.10平均費用
平18.10平均費用

出典：金沢市介護保険課資料。

に変わったことから、利用の度合とニーズの充足度が重要な問題となっている。その現状を総括的に示す数値が支給限度額に対する利用率である。上述したとおり、介護保険は介護度ごとに保険から支給する金額の上限を定めて利用に枠をはめており、限度額を超えた場合は保険外として全額自己負担での利用となる。その利用率は、全体で46.1％である。介護度別では、介護度５がもっとも高く、要介護１がもっとも低くなっている（図８－５）。

利用率４割をどう見るかは、介護保険の評価にも繋がる問題だけにたえず議論になってきた。限度額自身が高めに設定されているので基本的なニーズは充足されているとする見方から、１割の利用量の過重負担や利用のしづらさなどで利用が自己抑制されておりニーズが満たされていないとする見方、家族介護の広範な存在が低い利用率を生み出しているとする見方などが示されてきた。実際には、そのいずれの要素も含んでおり単純ではないが、要介護認定を受けながらまったく利用していない人も含めてニーズを満たせないでいる人たちが広範囲に存在することは否定できない。とりわけ、保険者として細心の配慮が必要なのは、介護保険によって利用負担額が大幅に増加した低所得の人と介護

度が重い在宅サービス利用者である。後者の場合、限度額を超えて利用するケースもあり、未利用とは違った意味でニーズの未充足が存在することも見ておく必要がある。

(3) 事業者の動向と介護ビジネスの展開状況

次に、介護ビジネスの展開状況を事業者の動向を中心に見てみよう。まず、介護保険事業について事業者指定の状況を確認しておく。事業者指定の説明で示したように、介護保険の対象となるサービスの提供を行なうためには、サービスの種類ごとに申請をして指定を受ける必要がある。在宅サービス事業には営利・非営利いずれも参入可能だが、施設サービス事業については、現時点では営利法人の参入を認めていない。

そのことを念頭において、表8-2をみよう。平成18年10月現在で、指定を受けた事業者数は1,359事業者（予防は制度改正によって新たに設けられた介護予防事業者で、基本的にはすでに指定を受けている事業者が追加指定を受けたもの）で、制度開始時の平成12年4月と比較すると528事業所、63.5％の増加である。実際には、ひとつの事業者が複数のサービスで指定を受けているケースが少なくないため、事業者実数での変化ではないが、高い比率で増大していることがわかる。在宅サービスについて見ると、認知症対応型共同生活介護（グループホーム）の伸びがとくに著しい。有料老人ホームなどの特定施設入所者生活介護も著しい伸びだが、事業者数自体が少ないため伸び率は参考にならない。ただし、有料老人ホームは全国的にも増大傾向にあり注目される。訪問リハビリテーション、通所介護、訪問介護も増大が目立っている。逆に、訪問入浴、通所リハビリ、短期入所療養介護（医療系施設による短期入所）などは参入がほぼ止まり、短期入所療養介護、介護療養型医療施設では減少がみられる。

こうした動向は、先にみた利用動向とほぼ符合している。施設サービスについては、介護保険事業計画の目標数値に照らして調整されているため、事業者の参入意向をそのまま反映はしていない。介護老人保健施設がまったく増えて

表8-2　事業者指定状況

区　分		平成12年4月 事業者数 ①	平成18年10月 事業者数		増　減	
			予防	介護②	②－①	％
居宅 サービス	訪問介護	41	77	87	46	112.2
	訪問入浴	11	5	10	△1	-9.1
	訪問看護	114	173	179	65	57.0
	訪問リハビリテーション	37	98	98	61	164.9
	通所介護	40	88	90	50	125.0
	通所リハビリテーション	25	29	29	4	16.0
	短期入所生活介護	12	20	20	8	66.7
	短期入所療養介護	34	28	28	△6	-17.6
	特定施設入居者生活介護	1	5	5	4	400.0
	福祉用具貸付	32	41	57	25	78.1
	居宅療養管理指導	346	511	511	165	47.7
	居宅介護支援	83	19	124	41	49.4
	特定福祉用具販売	—	44	44	44	皆増
地域密着型 サービス	認知症対応型通所介護	—	6	6	6	皆増
	認知症対応型共同生活介護	6	27	27	21	350.0
	介護老人福祉施設入居者生活介護	—		1	1	皆増
施設 サービス	介護老人福祉施設	11		15	4	36.4
	介護老人保健施設	10		10	0	0.0
	介護療養型医療施設	28		18	△10	-35.7
合　計		831	1,171	1,359	528	63.5

出典：金沢市介護保険課資料。

いないのは、すでに目標数値に達しているとして整備目標を掲げなかったことによる。ただし、介護療養型医療施設は、介護保険での事業にメリットを見出せなくなった事業者が医療保険適用に戻るケースもあり、その限りでは事業者の意向を反映しているともいえる[7]。

　参入事業者のタイプ別区分は示していないが、訪問介護は社会福祉法人と営利法人、通所介護は社会福祉法人、訪問看護、訪問リハビリは医療法人、認知症対応型共同生活介護は非営利活動法人と営利法人、訪問入浴介護、福祉用具関連、住宅改修は営利法人がそれぞれ多くのシェアを有している。施設サービスについては、介護福祉施設が社会福祉法人、介護老人保健施設と介護療養型医

療施設が医療法人という分布でスタートしたが、医療法人の福祉系事業への参入が著しく、介護老人福祉施設についても医療法人のシェアが拡大している[8]。

以上、事業者の動向が示しているように、いくつかの事業においては民間企業が優位を占めているものの、介護保険事業全体としてみた場合、社会福祉協議会、社会福祉法人など非営利の事業体の比重が高く、医療法人も強い影響力を持っている。この点が、他のビジネスとは異なる介護ビジネスの大きな特徴である。そのことは、ビジネスとはいうものの、展開の仕方が他のサービス分野とはかなり異なっていることを示している。それは介護ビジネスそれ自体の特質に規定されている。

介護ビジネスは、介護保険事業以外にも幅広い関連事業をうちに含んでいる。まず、介護保険と重なり合う部分もある事業として、福祉機器のレンタル・販売、バリアフリー住宅改修、移送サービス、緊急通報サービス、有料老人ホーム経営などの事業が展開されている。また、国や金沢市の事業として位置付けられてはいるが民間事業者が担っている代表的な事業として、配食サービス、紙おむつ支給、寝具乾燥・消毒サービス、理美容サービスなどがある。これらに関わる事業者は、福祉制度にもとづく事業だけに限定して展開しているものばかりではないのでその正確な実態を掌握するのは困難だが、介護関連事業として確実に拡大を遂げている。

(4) 介護保険と「公私協働」の変容

以上のような介護保険および介護関連事業の展開は、行政が地域に密着した民間事業者と協働しながら独自の事業展開を図ってきた従来の「公私協働」を変えつつある。その変化は、何よりも介護保険事業を契機に多様な事業者が一挙に参入してきたこと、しかも全国展開を進める大手事業者、北陸を中心に広域で事業展開を進める県外事業者など、地域と直接関係を持たない事業者の参入が相次いだことによる。また、そうした事業者のなかには異業種からの参入組も少なくなく、この面からも従来の福祉的土壌に転換が生じている。

新規参入組が、従来の「公私協働」を閉鎖的環境だと指摘し、公平な競争を

求めてきたことも、こうした変化に拍車をかけている。新規参入組にとっては、地域に密着した事業者が行政と協働しながら強い影響力を持っている市場は、たしかに参入のハードルは高く、公平な競争が困難との評価が下されておかしくはない状況がある。介護市場は、なお拡大基調にあることから新旧事業者の共存が可能だが、競争は激しさを増している。

こうしたなかで、新たな「公私協働」の動きも始まっている。その動きを「金沢市介護サービス事業者連絡会」（以下「連絡会」と略す）に見ることができる。「連絡会」は、介護保険導入の際に、金沢市が事業者に呼びかけ、事業者の自主的な参加で結成された組織で、介護保険の対象事業ごとに部会が設けられ、サービス向上に向けた取り組みを行なっている。「連絡会」の代表は、金沢市介護保険運営協議会に委員として参加しており、金沢市の介護保険運営に対しても責任を持つ立場にある。こうした「連絡会」の活動は、事業者間の競争のみを促進するのではなく、サービスの向上をめざして事業者同士が協力し合う関係を行政の呼びかけで実現させていること、組織自体の自立性は保持しつつ、行政との協力関係を維持していること、行政はサービス向上をめざして「連絡会」に積極的に働きかけ、そのための研修なども「連絡会」と共同で取り組んでいること、こうした点に新たな「公私協働」の目を見ることができる。その成果は、たとえば、新規事業者の参入が相次いだグループホームの水準向上を図るために、「連絡会」のグループホーム部会と金沢市（直接には介護保険運営協議会・苦情など専門部会）が協力して「ケアハンドブック」を作成し、それをもとに研修を実施するといった取り組みとして具体的な姿を取り始めている。

4．介護ビジネスの新たな環境と課題

(1) 介護保険制度の改正と介護ビジネスの新たな環境

介護保険と介護ビジネスは、介護保険制度の改正によって新たな局面を迎え

ている。制度改正は、介護保険法の附則で謳われた5年を目途に制度全般の見直しを行なうとの内容を受けたものであるが、全体として予想を超える介護費用の増大にどのように歯止めをかけるかとのスタンスで見直しが行なわれており、利用者にとっても事業者にとっても厳しい内容が盛り込まれている。そのなかで、事業を担う民間事業者にとってとくに重要であると思われる改正点を挙げれば、以下の諸点である。

第一は、制度全体が予防重視型システムへ転換されたことである。介護給付とは別に予防給付が設けられ、対象も明確に区別された。その結果、軽度の人の給付が全体として制限され、介護報酬も要支援の場合には定額制に切り替えられる、ケアプランの費用も大幅に引き下げられるなど抑制がはかられた。他方で、介護予防のための新たな事業やこれまで自治体が行なっていた予防活動などへ民間事業者が参入することが可能になり、介護事業の領域の拡大が進められた。

第二は、「地域密着型サービス」という新たな範疇が導入され、事業者指定が都道府県から市町村へ移されたことである。介護保険のサービスが、広域で利用・提供されるサービスと当該居住者に限定される「地域密着型サービス」に区分され、従来のグループホームに加えて、「小規模多機能型居宅介護」「夜間対応型訪問介護」「認知症対応型デイサービス」などの新たなサービスが追加された。これらの事業については、事業者指定を市町村が行なうことになり、事業者指定と介護保険事業計画の整備目標とが直接リンクすることとなった。また、利用が当該居住者に限定されるため、地域限定の事業としての特性を踏まえる必要性が一層高まった。

第三に、すべての市町村で「日常生活圏域」が設定され、以後の基盤整備はこの圏域ごとの整備を基本に進められるようになったことである。これは、第三の点とワンセットになっており、サービスの過不足がより小さな単位でより具体的に把握された上で基盤整備のための計画が策定されることから、サービスの需給関係がより詳細に明らかにされることになる。

第四は、介護施設における利用者負担が大きく引き上げられたことである。

介護施設における居住費・食費が基本的に自己負担となったこと、主流となってきた個室・ユニットケアでは追加的な料金が求められること、これらがあいまって介護施設における利用者負担が大幅に引き上げられた。その結果、従来は割高感のあった有料老人ホームやケアハウスと介護施設の負担額は大差ない水準になりつつあり、事業における競合状態に入りつつある。

　第五は、サービスの質の向上を図るための新たなルールが設けられたことである。過去に指定取り消しを受けた事業者への制限が厳しくされたこと、ケアマネージャの担当件数が制限されこと、介護職員については将来的に有資格者に限定することなど、全体として事業へのハードルを高くする方向へ向かい始めた。

　以上のような改正は、同時行なわれた介護報酬の改定と合わせて、事業者と利用者の両面でさまざまな影響を与えつつある。利用者の側では、軽度の人の利用制限に伴う自立の困難化、過重負担による施設からの退居、ケアプランの作成を拒否されたことによる軽度の利用停止など、深刻な事態も生まれている。他方、事業者の側にも、要支援の人の比率の高い通所介護・訪問介護の事業者や介護療養医療施設を持つ事業者の収入源、送迎加算の廃止による通所介護での収入源など、全体として収入源が生じている。「地域密着型サービス」や「介護予防事業」など拡大の余地のある分野への参入は、いずれの事業者も慎重な態度をとっている。

(2) 介護ビジネスの課題

　介護保険事業を核とする介護ビジネスは、これまで見てきたように、一般の財・サービスを対象とするビジネスと異なり、人々の生活・生存そのものを支えるきわめて公共性・公益性の強いビジネスである。そのことを十分に理解した事業展開が求められる。加えて、介護保険制度は、上でみたとおり、より一層地域に密着する方向へと向かい始めている。それゆえ、地域の実情を踏まえた事業展開がこれまで以上に求められている。最後にこのことを踏まえて、今後の事業展開における課題をいくつか整理しておきたい。

第一は、文字どおり地域とのきめの細かな連携が求められるということである。事業者の一方的な思い込みや都合だけで事業を展開しても、持続性は保てない。市場がより小さな地域ごとに分かれていく傾向のもとでは、それぞれの地域の具体的なニーズに合致したものを提供しなければ上手くいかない。同じサービスであっても地域の特性によって、提供の仕方も異なってくる。したがって、事業者は、自らの事業計画を立てる前に、住民や地域組織と懇談を重ね、その地域を作り上げていくパートナーとして振舞うことが求められる。金沢においてはとりわけそうした対応が重要であり、とりわけ、民生委員やまちぐるみ福祉推進委員などとの連携が欠かせない。

　第二は、行政との連携が一層重要になるということである。上述したように、自治体は介護保険事業計画を遂行する立場にあり、その立場から事業者指定も行なうことになる。したがって、介護保険事業計画に沿って、自治体が求める具体的な内容と高い質のサービスを提供できるかどうかが決定的に重要になる。とりわけ金沢においては、これまでも施設整備におけるコンペ方式を始め、自治体の独自性を発揮した事業者の選定が行なわれてきていることから、事業者としての自立性・独自性を保持しつつ、行政の要求に応えていくことができる体制を整えることが重要になる。

　第三は、事業者相互の連携が一層重要になるということである。限られた財源のもとでの事業展開では、事業者相互は厳しい競争関係におかれざるをえないが、狭い地域のなかではむしろそれぞれの特徴を生かしたある種の棲み分けと積極的な連携が、結果的には事業を安定化させることになる。利用者の奪い合いではなく、相互に切磋琢磨しながら質の高いサービスを作り上げ利用者の満足度を全体として高めていくこと、利用者に不都合のある制度については共同して行政に改善を働きかけること、こうした取り組みが求められる。金沢においては、再三指摘した事業者連絡会の場を積極的に生かしていくことが重要である。

　介護保険事業は、従来の福祉事業とは大きく装いを変え、一般のビジネスと大差ない状況で展開され始めている。しかし、一般の財・サービスと同じ感覚

で事業展開しても、けっして利用者の声に応えることはできない。地域に密着したサービスであること、地域全体としての介護力を高めていくための社会的共同的条件であること、利用者の多くが市場での自由な選択を制約されていること、これらを踏まえた事業展開、いわば公共性・共同性を重視した事業展開が求められている[9]。

おわりに──「福祉的土壌」の底上げとシステムとしての地域福祉の精緻化──

介護保険制度が動き出して6年あまり経過した。最初の5年目における見直しが今回の制度改正であるが、今後も制度の見直しと調整は避けられず、なお不透明な状況が続くことは必至である。しかし、いずれにせよ本来的に地域に密着した性格を有する介護ビジネスは、その地域の特性や福祉スタイルを無視しては成果を上げることはできない。また、「準市場」としての特性を考えれば、行政との効果的な連携が欠かせない。さらには、サービスの性格から、利用者との双方向の関係が築けるかどうかも重要なポイントになる。

以上のことから、金沢において介護ビジネスの効果的な展開を実現するためには、市民・事業者・行政が連携して以下の課題に取り組み、「福祉的土壌」の全体的な底上げと社会システムとしての地域福祉の精緻化を図る必要がある。

第一は、サービス提供における「公私協働」を現代にふさわしい形で見直し発展させることである。介護保険の開始以後、多様な事業者がサービス提供の担い手として登場してきており、「私」の側に大きな変化が生じている。その多様性を「地域の福祉力」の向上に積極的に活かす方向での「公私協働」のさらなる見直しが求められる。

第二は、計画策定から決定、実施、評価、評価の施策への反映にわたるすべての部面で市民参加を徹底させ、形式ではなく実質的に市民主体、市民主導を実現してこそ、「公私協働」の新たな発展が可能になると同時に、ダイナミックな福祉の展開への道が切り拓かれる。その際に、あらゆる事業について、市民、行政、地域組織、企業がそれぞれどのような役割を担うのか、どのように

連携しあうのかを徹底して議論して計画を作り、実施を行ない、その結果を評価して再度計画に生かしていくプロセスを確立する必要がある。そこで基本とすべきは、人権保障に関する世界の最先端の理論と経験から学び、文字どおり日本をリードする内容と水準を備えたものとするということである。

　第三は、地方分権の力を最大限生かして、これまで縦割りであった保健・医療・福祉を統合化した総合政策推進の体制を確立するとともに、教育・雇用・環境などとの連携も進め、文字どおり地域版総合生活保障システムをめざし、人権の生きるまち金沢をめざすことである。この事業を、文字どおり市民、行政、地域組織、企業の連携のもとで、いわば福祉ネットワークを構築することを通じて実現することである。ここでのネットワークは、狭い福祉の枠を超えたいわば総合生活保障ネットワークとでもいうべきものが求められる。

　第四に、福祉・介護をはじめ生活に密着した事業の積極的な展開をはかり、その力で雇用を拡大し、所得を高め、地域内の活発な資金循環を作り出すことで地域経済の活性化を図ること、その成果をふたたび福祉・介護の拡充へと振り向け、地域福祉と地域経済の拡大された循環を作り出すことである。福祉を経済の従属変数の位置から解き放ち、両者の相互促進的関係が実現されるとき、地域福祉と地域経済の新たな発展が可能になる。

1）　『民生委員制度40年史』（全国社会福祉協議会、昭和39年）128頁。
2）　荒崎良道「今日をよりよく、明日はさらに――金沢市善隣館におけるセンター活動――」（『月刊福祉』第50巻10号、昭和42年）9頁。
3）　阿部志郎編『小地域福祉活動の原点・金沢――善隣館活動の過去・現在・未来――』（全国社会福祉協議会、1993年）。
4）　金沢市福祉保健局『金沢の福祉と保健』（平成18年度）、参照。
5）　介護保険制度の具体的内容については、『介護保険の手引き』（平成18年版、ぎょうせい）参照。
6）　福祉における「市場」「非市場」「準市場」については、拙著『社会保障の市場化・営利化』（新日本出版社、2003年）第2章を参照されたい。
7）　2006年6月に成立した「医療改革法」で、医療型療養病床25万床の15万床への

削減（2012年3月31日まで）と介護型療養病床13万床の全廃（2012年3月31日まで）が決定された。
8） 参入事業者のタイプ別区分の全国状況については、厚生労働省「介護サービス施設・事業所調査」における「開設主体事業所数」で知ることができる。平成17年度の調査結果によれば、営利法人は訪問介護の53.9％、通所介護の31.4％、グループホームの50.5％を占めるまでになっている。
9） 公共性・公益性の視点からの介護保険のあり方について別の機会に検討した。拙稿「憲法と介護保障」（医療・福祉問題研究会『医療・福祉研究』第15号、2005年）を参照されたい。

第9章

北陸のコミュニティ・スポーツ

奥田 睦子

はじめに

本章では、北陸におけるコミュニティ・スポーツ、すなわち、地域を中心としたスポーツ文化の状況について概観していく。概観の手順として、はじめにスポーツ文化の普及・振興が社会に対してどのような影響を与える可能性があるのかということを確認する。次に、望まれるコミュニティ・スポーツのあり方を見ていく。これらを踏まえた上で、実際の北陸地域におけるコミュニティ・スポーツの様子を見ていく。

なお、本章では北陸地域として、石川県と富山県について言及する。

1．スポーツ文化の振興による社会的影響

現代社会において、日常生活におけるスポーツの位置付けは、気晴らしや単なる遊びの域を超えて、ルールの遵守や仲間と協力する気持ちが必要とされることから子どもの教育の場として、スポーツ番組の放映権の高騰に見られるような巨大ビジネスの対象として、医療費や介護費抑制に不可欠な生活習慣病の予防手段としてなど、さまざまな角度から位置付けられるものである。これらの位置付けられ方の違いは、スポーツに直接関わる人、すなわち当事者自身による視点と、当事者ではない者が、当事者の活動を社会的環境と関連づけて説

表9-1　スポーツ文化の6つの視点

① する・行なう（Play）	スポーツをする目的の何を強調するかによって、「競技志向型」「健康志向型」「レクリエーション志向型」「自然志向型」などに分かれることもあるが、実際に身体を動かすという点では共通している。
② 観る（View）	スポーツ大会や試合などを直接観戦すること。テレビ観戦と違って、自分の目で直接観たい選手や観たい場所を観ることができる。また、応援に加わることで、同じチームを応援する他の人たちと一体感を味わうことができる。
③ 視る（Watch）聴く（Listen）	テレビやラジオをはじめとするメディアを通じて、スポーツを視たり聴いたりすること。「スポーツの実況中継」「スポーツ・ニュース」「スポーツ・バラエティ」「スポーツ・ドキュメント」番組などがある。これらは、「直接観ること（View）」とは異なり、カメラマンのカメラワークによって切り取られた映像であったり、ディレクターによって編集されたものであったり、アナウンサーや解説者によって説明が加えられたりしたものを視たり聴いたりする。
④ 読む（Read）	新聞や雑誌を通じてスポーツ関連記事を読むことは、②や③の視聴するスポーツに比べ速報性はないが、読む人が「時」と「場所」をある程度自由に選べる。また、速報性という点では近年、「インターネットで読む」ことが可能である。試合の状況をリアルタイムに確認できる。また、スポーツの歴史や効果的なトレーニングの方法などに関する書籍も書店で簡単に手に入り、スポーツについてより深く調べることも可能である。
⑤ 話す（Talk）	スポーツが日常生活に浸透することで、複数の人がスポーツについての話題を共有することができる。スポーツを実践している人（Player）だけでなく、観・視たり、聴いたり、応援したりする人たちも含め、スポーツに関心を持っている人が互いにスポーツについて「話す」ことは、人と人とのコミュニケーションを円滑にすることにも繋がる。スポーツ好きが集うスポーツカフェで語ったり、スポーツを行なった後にジュースやビールを飲みながら歓談することもある。また、インターネットを介して交信することも「話す」ことになるだろう。
⑥ 支える（Support）	ワールドカップやオリンピックに代表されるような大きなスポーツ・イベントの運営スタッフから、日常的なスポーツ活動の場であるスポーツクラブやスポーツ団体を支えるスタッフまで、スポーツ振興を支える活動の範囲とその内容は非常に幅広い。わが国のスポーツ活動の実態調査報告書である『スポーツ・ライフデータ2004』では、「『スポーツ・ボランティア活動』とは、報酬を目的としないで、自分の労力、技術、時間などを提供して地域社会や個人・団体のスポーツ推進のために行なう活動を意味している」と定義されている[1]。このようなスポーツ・ボランティア活動は、「するスポーツ」や「観るスポーツ」の補助的な役割に留まらず、創造的な役割が求められるようになってきている[2]。

注：1）　SSFスポーツ笹川財団『スポーツ・データ2004——スポーツ・ライフデータに関する報告書——』（2004年）52頁。
　　2）　SSFスポーツ笹川財団『スポーツ・ボランティア・データブック』（2004年）。
出典：一正行氏のスポーツ文化の6つの分類をもとに筆者が一部加筆し作成。

図9-1　スポーツの普及・振興によって得られる効果

| 「する」スポーツ | 「観る」スポーツ | 「視る」「聴く」スポーツ |
| 「読む」スポーツ | 「話す」スポーツ | 「支える」スポーツ |

⬇

1．身体的効果	2．心理的効果	3．教育的効果
健康増進、生活習慣病の予防 体力の維持・向上	ストレス解消、生きがい対策 自己実現	青少年の健全育成、生涯学習 の機会、ボランティア活動
4．経済的効果	5．社会集団的効果	6．社会文化的効果
観客動員数・レジャー産業 イベント誘致の波及効果 医療費の削減	豊かな人間関係、世代間交流 コミュニケーションの増大	まちづくり、地域の活性化 国際交流・国際理解

出典：黒須充・水上博司編著『ジグソーパズルで考える総合型地域スポーツクラブ』（大修館書店、2002年）2頁をもとに、筆者が一部加筆修正し作成。

明する際に生じることはもちろんのこと、当事者自身の置かれた社会環境や、当事者ではない者が置かれている社会環境の違いによっても、位置付けられ方や力点の置かれ方が異なってくる。また、教育政策の一環として語られるスポーツ、レジャー政策や健康政策の一環として語られるスポーツ、産業や経済の重要な要素として語られるスポーツ、外交政策の一環として語られるスポーツなど、スポーツが語られる切り口も複数存在する。これらすべてが現代社会とスポーツとの関わりの一端を示しており、スポーツ振興による影響がいかに多岐にわたる可能性があるかがわかる。したがって、スポーツ振興の影響を考える際に、実際に体を動かす「するスポーツ」の振興だけを対象とするのでは十分とはいえない。暮らしのなかのスポーツ文化を考える視点として一正行氏[1]は6つの視点を示している。すなわち、①する・行なう（Play）、②観る（View）、③視る（Watch）・聴く（Listen）、④読む（Read）、⑤話す（Talk）、⑥支える（Support）である。それぞれの具体的内容は表9-1のとおりである。このようなスポーツ文化のさまざまな側面を普及・振興させることによって、教育や経済、社会文化などに多く効果が期待できるのである（図9-1）。

2. 地域におけるスポーツ文化振興政策

(1) 求められる「コミュニティ・スポーツ」の姿——「社会体育」から「生涯スポーツ」へ——

このように、現代社会において、スポーツ文化の普及・振興によるさまざまな効果が期待されるわけであるが、地域におけるスポーツ振興が熱心に議論され始めたのは1970年代頃からである。それまでの日本におけるスポーツ振興は、学校運動部活動と企業スポーツとがその中心を担っており、また、地域におけるスポーツ活動は「社会体育」という名で呼ばれ、行政主導、行政依存の形で行なわれてきた。「社会体育」という言葉は「学校体育」と対になっている言葉であり学校以外での運動やスポーツ活動を意味する言葉である。このような「社会体育」という呼称は、生涯学習時代の到来や都市化の進展による人間関係の希薄化とともに言われだしたコミュニティの崩壊などの社会変化と連動して、1970年代頃から「コミュニティ・スポーツ」「みんなのスポーツ」「生涯スポーツ」などの言葉に代わるようになった。呼称の変更には、地域におけるスポーツ文化振興の効果として、体力の向上、健康の維持・増進といった身体的効果だけではなく、心理的効果、社会集団的効果、社会文化的効果なども明確に期待されるようになったことが表われている。すなわち、スポーツをする「空間（場所）」としての地域ではなく、人間関係を土台とした「生活の場」としての地域が注目されていることを示している。ちなみに、石川県、富山県の地域スポーツ行政に携わる行政部署の名前はそれぞれ、スポーツ健康課生涯スポーツ担当、スポーツ・保健課生涯スポーツ係である（2007年4月現在）。生涯スポーツと地域とがセットで捉えられていることがわかる。

ところで、「地域」という言葉は「コミュニティ」という言葉で置き換えられることが多いが「コミュニティ」とは一体何を意味しているのだろうか。コミュニティ・スポーツを論じる際のコミュニティ概念の定義としては、①地域

性、②社会的相互性（共同性）、共同の紐帯（われわれ意識）が常であると言われている[2]。前述の空間（場所）としての地域、生活の場としての地域をこの定義にあてはめてみると、地域性が空間（場所）としてのコミュニティであり、社会的相互性と共同の紐帯とが生活の場としてのコミュニティと読み替えることができるだろう。近年求められている「コミュニティ・スポーツ」「生涯スポーツ」などの姿をまとめると、スポーツを支える土台となる地域（居住地区）に生活する住民の主体的、自律的、創造的な関わり方を通じた社会的相互性と共同の紐帯とが強化されるようなスポーツ文化の振興である。このようなコミュニティ・スポーツの姿を描くとき、スポーツ参加への動機に対する多志向性が相互に尊重されることはもちろんのこと、従来のスポーツ活動の主流のスタイルである単一種目を単世代のみで閉塞的に活動するのではなく、開かれた組織のなかで時には世代を超えて活動が展開されたり、複数の種目に参加する機会が保証されることも望まれる。また、「する」スポーツだけではなく、立場を変えてボランティアスタッフとしてこのような活動を創造していく場があることや地域住民が気軽に集える場としてのスポーツ活動の場が理念として求められている。実際のところは、土台である地域のあり方によってすべて同じ姿が見られるわけではない。北陸地域における実際の姿については、次項以降で触れていく。

(2) スポーツ振興システムの変化──「学校運動部活動」と「企業スポーツ」──

　地域におけるスポーツ振興に関心が向けられるもうひとつの社会変化としては、少子化やバブル経済の崩壊、企業経営の方針転換などがあり、このことによってスポーツ振興システムそのものが揺らいだことにある。先に述べたように、わが国のスポーツ振興は、学校運動部活動と企業スポーツとがその中心を担っていたわけであるが、少子化により生徒数は確実に減少しており、その結果、部活動への加入率は一定であっても部員不足や顧問となる指導教員の平均年齢の上昇などが生じ、部活動の数を減らさざるを得ないなどの影響が出ている。図9-2は石川県と全国の中学校および高等学校の運動部活動への加入率

図9-2　学校運動部活動加入率の推移

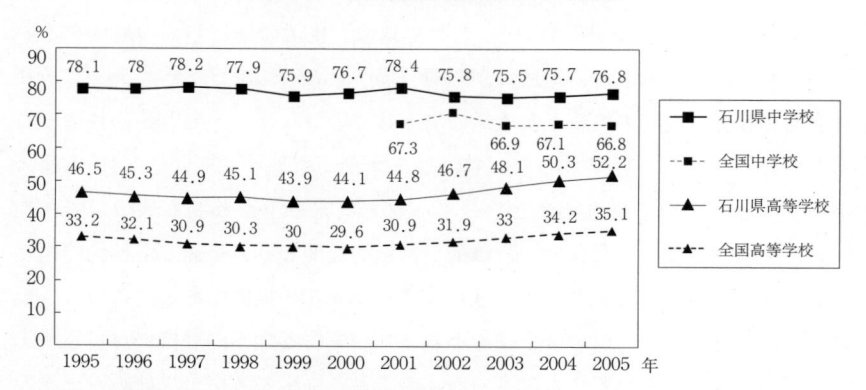

年	1995	1996	1997	1998	1999	2000	2001	2002	2003	2004	2005
石川県中学校	78.1	78	78.2	77.9	75.9	76.7	78.4	75.8	75.5	75.7	76.8
全国中学校							67.3	70	66.9	67.1	66.8
石川県高等学校	46.5	45.3	44.9	45.1	43.9	44.1	44.8	46.7	48.1	50.3	52.2
全国高等学校	33.2	32.1	30.9	30.3	30	29.6	30.9	31.9	33	34.2	35.1

出典：石川県教育委員会『石川県スポーツ振興基本計画——石川のスポーツビジョン』（2003年）62頁、笹川スポーツ財団『スポーツ白書——スポーツの新たな価値の発見』（2006年）63頁、および石川県教育員会へのヒアリングをもとに作成。全国中学校については2001年以降から白書に掲載されていたため、それ以前についてはグラフに反映されていない。

図9-3　生徒数および部員数の推移

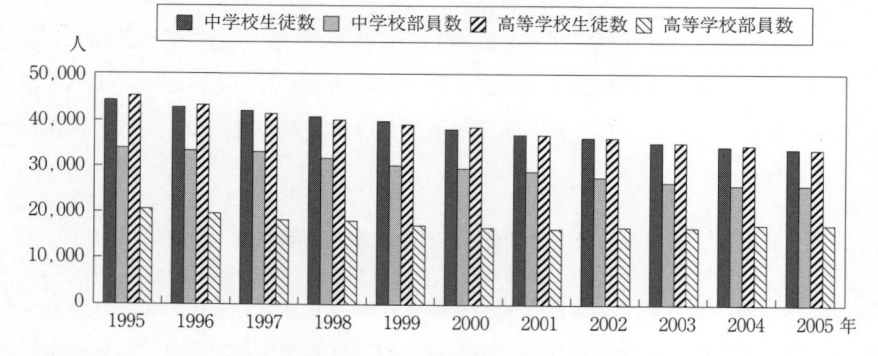

出典：前掲『石川県スポーツ振興基本計画』62頁、および石川県教育員会へのヒアリングをもとに作成。

の推移を、図9-3は石川県における中学生および高校生の生徒数および部員数の推移を、図9-4は石川県における運動部活動数の推移を示している。運動部活動への加入率は、全国平均に比べ中学生で約10％、高校生で約15％上回っており、学校運動部で活動する生徒の割合が他県よりも高いほうにあるとい

図9-4 運動部活動数の推移

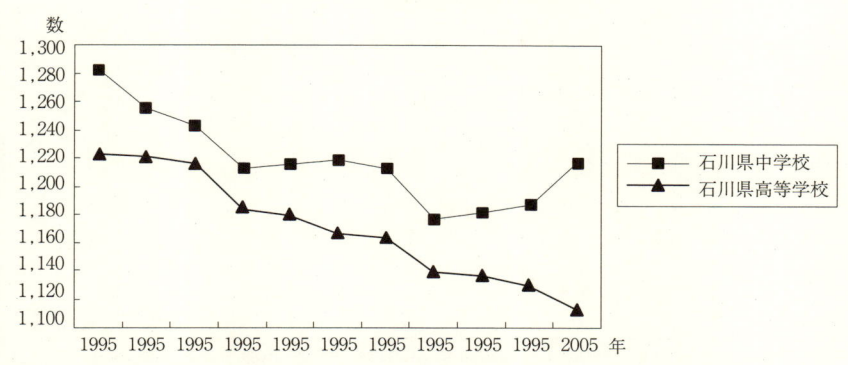

出典:前掲『石川県スポーツ振興基本計画』62頁、および石川県教育員会へのヒアリングをもとに作成。

える。石川県内の経年変化を見てみると、運動部活動への加入率は中学校ではほぼ横ばい、高等学校では上昇傾向が見られるが、少子化の影響を受け中学校の運動部活動への加入者数は減少傾向にあり、加入率が上昇傾向にある高等学校においても加入者数はほぼ横ばいである。このように運動部への加入者数が相対的に減少傾向であることから、その結果、運動部活動の数についても減少傾向にある。また、中学校の加入率と高等学校での加入率を比較すると、全国、石川県ともにかけて約25〜30%ダウンしている。その理由として、通学時間や勉強時間の伸びによる影響もあるだろうがそれだけが理由であろうか。加入を希望するスポーツクラブ・運動部のタイプについて、具体的にどのようなタイプに加入したいかを調べた調査[3]によれば、中学校、高等学校ともに、1位:同年齢のクラブ、2位:いろいろな種目のクラブ、3位:専門指導のクラブ、4位:勝敗なしのクラブ、5位:競技力向上のクラブという順であり(表9-2)、第2位以下については現在の学校運動部活動がこのような希望に応えられない体制になっていることもその要因であると考えられる。北陸地域だけを対象としたデータがないため北陸においても同様の理由が該当するとは言いきれないが、運動部活動の体制はほぼ全国共通であることからやはり北陸にお

表9-2　加入を希望するスポーツクラブ・運動部のタイプ（学校期別：複数回答）
(%)

	小学校期 n＝399	中学校期 n＝573	高校期 n＝556	大学期 n＝167	勤労者 n＝70
同年齢のクラブ	36.3	40.5	30.2	32.9	14.3
いろいろな種目のクラブ	43.6	33.3	28.8	32.3	20.0
専門指導クラブ	23.3	28.6	20.3	10.8	8.6
勝敗なしのクラブ	25.1	19.4	16.4	21.6	8.6
競技力向上のクラブ	15.3	19.9	17.4	10.2	1.4
スポーツ以外もできるクラブ	14.3	12.2	9.9	7.2	5.7
芝生広場のあるクラブ	13.8	12.7	7.6	14.4	7.1
クラブハウスを持つクラブ	9.3	6.8	7.0	9.6	7.1
他世代のクラブ	7.0	5.9	7.6	9.0	5.7

注：この調査は、10代に対して行なわれたものであり、小学校期は10～12歳、勤労者は15～19歳である。
出典：SSF笹川スポーツ財団『青少年のスポーツライフ・データ2006――10代のスポーツライフに関する調査報告書――』（2006年）40頁より。

いても体制上に同様の問題点があると考えられる。現行の制度では、中体連が終了するときに一度「引退」をはさみ、新たな体制で再度高等学校での運動部活動が始まるためそこには繋がりがないことが多く、中学校では約2年半、高校では約2年でという単位で結果を出すことが求められる。また、団体種目であれば出場枠は各学校1チームが大半でありその上でトーナメント戦を中心としてゲームを行なうため、部員数の多い部活動ではゲームに常に出られない生徒が多数出ることもある。さらに、教員がボランティアで指導にあたる現行の指導体制では、指導にあたるすべての顧問教員にスポーツに関する専門性を求めることも不可能であり、この結果、生徒が継続的に質の高い指導を受けられることが難しいのが現状である。

スポーツ文化の観点から見ると、「するスポーツ」が中心であり、その他の文化的要素は十分ではないことも学校運動部活動の特徴であろう。このようなことから部活動に対する魅力が減少していき、高校期には所属しないという想いにいたることが考えられる。学校運動部のあり方自体を生涯スポーツの枠組みのなかで再検討していくことが求められている。

スポーツ振興のもうひとつの中心であった企業スポーツについても、1990年

代後半から著しい衰退が見られる。企業と運動部の関係性について研究している佐伯氏[3]によれば、企業の所有する運動部の休廃部の理由は、かつては親会社の業績不振とチームの戦績不振の相乗効果が原因とされるものが多かったが、近年見られる休廃部の理由は必ずしもそうではないことや、また、かつてであれば休廃部は該当企業の個別の問題として処理され選手や監督は別の企業が受け皿となって競技を続けられることが多かったが、近年は受け皿となる企業が必ずしもあるわけではなく、企業界の内部でやりくりするということができない状況にあることが言われている。さらに、休部している企業に対して、企業経営が回復すれば部活動を再開するかを尋ねた質問では、「考えていない」が58％、「わからない」が39％であり、景気復興後にチームの活動の再開を「考えている」と回答したところはわずかに3％しかなかったと言われている[4]。ここには、企業がチームを手放す理由として不況による企業の業績不振というだけでないことが現われている。旧来の企業が運動部を所有していることによるメリット、すなわち、労務管理の一環としての会社への帰属意識や社員の士気高揚への貢献、社員への福利厚生、社会的イメージがよいスポーツを通じての自社名の露出機会増大に伴う宣伝広告効果といった価値などが、運動部を所有する企業にとって一律には期待できなくなっていることがうかがわれる。北陸の企業においても例外ではなく、全国のトップレベルにあったチームを所有している企業であっても自社の所有するチームの休廃部に踏み切っている（表9-3）。

このように企業スポーツの休廃部が進む一方で、スポーツのメディアバリューとして、マスメディアによるメディアバリューだけではなく、メタ・コミュニケーション機能や楽しさを媒介にした脱利害的交流の生成機能などに着目して、企業が経営戦略資源としてスポーツを積極的に位置付けることの有用性もまた語られている[5][6]。それによれば企業が自社の経営戦略にどのようにスポーツを位置付け活用するかによって3つの基本モデルを描くことができると言われている。3つのモデルについて紙幅の関係上詳細には触れないが、概略をまとめたものが表9-4である。実際に企業がどのモデルを採用するのかは、企業が現有するチームの資源的価値や企業理念、企業ビジョン、経営課題など

表9-3 北陸における2000年以降に撤退した主な企業スポーツチーム

企業名	所在地	種目	創部年	撤退時期	方向性
三協アルミ[1]	富山県高岡市	バドミントン	1985年	2000年	休部。選手は一部移籍
北陸銀行	富山県富山市	野球	1953年	2000年	クラブチーム化[2]
ゴールドウイン	富山県小矢部市	ホッケー	1985年	2001年	休部
インテック	富山県富山市	ボート	1984年	2002年	同好会。地域クラブを支援[3]
立山アルミ[1]	富山県高岡市	ハンドボール	1995年	2002年	休部
タカギセイコー	富山県高岡市	ソフトテニス	1993年	2003年	同好会
北陸電力	石川県金沢市	バスケットボール	1990年	2004年	譲渡[4]

注：1）三協アルミと立山アルミは2006年6月1日に合併し、現在は三協立山アルミ株式会社となっている。
2）チーム名を「北銀クラブ」として活動したが2003年に解散。これを受け、富山県の社会人硬式野球が衰退することを危惧した有志が中心となって2004年に県民球団を意識したクラブチームとして「富山ベースボールクラブ」を立ち上げた。北陸銀行の選手は数人しかおらず、地域のクラブチームとして活動している。
3）富山県ボート協会が中心となって設立した「NPO法人JINZU SPORTS CLUB」を支援している。
4）2003年10月に北陸電力がバスケットボール日本リーグ機構（以下、JBLと表記）を退会することが決定したことが契機となって、北陸電力の活動を継承する地域クラブチームの創設の機運が高まった。石川県バスケットボール協会が中心となってクラブチームの運営母体となるNPO法人石川籠球クラブを立ち上げ、北陸電力からチームを譲渡された。また、JBLの会員資格についても2004年4月にJBLの臨時理事会で北陸電力からNPO法人石川籠球クラブに譲渡されることが認められ、チーム名を石川ブルースパークスとして北陸電力の選手を中心に編成されたチームで2004年のバスケットボール日本リーグに参戦している。譲渡後も北陸電力は、自社の体育館の使用や自社の社員の遠征旅費などの支援を行なっている。
出典：新聞記事、ホームページ、ヒアリングをもとに作成。

によって異なり、これら3つの型の複合型となることもありえる。

　一方で、北陸において、企業スポーツチームを存続させている企業もある（表9-5）。プロ化モデルを志向し海外で活躍する選手を輩出している企業スポーツチームもあれば、全国大会で活躍するチームであると同時に、地域住民へのスポーツ施設の開放やジュニア向けのスポーツ教室や大会などの開催を通じて県内のジュニアの育成に貢献するなど、プロ化モデルと地域クラブ化モデルとの複合型の企業スポーツチームもある。表9-3においても、積極的に対外的に競うことを目的とするチームとしての企業スポーツチームからの撤退は見られるが、地域クラブの支援にあたる地域クラブ化モデルとしてのチームや自社企業内で企業プライドの醸成に繋がる同好会形式をとった福祉型モデルのチームとして存続をはかる企業もあり、北陸地域において、企業がこれまで築いてきたスポーツの文化的財産が失われているわけではない。また、現在休部しているチームについても、選手育成に関するノウハウや大会運営のノウハウの蓄

表9-4　これからの企業スポーツモデルの3つの型

3つの型	内容
プロ化モデル	固有の企業事業活動としてスポーツの国際的高度化を担うものであり、その文化貢献を通じて、企業ブランドのプロモーションをプロフェッショナルに展開するモデル。付随的に企業プライドの形成や市民社会交流への高い貢献機能も発揮することができる。
福祉型モデル	企業文化の表象であると同時に、職域・職場の人間化やヒューマンネットワーク形成を通じて企業プライドを醸成、確立するモデル。スポーツ享受の機会を、福利厚生の初期型のように企業が社員、従業員に提供する形ではなく、社員や従業員が自治的・自立的に応分に負担しながら運営するシステムである。
地域クラブ化モデル	企業スポーツを地域住民に開放し、その地域貢献的活動をコアにして、企業がスポーツを地域・市民社会交流のメディアとして活用するモデル。「所有から支援」までには多様な形態が見られるが、いずれにせよ「顔が見え姿がわかる」企業貢献、地域交流が必要となる。

出典：佐伯年詩雄『平成15年度㈶大崎企業スポーツ事業研究財団企業スポーツ再生プロジェクト研究報告書　企業スポーツ再生の課題と戦略――企業スポーツ再生プロジェクト第1期ポリシーボード提言のまとめ――』(㈶大崎企業スポーツ事業研究助成財団、2004年)、佐伯年詩雄『平成14年度㈶大崎企業スポーツ事業研究財団企業スポーツ再生プロジェクト研究報告書　21世紀型企業スポーツモデルの開発――新たな企業戦略資源としての活用を考える――』(㈶大崎企業スポーツ事業研究助成財団、2003年)をもとに作成。

表9-5　北陸における主な企業スポーツチーム

企業名	所在地	種目
北日本物産	富山県富山市	テニス
北陸電力	富山県富山市	サッカー
YKK AP	富山県黒部市	サッカー
伏木海陸運送	富山県高岡市	硬式野球、相撲
北國銀行	石川県金沢市	ハンドボール、陸上、バドミントン
PFU	石川県かほく市	バレーボール
大宗	石川県金沢市	卓球

出典：新聞記事、ホームページをもとに作成。

積、地域名の全国への発信、青少年の目標となる全国のトップレベル選手の存在、地元選手の採用による雇用の促進など、これまでのスポーツ振興や地域振興への貢献度が過小評価されるべきではない。2000年以降に富山県における企業スポーツチームの休廃部が数多く見られるが、これは2000年にとやま国体があり、国体を通じた富山県のスポーツ文化振興への貢献がひと区切りついたことによると思われる。表9-3、表9-5に取り上げていないスポーツチームを

持つ企業も複数存在すると思われる。これらのチームも含めて、先に述べたように企業がスポーツチームを所有する意義は、旧来の企業が運動部を所有していることによるメリットから、チームの資源的価値や企業理念、企業ビジョン、経営課題などによって企業ごとには異なってきており、それゆえチームの所有形態も一律ではなくなってきている。今後は、さまざまな形で企業が有するスポーツ文化的財産を、所有する企業、行政、地域住民の三者でどのようにさらに大きく育て、また、相互に還元し合うことができるかが課題となるだろう。

　スポーツ振興のあり方は、ここまで見てきたように、生涯学習時代の到来や都市化の進展による社会変化と、学校運動部活動と企業スポーツが中心であったこれまでの日本のスポーツシステムそのものの変化のなかで、学校、企業だけに限定して考えるべきではなく、地域を含めて変革していくことが求められている。このことは北陸においても同様である。

(3) 総合型地域スポーツクラブ事業の概要

　スポーツ振興の変化に対応する形で、石川県は2003年から、富山県は2001年から、ともに向こう10年間の県のスポーツ振興の方向性を示すスポーツ振興基本計画（通常、スポーツマスタープランと呼ばれている）を策定している[7]。いずれも、2000年9月に国が策定したスポーツ振興基本計画の内容を踏まえて策定されたものであり、また、市町村やスポーツ関連機関、関連団体がこの振興計画を踏まえて一体となってスポーツ振興に取り組むことが期待されていることが謳われている。したがって、スポーツ振興に関してはこれらのスポーツマスタープランの内容を基本にしながら進められていくことが想定される。富山県のプランは基本施策と重点施策とを分けて表記されており、石川県のそれはこれらをとくに分けずに表記されているため比較しにくいが、両プランがともに国のスポーツ振興基本計画をもとにしていることから内容について大きな相違点はなく、むしろ共通点が多く見られる。2つのプランに共通する「地域」が全面に押し出されている施策として、「総合型地域スポーツクラブ（以下、総合型クラブと表記）の育成」がある。総合型クラブをこれまでの地域におけ

表9-6 「従来のスポーツサークル」と「理想とされる総合型地域スポーツクラブ」との比較

	従来の地域におけるスポーツサークル	理想とされる総合型地域スポーツクラブ
活動種目の数	単種目	複数種目。スポーツ系の教室だけではなく、文化系の教室も含めることが理想とされている
活動仲間	同世代	多世代
指導体制	指導者不在のサークルが多い	指導者から質の高い指導が一貫して受けられる
活動拠点となる施設	定期的な活動の拠点となるスポーツ施設を持ちにくい。また、持てたとしてもスポーツをする場としての機能しか持っていないことが多い	定期的な活動拠点として、スポーツ施設だけではなく、クラブ運営に必要な会議が行なえるスペースやクラブ員や地域住民の交流スペースとなるクラブハウスを持つことが理想とされている
運営形態	自主運営のサークルもしくは行政主導の教室型が多い。サークルを作りやすい反面、永続性に欠ける	地域住民による自主運営でかつ永続性を持つことが期待されている。これを実現するためにクラブ運営に関する専門知識を持つクラブマネージャーが配置されることが求められている。NPO法人格の取得も推進されている
活動費	受益者負担	受益者負担。会費制が基本となる。その上で、企業などからの寄付を募ったり、行政から事業委託などを請けおうこともある
その他	活動内容はサークル員のみを対象とするものである	クラブの公共性、公益性の観点から、会員外の地域住民に対してもサービスを提供することもある。また、地域の実情に応じたクラブを育成・運営していく過程で、地域の特徴を理解し、地域における諸問題を解決する能力を蓄積していくことで、地域における諸問題についても地域住民が自律的・主体的に解決していくことが期待されている。

るスポーツサークルと比較すると、これまでのスポーツサークルの多くは単一スポーツ種目を、同一世代、同一志向を持つスポーツ好きが集まって仲間内のみで楽しさを享受するという比較的閉鎖的な集団であったのに対し、総合型クラブは、世代間交流が生まれることを期待した多世代型で、かつ、さまざまな志向を持つ地域住民の誰でもが参加できるような開放的なクラブが理想とされ

ている。また、運営面については、スポーツサークルが比較的小規模であったことから一部のサークル代表者のみが運営してきたのに対し、総合型クラブは、多種目、多世代型を理想とすることから、さまざまな志向を持つ地域住民ができるだけ多く関わり、地域づくりを視野に入れて運営に参画する「住民の自治的・自律的な活動を基調とするスポーツシステムである」という点に特徴がある（表9-6）。また、これらの活動を通して地域づくりを視野に入れていることから、各地域において解決したい課題や地域資源は地域によって異なるので、すべてのクラブが最初から理想とされる形になるとは限らないし、参画する住民もスポーツ関係者だけがかかわるわけではない。住民の自治的・自律的な活動を基調としながら、各地域において地域の実情に即したクラブが設立・運営されることが重要となる。

次に、このような総合型クラブの北陸地域での展開例について見ていくことにする。

3．北陸地域における総合型地域スポーツクラブ

(1) 北陸地域における総合型地域スポーツクラブの育成状況

2000年9月に示された国のスポーツ振興計画のなかで、「2010年（平成22年）までに、全国の各市区町村において少なくともひとつは総合型地域スポーツクラブを育成する」ことが到達目標として示されている。この目標に対して、2007年3月時点での到達率（設立準備中も含む）は、石川県はで53.6％、富山県では100％である[8]。隣県にもかかわらずこのような大きな差が現われているひとつの要因として、富山県では2000年のとやま国体の開催という一大イベントと地域のスポーツ振興とをセットで県のスポーツ振興計画を考えており、国によるスポーツ振興計画が発表される以前から準備していたことによるところが大きい。

また、富山県では、平成11年に国から総合型地域スポーツクラブの育成、支

援の中核組織である広域スポーツセンター育成モデル支援事業の指定を受けて広域スポーツセンターを設置し、そこにスポーツクラブの経営ノウハウを持つ商業型スポーツクラブのクラブマネージャーを出向職員として配置した。先に述べたことであるが、総合型クラブは多志向性を持つ多数の地域住民を会員にしながら永続的に自主的、自律的に運営していくクラブをめざすことから、運営面においてこれまで以上に経営的な視点が求められる。このことから、民間スポーツクラブのクラブマネージャーを出向職員として配置したことの意味は非常に大きかったと考えられる。石川県でも、クラブの育成についてそれまでの取り組みを一層強化するために、平成16年度に日本体育協会から広域スポーツセンター育成モデル支援事業の指定を受けて広域スポーツセンターの事業を開始した。また、平成18年4月からは、次節で紹介する総合型クラブの立ち上げに中心的に関わり現在もそのクラブでゼネラルマネージャーを務めている県の職員がセンターの業務を担っている。この方は、スポーツ振興課の職員としてスポーツ行政の最前線に立つ一方で、自身が公務員という立場ではなく、一市民の立場でクラブの立ち上げから運営にいたるまで中心的に関わってきており、クラブの育成や運営上で生じる課題やその乗り越え方を自ら実践している。地域スポーツの振興に地方自治体が果たす役割や総合型クラブという新規性を考慮に入れると、県全体のスポーツ政策と市民型の総合型クラブの両方に精通しているこのような人物が広域スポーツセンターの業務を担っていることの意味は富山県同様、非常に大きいといえる。今後石川県内においても総合型クラブを設立・運営する動きが多く見られるようになると思われるが、その際に適切な助言がなされることが期待できる。

　次節では、石川県かほく市における総合型クラブの事例を見ていきながら、クラブが地域に密着し永続的に活動していくためには何が重要であるのかということと、クラブづくりがコミュニティの形成にどのように関わっていくのかということを検討していくことにする。

表9-7　「NPO法人クラブレッツ」のクラブ概要

設立年：2002年5月（2004年2月にNPO法人化）
設立理念：1．子どもからお年寄り、そして障害者まで楽しめるクラブ 　　　　　2．いつでも、どこでも、気軽に活動できるクラブ 　　　　　3．一人一人が目標をもち、上達する喜びが持てるクラブ 　　　　　4．夢を語り、新しく何かが生まれ育つクラブ 　　　　　5．みんなで創り、みんなから愛されるクラブ
事務局：石川県かほく市森レ1番地　宇ノ気体育館内
事業内容：・地域住民へのスポーツおよび文化教室などの提供（教室数　約60、イベント数：約20回／年） 　　　　　・イベントについては会員外も参加できるようにしている。 　　　　　・地域住民によるスポーツおよび文化教室などの企画、運営の場の提供 　　　　　・地域団体のコーディネート（学校、公民館の利用団体、NPO団体等） 　　　　　・かほく市立宇ノ気体育館の指定管理者 　　　　　・宇ノ気中学校・宇ノ気小学校・金津小学校体育館等の学校開放業務の委託管理（かほく市から委託） 　　　　　・放課後子ども教室の運営（かほく市から委託）
会員数：約1,000人（宇ノ気地区人口比の約10％に相当）平成19年4月末現在
ボランティアスタッフ数：約50人
有給職員：11名（正規職員4名、パートスタッフ2名、アルバイトスタッフ5名。なお、正規職員のうち1名は専任クラブマネージャーであり、1名はサッカー専属コーチである）
拠点施設：2002年5月～2006年3月　宇ノ気町勤労者体育館（合併後名称変更、現・宇ノ気体育センター） 　　　　　2006年4月～かほく市立宇ノ気体育館（指定管理者）
年間予算規模：2002年（1,500万）2003年（1,600万）2004年（1,800万）2005年（2,000万） 　　　　　　　2006年（3,200万）2007年（4,800万） 　　　　　　　　2002年～2005年までの4年間については、toto助成金を活用している。助成額は、2002年度は752万であったが毎年減額されていき2005年度は80万であった。2006年度からはtoto助成金を受けなくなり市からの補助金約130万を除いてほぼすべてが自主財源である。2007年度からは市からの補助金なし。
全収入に占める自主財源率：約95％（2007年度）

出典：「NPO法人クラブレッツ平成19年度総会資料および情報誌、同クラブクラブマネージャーへのインタビュー調査」から筆者作成。2007年4月末現在。

(2) 地域に密着したスポーツクラブのあり方――ケーススタディ「NPO法人クラブレッツ」（石川県かほく市）を事例として――

　表9-7は石川県かほく市にある「NPO法人クラブレッツ」（以下、レッツと表記する）の概要を示している。レッツは、2007年4月で設立から丸5年が経過し全国各地の行政組織や総合型クラブから視察やクラブの育成や運営に関

する講習会の講師派遣依頼などが殺到しているクラブである。先述のことであるが、総合型クラブを設立することの目的は、単にスポーツ参加の場を確保するということだけにあるのではなく、スポーツを支える土台となる地域（居住地区）に生活する住民の主体的、自律的、創造的な関わり方を通じた社会的相互性と共同の紐帯とが強化されるような場を築くことである。このような目的が少しずつ達成されてきているからこそ全国から注目されているのである。

　スポーツ振興による地域活性化への影響を研究している山口氏[9]によれば、地域活性化に影響を与えるスポーツ振興の内容は、ハードウェア、ソフトウェア、ヒューマンウェアの3つの側面に大別される（表9-8）。また、スポーツによるまちづくりのタイプとして大きく4つに分類され、さらにそれぞれの分類が2つのレベルに分けられるとした上で（表9-9）、氏は、いずれのタイプであろうとスポーツ・ボランティアの存在とその活躍がまちづくりを支えると述べている。氏のタイプ別分類をレッツの例に当てはめてみると、その取り組みは拠点施設・クラブ型となり、スポーツ振興の3つの側面を相互に関連づけながらまちづくりを行なっている。以下でこの3つの側面について詳細に見ていくことにする。

①ハードウェアの特徴

　ハードウェアを見ると、レッツは、指定管理者制度を利用して平成18年4月からかほく市立宇ノ気体育館（以下、宇ノ気体育館と表記）の指定管理者となり、公立体育館の効果的、効率的運営を行なっている。宇ノ気体育館は隣接する宇ノ気中学校の体育館も兼ねており、一日を通じて、授業および部活動、それらがない時間帯にはレッツが企画・運営するプログラムが展開されている。また、レッツが企画・運営するプログラムのなかには金沢市内の民間スポーツクラブとの提携により、民間スポーツクラブから指導者が派遣されているプログラムもある。レッツにとって地域住民が質の高い指導を受けられることはそのスポーツ欲求に応える上で重要である。一方、民間スポーツクラブにとっても自クラブの空き時間帯を他クラブで埋めることができれば収益に繋がる。中

表9-8 スポーツ振興の内容の分類

スポーツ振興の内容の3つの分類	内容
ハードウェア	スポーツ施設（公共施設、学校施設、民間施設） 機器（用具、器具、AV機器） 組織（政府、NPO、民間） クラブ（地域、企業、学校、民間）
ソフトウェア	スポーツ教室・スクール イベントプログラム スポーツ情報（テレビ・ラジオ・新聞・インターネット・雑誌・書籍など）
ヒューマンウェア	指導者（専門職、有給、ボランティア） リーダー（団体役員、クラブリーダー） スポーツ・ジャーナリストなど

出典：山口泰雄編『スポーツ・ボランティアへの招待――新しいスポーツ文化の可能性――』（世界思想社、2004年）18-19頁より作成。

表9-9 スポーツによるまちづくりのタイプ分類

タイプ		内容
イベント型	ビッグイベント型	ユニバシアード大会や世界選手権大会などの国際的ビックイベントを誘致することによってスポーツ都市づくりを進める
	地域イベント型	全国から一般市民が参加する規模の大きなイベントの開催（ウォーキング大会など）や、市民向けマラソン大会などを開催
施設・キャンプ型	拠点施設・クラブ型	地域に市民の生涯スポーツ振興の拠点施設を持ち、その施設の活用を中心に進める
	スポーツキャンプ型	プロ野球球団や大学運動部などのキャンプ誘致に積極的に進める
スポーツリゾート型	高原リゾート型 海洋リゾート型	自然環境を活かしたリゾート地化を進める
スポーツ種目型	競技スポーツ型	特定のスポーツ種目について一貫して強化していき、そのスポーツ種目のメッカとなる
	ニュースポーツ型	ニュースポーツ種目を独自に開発し、その種目に必要な施設（コート）を多数つくり、全国的に普及につとめる

出典：前掲『スポーツ・ボランティアへの招待』19-23頁より作成。

学校区は、校下の住民が徒歩や自転車などで学校までほぼ通える範域であり、比較的地域の人が通いやすいことを考慮に入れると、このような体育館では、地域住民に向けた公益事業が展開されることが重要であると考えられる。このような観点に立ったとき、指定管理者として民間スポーツクラブやビル管理会社ではなく、スポーツを通じたまちづくりを念頭におくNPO法人が地元中学に隣接する体育館の指定管理者となったことの意義は大きい。その上で、民間スポーツクラブと提携し住民のニーズに応えているのである。組織体であるレッツにとっても宇ノ気体育館の指定管理者となることで地域住民が通いやすい場所にクラブの拠点施設としてクラブハウスを持つことができ、また、市からの契約料がクラブの収入となることで年度によって大きく変わる可能性のある補助金や助成金をあてにせずに安定的に正規職員を雇用することができるようになった。このことは、クラブの「永続性の基礎の確保」と地域住民に「顔の見えるクラブ」となることを可能にしている。このようにして施設や組織において効率的使用と効果的連携をはかりスポーツ振興に寄与し地域の活性化をはかっている。

　また、レッツはクラブが設立される以前から活動していた地域、企業、学校、民間の各クラブとの連携、融合もはかっている。クラブ設立時に、すべての活動ではないが、それまで宇ノ気地区で活動していたスポーツ少年団や成人のスポーツ関係サークルの活動をそのままクラブの教室として位置付けたことで多種目、多世代化を可能にしている。なかでも、サッカーについては、地元中学にサッカー部がなかったためにその受け皿として、町の体育協会の関係者や地元のボランティア指導者が指導にあたることで活動していたサッカーチームをチーム丸ごとレッツのスポーツ教室のひとつに位置付けるとともに、中学生世代の下部組織となる小学生世代の教室や未就学児のキッズサッカー教室を開講し、同地区にサッカーにおける一貫指導体制を築くことを可能にした。また、平成17年度からはサッカー教室の指導者の一人をレッツの正規職員（役職はサッカー専属コーチ）として雇用し、より安定的なサッカーの一貫指導体制の確立を可能にした。大会などに出場する際のチーム名はレッツとの融合前からの

名称をそのまま使用しているが、参加している子どもたちはレッツの会員でもあるので、とくに小学校低学年以下の子どもたちのなかには多種目型のクラブの特徴を生かして、サッカー以外の種目にも取り組む者も少なくない。また、複数の種目や世代の異なるメンバーが集うレッツの教室のひとつとしてサッカー教室を位置づけていることから、"サッカーに関係する人たちだけのサッカーチーム"から、多志向性を持つ複数の人に認知された"わが町のサッカーチーム"となりつつある。また、バレーボールにおいても、既存のスポーツ少年団のバレーボールチームの指導者と協力しバレーボールチームの練習をレッツの教室に位置付けると同時に、バレーボール教室と地元中学のバレー部との合同練習の企画や、宇ノ気地区に本社を置くコンピュータ関連企業であるPFUの女子バレー部（2005〜2006年シーズンＶ１リーグ準優勝の全国レベルのチーム）の選手から子どもたちが指導を受けられやすくなるよう、仲立ちをすることもある。また、PFUの試合をバレーボール教室に参加している子どもたちが応援に行くこともある。これらのことにより、これまでにはあまりなかったスポーツによる縦の世代の繋がりと地域、学校、企業のクラブという横の連携を生み出している。

②ソフトウェアの特徴

　クラブの主たる事業は、会員向けのスポーツおよび文化に関する教室事業であるが、先のサッカーやバレーボールのようにレッツが設立される以前から活動を行なっていた既存のスポーツ団体やスポーツサークルの活動を発展させる方向で教室化する一方で、新規開講の教室については、クラブの運営スタッフが企画した教室だけではなく、地域の指導者から指導希望があり開講にいたった教室も含まれている。民間のスポーツクラブの場合、自分自身が習いたいプログラムについて開講の要望を伝える窓口は存在しても自分自身が指導を希望するのでその教室を開講して欲しいという要望を伝える公式な窓口は存在していないのが常であろう。組織のオープン性はもちろんのこと、地域住民が参加ではなく参画するクラブであることを念頭に置いていることが象徴されている。

また、地域住民の多様なスポーツニーズに応えるため、内容によっては民間スポーツクラブと指導者派遣の提携を結んで民間スポーツクラブから指導者の派遣を受けている。教室内容や教室方針、受講料金を決定しているのはあくまでもレッツであり業務の一部委託に過ぎないが、このことにより教室プログラムの多様性が増し、多世代、多志向の地域住民がクラブ会員となりやすくなったことは間違いない。このことはまた、地域住民の新たなスポーツ文化に触れる機会の提供にもなっており、民間スポーツクラブの支店化にならない範囲、すなわち、地域づくりを視野に入れた住民の自治的・自律的な活動が維持されている範囲において、重要であるといえよう。

このような通常の教室事業に対して以上のように地域住民が主体となって運営にあたる教室と、民間スポーツクラブの指導者を利用した教室とを上手く組み合わせることによってソフトフェアの充実をはかり、新たなスポーツ文化を創造しながら地域に根ざしたクラブづくりを行なっている。

普段は自分の興味、関心、志向性にもとづいて教室プログラムに参加している会員が教室の枠を超えて集うのが年数回のイベントである。子ども向けの野外活動のイベント（川遊びやスノーボードなど）では、小学生や中学生が種目や世代の枠を超えて交流できるように試合や練習日にかさならない日を設定する配慮がなされている。すべての世代を対象とした白山登山（1泊2日）では、レッツの教室のひとつである山歩きの教室の参加者がガイドを務め、会員外からの参加も受け付けている。これにより、普段はレッツに参加していない地元の中学生が部活単位で参加したり地域住民が一人で参加申し込みを行なったりしている。地域住民が多世代で山登りを経験し登頂の感激を味わえることと同時に、日常的にはクラブとの繋がりがない地域住民と日常的にクラブに参加している会員とが交流することを可能にしており、レッツが特定の会員だけに資するクラブではなく地域住民の公益性に資するクラブとして地域住民からも支持されるきっかけを提供している。

クラブハウスは、簡易キッチンの設備があり、地域住民が気軽に立ち寄り飲食をしながら語り合う場として機能することが可能なように整備されている。

またクラブハウスのスペースは、ときどき文化教室や作品展示のスペースとして活用されていることもある。スポーツ教室と文化教室に参加する会員の間接的情報共有の場であり、多志向性を持つクラブ員にゆるやかにクラブの重層性を認識してもらう場となっている。他の活用方法として、サッカーワールドカップ開催時には一時的に大型スクリーンを設置し、地域住民が集まり応援で盛り上がることを可能とした。ワールドカップという世界的イベントゆえに興味、関心を持つ人は多世代にわたり、互いに共通の関心事を話すことで世代を超えてコミュニケーションを円滑にする機能が果たされたと思われる。

　イベントのような一過性の行事において認められる志向や世代を超えた地域住民の繋がりが日常生活のレベルでどの程度まで地域づくりに浸透するかについては、長期的な視点でイベントの内容や参加者の意識変容などの観点から検証することが必要であり、すぐにレッツが企画、運営しているイベントがまちづくりに繋がるとの結論は出せない。しかしながら、年に複数回行なっている多志向、多世代の会員向けのイベントや、レッツ会員とそうではない地域住民とが交流できるイベントによって、住民同士が互いの志向の違いを実感すると同時に、志向性の違いを尊重した上で相互理解を促すきっかけを提供しているということは言えるだろう。次のヒューマンウェアのところとも関連するがこれらのイベントはレッツのボランティアスタッフを中心とした地域住民によって企画、運営されている。すなわち、地域住民自らが地域を意識して企画を行ない、運営にあたっているのである。これまでの行政主体であった地域行事と異なり、ここにも参加から参画の場面が見られる。

③ヒューマンウェアの特徴
　先にスポーツ・ボランティアの活躍がまちづくりを支えると言われていることを述べたが、日常的なレッツの運営を支えるボランティアスタッフは約50人おり、それぞれ職務を異にする5つの委員会（マネジメント、広報、指導者研修、教室・セミナー企画、イベント）に所属している。委員会運営の基本として「フリー」「フラット」「オープン」というキーワードを掲げている。メン

バーは、20代から60代までの地域住民でありレッツの会員もいればそうでない人もいる。社会的な立場も、学生、サラリーマン、主婦、自営業者、教員、退職者などバラバラである。メンバーは5つの委員会のいずれに所属するかについては、参加者の自主性を尊重する場合とクラブマネージャーが全体を勘案しなからコーディネートする場合とがある。

ボランティアについて、市民的公共性の新たな担い手になる可能性を指摘している入江氏[10]によれば、ボランティア活動はその動機や捉え方によって3つに分けられるとされている。すなわち、①チャリティーのボランティア（他人のための道徳的行為）、②自己実現のボランティア（自分のための文化的行為）、③社会参加のボランティア（社会のための公的な行為）であり、①と②を私的な領域として、③を公的な領域の活動として捉えている。入江氏はこのようにボランティアを3つに分類した上で、ボランティアの仕事と遊びとの関係性やボランティア活動の社会的な位置付けについて、次のように述べている。

　　仕事に求めるものは金もうけ・自己実現・社会貢献の3つであると言われるが、ボランティアは、このうちの自己実現・社会貢献の2つを充たしており、遊びは自己実現だけを充たしているという意味で、ボランティアは「仕事と遊びの中間」になる、と見ることもできる。
　　ところで、遊びは私的な事柄であり、仕事もまた（社会貢献という側面があるものの）経済活動として私的な領域に属している。これに対して、ボランティア活動は、公共性をもった活動として見ることができる。この点を強調すると、3番目の「社会参加のボランティア」という見方になる。現在高まりつつあるボランティア活動を社会的に位置付けようとするならば、この3番目の見方が重要になってくる[10]。

レッツのボランティアスタッフの活動は、まさに入江氏の考えるボランティアの捉え方と合致しているように思われる。ボランティアスタッフは地域社会で生活する複数の社会的立場の人から構成され、また無償（経済的な報酬を目

的としない)で活動していることによって私的利害を越えて普遍的な立場にたって考え議論し行為することが可能であり、自分の経験を生かせる職務を通じて自己実現と社会貢献ができるという点で仕事と遊びの中間に位置する。また、「フリー」「フラット」「オープン」というキーワードに示されるように、委員会運営において、各自が知識や経験を一方向的に与える場になることなくメンバー間の相互性を重要視しているところに特徴がある。ボランティアの無償性の原則はともすると責任の放棄や組織の私物化の可能性も孕むことになるのだが、オーバーワークとなって過度な負担がボランティアスタッフにかからないよう、クラブ全体を掌握し統括するクラブマネージャーも含めた有給の事務局スタッフがおり、また、5つの部会とは別に外部評価を行なう評議委員会を設置することも検討されている。このように、ボランティアスタッフの活動が自己実現と社会のための公的行為という2つの側面を両立されるよう、ボランティアスタッフが組織内部においては有給スタッフと、組織外部においてはクラブ外部からの評価スタッフと協働するしくみがあり、相互性を重視したしくみが機能しつつある。

　一方、ボランティアスタッフとは異なり、有給スタッフとしてクラブ全体を統括するクラブマネージャーは、日常的にクラブ運営業務に関わる専門職としてクラブマネージメントに関する専門的な知識を有していることはもちろんのこと、地域におけるクラブのあり方を常に模索している。地域に根ざした総合型クラブの姿として、地域住民からの内発的動機づけにもとづいたボトムアップ型の意思決定と永続的な運営組織のあり方が重要である。このような意識をベースに持つクラブマネージャーが、ボランティアスタッフだけではなく、クラブ会員やクラブ会員ではない地域住民とクラブとの関わり、地域にある諸団体(企業、学校、行政組織、体育協会や社会福祉協議会などの社会的団体など)とクラブとの連携をコーディネートする役割を担っている。すなわち、クラブマネージャーがクラブのリーダーとして「対外的には団体を代表する存在となるが、対内的には個々のメンバーの意欲と団体の使命との調和を図るコーディネーターとして"縁の下の力持ち"的な働き」[11]をしている。日本におけるス

ポーツチームはこれまで単一種目単世代型が多く、参加人数も数人から数十名までであり比較的小規模のものが多かったため、チームリーダーと言われる人の役割はチーム内もしくは種目、単位団体内での活動だけで完結することが多かった。そのため、総合型クラブのリーダーであるクラブマネージャーの役割とは異なる部分が多い。ボランティアスタッフの役割についても広い視野が必要となる。レッツではこのような違いを意識しそれに対応するため、先進的な取り組みを行なっている国内の総合型クラブへの視察だけでなく、クラブ先進国であると言われているヨーロッパのクラブについてもクラブマネージャーやボランティアスタッフが視察に行く機会を設け、クラブ運営におけるクラブマネージャーやボランティアスタッフの意識改革やクラブ経営のノウハウの蓄積につとめている。

　このようなヒューマンウェアの特徴を持つ運営スタッフの活動は、ソフトウェアに形を変えて地域住民に可視化されたものとなる。ソフトフェアが地域住民に見られ、開かれ、時として批判されることを通じてクラブは認知され、またクラブの運営スタッフや地域住民自身が新たな課題を見つけ、それに対して議論するだけではなく解決策を模索し実行していくことを積み重ねている。

　先の入江氏は、公共性とは何かに言及している哲学者であるハンナ・アーレントの公的であることの意味を引きながら、「われわれは、見られ、開かれ、批判されることを通じて公的に認められ、それによって自分自身に対しても他者に対してもアイデンティティを確認することができる」[12]と述べている。レッツでは、ソフトウェアの企画段階から会員内外の地域住民、地域団体との融合、連携をはかり、その過程もまた地域住民や地域にある諸団体に開かれたものとなっている。その上で、ソフトウェアが体現化されたあとにさらに参加者が意見を述べたりやボランティアスタッフ修正を加えていくという過程を通じて地域におけるアイデンティティを確認している。クラブづくりの過程がそのまままちづくりに繋がっているのである。

(3) 地域の特徴を生かしたスポーツクラブづくり

　前項ではクラブレッツを事例に取り上げ、総合型クラブがコミュニティの形成にどのように関わっていくのかを見てきた。先の第2章 (3) でも述べたことであるが、総合型クラブは、各地域における地域住民のスポーツニーズや地域で抱えている課題を解決する方法として捉えられるものであり、そこには、住民の自治的・自律的な活動を基調としていく点では共通するが、設立の際に中心となるメンバーや組織、活動内容や運営方法などが全く同じであるというわけではない。富山県黒部市の「KUROBE スポーツファミリー」では、㈶黒部市体育協会が核となり、子どもから高齢者まで気軽に楽しめる教室を複数開講するのと同時に、トップアスリート（競技選手育成）をめざす教室として小学生や中学生を対象としたサッカー、バレーボール、水泳、硬式野球のチームを有している。トップアスリート教室では、地元企業である YKKAP のサッカーチーム（JFL 所属）の選手や2000年国体の強化チームで国体後も活動を続けているバレーボールチームである KUROBE アクアフェアリーズ（2006年Ｖ１リーグ所属）の選手なども指導者として参加している。富山県南砺市井波町の「NPO 法人井波文化・スポーツクラブ　アイ・ウェーブ」では、文化・スポーツクラブの名称からもわかるように文化活動を重視している。2006年度の開講教室の内訳では、スポーツ活動の教室が27に対して文化活動の教室が17ある。富山県富山市の「NPO 法人 JINZU SPORTS CLIB」は、地元を代表するボート競技の活動を支えてきた富山県ボート協会をコアにしながら、ボートに限定した競技団体の枠を超えて多世代が参加できるようエアロビクスや水泳教室などの教室を加えていってクラブ化した。他にも、活動拠点施設を同じくするサークル・チームが連携して他種目・多世代型のクラブを設立したり、種目はひとつであるが多志向性に応えるために競技力向上をめざす教室と楽しみや健康を重視する教室などを複数開講することで志向の違いを認めつつもクラブ員として一体化がはかれるようなクラブづくりを行なったところもある。金沢市でも近年、クラブ設立に向けた動きが見られる。2006年4月から日本体育協会から2

つのグループが総合型クラブの育成支援モデル事業の指定を受け設立準備を行なっている。ひとつは、金沢市は元来、公民館活動が非常に盛んである土地柄と言われているが、この公民館活動をコアにしながら地域に根ざした総合型クラブを設立することができないかを体育指導員を中心にして模索しているグループである。もうひとつは、「家庭」「学校」「地域」の連携による地域教育の推進について検討していた金沢市青年会議所のメンバーとスポーツ少年団の指導者のひとりとが子どものスポーツ環境について問題意識を共有し、これまで以上に子どもたちにとってよりよいスポーツ環境をつくりだすことができないかを模索している。検討委員会には、市内の大学でスポーツ科学を専門とする教員、障害者中心のスポーツ教室で指導を行なっている指導者、社会人のクラブチームの監督なども参加し、さまざまな立場からどのようなクラブが地域に求められているのかを検討している。

このように、総合型クラブはそれぞれ地域資源を活用し、また地域の実情に即して設立・運営を行なっており、教室の数や会員数もまちまちである。共通することは、スポーツ文化の振興をはかりながら広義にはまちづくりに貢献していくことであり、地域住民による自主運営、自主財源をその基盤に据えようとしていることである。

おわりに

本章では、北陸におけるコミュニティ・スポーツの様子を概観してきた。要約すると、スポーツ文化の普及・振興の効果は、健康づくりや生きがいづくりといった個人の身体面や精神面などに影響を与えるだけではなく、教育や経済、まちづくりなど社会生活全体に影響を与えるものであると見ることができる。また、スポーツ文化の社会に与える影響を考える際には、スポーツ文化を「する」ものとして捉えるだけではなく、「支える」視点からも捉えることが重要である。地域住民が主体となり地域の実情に応じて総合型クラブの設立・運営に参画する過程そのものがまちづくりに繋がる過程であり、また、このような

過程を通じたスポーツ文化の普及・振興により、先に挙げたような効果をより一層高められると考えられる。

これらのことについて富山県と石川県について見てみると、県単位で大きな特徴があるということではなく、地域住民の生活範囲を単位としてそれぞれの実情に応じて総合型クラブが設立・運営されており、事業の内容はクラブによってさまざまであるが、地域住民による自主運営を基盤にしながら、多種目、多世代型を念頭においてクラブ運営を行っているところが多い。

最後に、まちづくりに寄与し地域に根づく総合型クラブが設立・運営されるために必要なことは何かを考察しておく。

このことのキーワードは、「組織間の連携」と「参画する地域住民のホスピタリティ」ではないだろうか。「組織間の連携」とはすなわち、既存のスポーツ関係団体・チーム、学校(部活動、PTA)、企業、行政、地域の諸団体(自治会、子ども会、老人会、商工会、青年会議所など)がネットワークを構築し、互いに強みを提供しあいながら単体では得られないこと(不可能なこと)を得られるような関係を築くことである。また、「参画する地域住民のホスピタリティ」とは、スポーツクラブへの参画の基本姿勢として、クラブ運営を行なうスタッフ間やスタッフとスポーツ教室やイベントに参加する地域住民との間の関係として、対等で相互に心のこもった応対関係がみられることである。ホスピタリティとは一般的に、歓待やおもてなしという意味であるが、その背景には顧客と従業員という主従関係ではなく、主客同一の相互性が前提としてある[13]。スポーツ教室やイベントへの参加者を顧客、運営スタッフを従業員とする主従関係や、クラブマネージャーやクラブの理事長がクラブ運営の権限を握り、クラブの方針が上から下におろされてくる形ではない。相互性の原理にもとづき、相互信頼、相互理解、相互扶助のような関係が重要であろう。

スポーツはわれわれの生活にとけ込んでいる文化である。したがって、スポーツ文化に関する政策やビジネスを観ることを通して、現代社会が抱えている課題や現代社会の価値観などが透けて見える。地域におけるスポーツ文化の構築の仕方が大きく変わろうとしている現在、地域住民の主体性と自立性が求

められていることがその背景に透けて見える。

[謝辞]
　総合型地域スポーツクラブの具体的な姿を表出するに際し、NPO法人クラブレッツのクラブマネージャー西村貴之氏に複数回インタビューさせていただき、また貴重な資料を提供していただきました。記してお礼申し上げます。

1）　一正行「スポーツ実践の考え方」、國學院大學スポーツ・身体文化研究室編『教養としてのスポーツ・身体文化』（大修館書店、2005年）2-9頁。
2）　森川貞夫「コミュニティ・スポーツ論の再検証」（体育学研究47 (4)、2002年）395-404頁。
3）　佐伯年詩雄『現代企業スポーツ論』（不昧堂出版、2004年）11-14頁。
4）　同上書、15-16頁。
5）　佐伯年詩雄『平成15年度㈶大崎企業スポーツ事業研究財団企業スポーツ再生プロジェクト研究報告書　企業スポーツ再生の課題と戦略――企業スポーツ再生プロジェクト第1期ポリシーボード提言のまとめ――』（㈶大崎企業スポーツ事業研究助成財団、2004年）。
6）　佐伯年詩雄『平成14年度㈶大崎企業スポーツ事業研究財団企業スポーツ再生プロジェクト研究報告書　21世紀型企業スポーツモデルの開発――新たな企業戦略資源としての活用を考える――』（㈶大崎企業スポーツ事業研究助成財団、2003年）。
7）　石川県は「石川のスポーツビジョン」という名称で2003年から2012年までを、富山県は「富山県新世紀スポーツプラン」という名称で2001年から2010年までを計画対象にしている。
8）　石川県、富山県の両県で、それぞれどの市町村に何という名称の総合型クラブが存在しているのかということについては、以下のホームページで随時更新されたものが見られる。
　　富山県広域スポーツセンター：http//:www.sportsnet.pref.toyama.jp/menber/kou-iki/ikusei/itiran/index.htm
　　石川県スポーツ情報ネットワークスポナビいしかわ：http://sponavi.pref.ishikawa.jp/
9）　山口泰雄「スポーツ・ボランティアとまちづくり」、山口泰雄編『スポーツ・ボランティアへの招待――新しいスポーツ文化の可能性――』（世界思想社、2004

年）15-34頁。
10) 入江幸男「ボランティアの思想――市民的公共性の担い手としてのボランティア――」内海成治・入江幸男・水野義之編『ボランティア学を学ぶ人のために』（世界思想社、1999年）4-21頁。
11) 早瀬昇「ボランティア団体の組織と運営」、内海成治・入江幸男・水野義之編『ボランティア学を学ぶ人のために』（世界思想社、1999年）49頁。
12) 前掲入江「ボランティアの思想」16頁。
13) 服部勝人『ホスピタリティ学原論』（内外出版、2004年）。

<追記>
　スポーツ振興のあり方は、本稿で述べたとおり社会とともに変化するものであると同時に、スポーツ振興のあり方が社会を変化させていく可能性も有している。本稿の第1刷の発行は2007年6月であり、第2刷りが発行される現在までに約3年が経過しているため、この間に企業や行政、地域の総合型スポーツクラブなどを取り巻く社会環境も大きく変わっている。例えば、本稿において例を挙げたNPO法人クラブレッツは、2009年4月にかほく市内の他の2つの総合型スポーツクラブとの緩やかな合併を行い、運営規模も第1刷りで示した規模より非常に大きくなっている。また、企業のスポーツにおいても、富山県では、北陸電力サッカー部（アローズ北陸）とYKKAPサッカー部とを母体とした新しいクラブチームが誕生し、2009年にはカターレ富山としてJリーグに加盟するチームとなった。カターレ富山の経営母体である株式会社カターレ富山は、スポンサーとして県内の複数の企業からの出資があると同時に、企業によるスポーツチームによる所有ではなく、富山県民のサッカークラブチームを運営していくという経営姿勢を明確に示している。ここにも、スポーツによる新しいまちづくりの形が生まれている。このように、紙面の関係上、変化の例として2つの事柄のみを示したが、多くのことが変化している。追記のはじめに述べたことであるが、スポーツ振興のあり方は社会とともに変化するものである。したがって、時間とともに本稿で書かれている内容が古くなっていくことが予想されるが、歴史を振り返る中で、第1刷りが発行された概ね2007年以前の社会状況とスポーツ環境の関係性についてご理解いただくとともに、歴史は途切れることなくつながっていくものであるので、今後のスポーツ環境の変化が、歴史的、社会的にどのような環境をベースとしてつくられたものであるのかを考える際の参考にしていただければ幸いである。

終章

北陸経済と地域研究

佐無田　光

はじめに

「はしがき」でも述べられたように、本書は社会人向け学外講座「金沢大学地域経済塾」の講義を基礎にしている。社会人受講生からシビアな質問を受け、活発な相互討論を通じて議論を深めてきた。個別の論点に関しては各章で論じていただいたと思うが、終章では、全体に関わるいくつかの論点について、あらためて整理しておこう。もとより筆者の力量では不十分であるが、今後の議論の問題提起となれば幸いである。

1．広域経済の捉え方

最初の論点は対象地域に関わる。本書は「北陸地域経済学」とタイトルに掲げたが、「北陸経済」という広域の経済を直接扱ってきたわけではなかった。金沢大学が金沢地域で開講した講座ということもあり、金沢地域を中心にして石川県そして北陸圏へと重層的に広がる地域の経済を対象としてきた。しかし、果たして「北陸地域」ないし「北陸経済」という捉え方が可能なのか、北陸のなかでも都市ごと地域ごとに社会経済のありようはさまざま異なるのではないか、金沢と北陸の関係をどう捉えたらよいか。この論点には、地域の自立を突き立てられ、道州制が議論されるようになるなかで、埋もれがちな狭域の地域

社会の役割を再認識しつつ、広域経済という実態をどのように把握し戦略的対象地域として設定できるか、という現場からの問題関心が含まれている。

結論からいえば、本書では、北陸地域における共通性・関係性を意識しつつ、北陸のなかのローカルな地域圏ごとに多様な歴史と社会から地域経済を理解するような捉え方を試みている。英語で表現するならば、The Hokuriku Regional Economy ではなく、Local Economies in Hokuriku Region ということになる。ローカルな経済制度や社会組織、その背景にある歴史文化を理解することぬきに広域地域の発展を展望することはできない。

北陸経済の特徴を整理すると、第一に、北陸には気候風土、地理条件、宗教文化の面で多くの共通基盤があると同時に、地域の慣例によって地域社会の共同業務を担う住民自治組織（たとえば、消防団、祭りの運営、用水管理組織、金沢の善隣館など）が根強く残り、集落単位の多様な文化的土壌が人々の誇りや個性に彩りを与えている。大都市圏や新興工業地域などと異なり、住民層の一定割合が長期間にわたって継続する発展条件をそれだけ維持してきたわけであるが、近年の農村の過疎化と都市の郊外化がこの基盤を掘り崩しつつあることは注視しなければならない。

ローカルな社会や文化が息づいていることを反映して、北陸地域の都市は、生活のしやすさに関する各種調査で常に高位のランクに位置する。たとえば、東洋経済の『都市データパック2006年度版』の「住みよさランキング」によれば、全国780市のうち、1位福井、5位砺波、9位富山、10位金沢、12位敦賀、18位鯖江と、北陸の市が上位に名前を連ねている。このデータは、人口当たりの病床数、福祉施設数、小売販売額、金融機関数、公園面積、地方税収入額、住宅延べ床面積などを総合評価した指標である。つまり、北陸の諸都市が、過密になりすぎない程度の人口を維持しながら、人口規模のわりには所得、消費、貯蓄水準が高く（地域内経済循環が活発で）、医療・福祉機関、住宅、小売店など社会生活のインフラを地域で支えていることを表わしている。

第二に、北陸３県は、日本海側の類似の立地条件にありながら、明治時代以降、地域ごとに独自の工業化の道を歩み、その結果、多核的な地域経済、産業

終章 北陸経済と地域研究　267

図終-1　北陸地域における主な都市圏の事業所従業者数

都市圏	事業所従業者数
金沢・松任	322,389
富山・滑川	220,167
福井・丸岡	182,692
高岡・射水	127,733
小松	70,485
加賀・芦原	45,578
武生	41,612
敦賀	35,704
黒部	35,140
小浜	34,369
七尾	33,774
小矢部・砺波	33,427
鯖江	29,897
大野・勝山	23,451

資料：総務省統計局『平成16年事業所・企業統計調査』より作成。

構造を形成している（図終-1参照）。

　金沢を中心にした都市圏では、繊維工業、繊維機械、卸売業の相互連関をルーツに発展したニッチ機械工業や多様な第三次産業を軸とした内発型の成熟経済があるが、金沢だけが石川の発展極であるわけではない。小松を中心にした都市圏には建設機械（小松製作所）を頂点とした企業城下町型の産業構造があり、加賀には機械工業や温泉旅館業の集積する独自の地域経済がある。漆器産業を軸とする輪島、港を中心に温泉旅館や工業の立地する七尾など、能登半島にも小規模ながら特異な経済圏が存在する。

　富山県に目を向けると、富山市周辺には、伝統の医薬産業に加えて、豊富で安価な電力供給を背景にした化学工業や金属工業、下請けから発達した機械部品工業、プラスチック加工業などの工業集積があり、高岡から新湊には、水力発電や工業港などの産業インフラを活用したアルミ産業や重化学工業の工場が集まっている。氷見や魚津は、漁港を中心に独自の発展を遂げてきた。福井県

では、福井市周辺に、繊維産業（織物・縫製など）や機械・金属加工業など中小企業の集積する中核的な発展極がある。同じ福井県内でも、外来資本の化学工業（信越化学など）を中心とした武生、原発や化学・セメントなどの立地する敦賀・美浜、眼鏡産業の集積する鯖江などは、性格の異なる経済圏である。

　北陸地域の場合は、北海道における札幌、九州における福岡のような、突出した大都市が存在するわけではない。中枢管理機能や支店中継機能の立地する地方中核都市が、生産現場機能の立地する周辺地域を統括するようなヒエラルキー的な地域間関係ではない。それぞれの都市圏が独自の工業化を遂げ、全体として多核的な発展基盤を持つ北陸経済は、ローカル経済圏が重なり合ったモザイク模様として捉えたほうがよい。地域発展戦略も地域ごとに足もとから構築するしかなく、自律した多様なローカル地域が互いに協力する形で広域の北陸経済圏の発展を構想していくべきであろう。

　第三に、北陸地域における都市圏間の水平的な連携は、しかしながら、十分発達しているとはいいがたい。とくに自治体間における政治的・政策的連携は弱い。富山市・金沢市・福井市の間には歴史的な対抗意識が根深く存在するし、金沢市と石川県の間の対抗意識のように、県庁所在市と県の関係も決して芳しいとはいえない。市町村合併時期の疑心暗鬼が尾を引いて、同一都市圏に属する近隣の市町村間ですら連携が上手く取れていない。たとえば、金沢市が市町村合併を掲げたことで、隣接する野々市町や内灘町は吸収合併をおそれて警戒感を強めてしまった。住宅地や小売店の立地計画、交通計画、水資源管理、廃棄物管理など、広域で対応すべき政策課題は山積みである。

　とはいえ、北陸地域における経済的な横の関係は全くないかといえば、そうではない。小売、レクレーション、住宅、情報サービスなど、北陸3県で成功した企業は、ビジネスモデルを駆使して隣接県に進出していく傾向がある。消費市場として見た場合に、北陸圏には地域的横断性がある程度存在している。さらに、就職や転職・異動などの際に北陸3県を志望する傾向を見ると、労働市場に関しても北陸圏内での流動と一体化は進んでいるようにみえる。たとえば、三谷商事（福井）と三谷産業（金沢）は、ともに敦賀セメントから派生し

た兄弟会社であるが、現在はシステム設計とコンピュータ機器販売にシフトしており、三谷商事が福井に三谷コンピュータ、三谷産業が富山と金沢に北国コンピュータ・サービスを設立して、北陸3県からシステム・エンジニアの人材を調達している。経済利害の側からは、北陸広域圏レベルの経済運営を求める要求が今後一層高まっていくことも予想される。

　第四に、地域的な格差拡大の傾向は、北陸地域においても全国と同様に深刻な問題である。図終-1でも明瞭なように、都市部とりわけ北陸本線～北陸自動車道沿いの地域に事業所や人口が集中し、能登半島および南部中山間地の地域との間で格差が広がっている。市町村合併前（2000年時点）の市町村単位で見ると（表終-1）、北陸3県のなかで65歳以上人口が25％を超えたところが36市町村、30％を超えたところが11町村もあった。門前、吉野谷、平、柳田、富来の旧・5町村では、75歳以上人口だけで15％から20％を占める。地理的に見ると、奥能登、白山麓、五箇山谷、飛騨山地、若狭、越前海岸などに高齢自治体は集中し、とくに旧・門前町、旧・平村の高齢化は突出して深刻である。これらの高齢市町村と、中核都市の郊外ベッドタウンとして人口の増えている市町村（富山市に接する船橋村・小杉町・婦中町、金沢市に接する野々市町・内灘町・松任市、福井市に接する春江町・丸岡町など）との差は歴然としている。なかでも石川県の県内格差はもっとも激しく、野々市町の高齢者率10.9％に対して旧・門前町では42.6％と、著しいアンバランスである。

　かつては、農村地域から北陸の都市圏に出稼ぎ労働者がやってくる一方、金沢から能登方面、福井から大野・勝山方面へと、都市から農村へ下請け機業が組織され立地していた。ところが、大手原糸メーカーが国内委託加工を切り捨て、繊維産地が崩壊した現在、繊維産業に替わる媒介産業もなく、都市と農村の循環的関係は途切れ、農村地域からの労働者・事業者の流出という一方的関係になっている。

　日本全体が人口減少社会を迎えるにもかかわらず、中核都市をはじめいずれの市町村でも、自治体間競争に煽られ、自分たちの地域だけは人口を吸収して拡大するという将来計画を立てている。たとえば2006年に策定された金沢世界

表終-1　北陸3県における市町村別高齢者率（2000年）

(単位：%)

		65歳以上	75歳以上		65歳以上	75歳以上		65歳以上	75歳以上
	富山県	20.8	9.1	石川県	18.6	8.2	福井県	20.4	8.9
高齢者率上位市町村	平村（南砺市）	36.1	17.7	門前町（輪島市）	42.6	19.8	池田町	34.6	14.6
	利賀村（南砺市）	29.9	11.9	柳田村（能登町）	33.9	15.6	和泉村（大野市）	30.1	13.3
	山田村（富山市）	29.3	13.4	珠洲市	33.2	14.3	美山町（福井市）	29.8	12.7
	上平村（南砺市）	27.8	11.8	穴水町	32.4	14.1	越廼村（福井市）	29.0	13.2
	細入村（富山市）	27.7	12.5	吉野谷村（白山市）	32.1	18.3	名田庄村（おおい町）	28.6	12.0
	城端町（南砺市）	27.4	12.5	富来町（志賀町）	31.6	15.4	今庄町（南越前町）	28.5	12.6
	朝日町	27.3	12.2	能都町（能登町）	31.2	13.2	河野村（南越前町）	27.3	11.1
	宇奈月町（黒部市）	26.3	11.4	鳥越村（白山市）	30.3	14.9	越前町（越前町）	26.4	11.0
	井波町（南砺市）	25.7	11.6	白峰村（白山市）	29.8	12.4	三方町（若狭町）	26.3	11.5
	福光町（南砺市）	25.2	10.7	中島町（七尾市）	29.5	13.9	上中町（若狭町）	25.9	11.7
	氷見市	24.7	10.7	内浦町（能登町）	29.2	12.9	織田町（越前町）	25.6	12.8
				尾口村（白山市）	28.5	13.8	勝山市	25.6	11.3
				輪島市（輪島市）	28.5	12.0			
				能登島町（七尾市）	28.4	12.8			
下位（抜粋）	富山市（富山市）	18.7	8.1	金沢市	16.0	6.9	福井市（福井市）	18.6	8.0
	大島町（射水市）	18.1	8.0	津幡町	14.6	6.2	敦賀市	18.6	7.6
	婦中町（富山市）	18.1	7.8	松任市（白山市）	14.3	6.0	鯖江市	18.5	8.1
	小杉町（射水市）	15.0	6.4	内灘町	12.4	5.0	丸岡町（坂井市）	17.6	7.6
	舟橋村	14.8	6.1	野々市町	10.9	4.8	春江町（坂井市）	17.0	7.1

注：（ ）内は合併後の市町名。
資料：総務省統計局『平成12年国勢調査』より作成。

都市構想第二次基本計画では、人口動態からすると減少基調に入るが、諸施策によって社会動態人口を増加基調に転換させることで、2015年には1万人増の46万5,000人になると設定している。これは他の市町村も同様であるが、過疎地域を広域全体で支えていく気運には乏しい。今のように、自分たちの自治体だけ、あるいは、都市部だけが生き残ろうとする戦略は、広域全体では環境的・社会的に維持不可能であり、長期的に衰退の道を歩むことにならないか。過疎地域の再生と広域圏における都市と農村の関係の修復は北陸経済の重要なテーマであり、本研究グループも引き続き主要な研究課題としていく予定である。

2．「地域学」の方法論

　全体に関わる２つ目の論点として、「地域学」の意義について述べておきたい。１章でも述べられたように、「地域学」が全国的な潮流になっている。北陸地域経済学も、地域の理解を深めようとする実践という意味では、「地域学」と同様の時代性を持っているであろう。本節では、１章の問題提起を受けて、既存の「地域学」の枠組みに対して、本書「北陸地域経済学」が提起した地域研究の方法論的位置付けについてあらためて整理しておく。
　『地域開発』2005年11月号の「特集地域学」で、日本政策投資銀行の根本祐二氏は、「地域学」の議論を次のように整理している。
　(1) 地域学は、伝統的に海外の地域を対象とする「国際的地域学」と、国内の特定の地域を対象とする「国内的地域学」に分けられるが、国際的地域学が提起してきたことは、①総合的な学問体系を構築するための基礎研究、および、②その成果を応用するための具体的なフィールドの提供、であり、これらの概念は「国内的地域学」にも十分に通用する。
　(2) 近年、全国各地で盛んになっている「地域学」は、次の意味で、エリア・スタディとかリージョナル・スタディと呼ばれる地域研究とは異なっている。①純学問的なものではなく、主に生涯学習として実践され、個々人が郷土観を確立し地域づくりへの動機づけを図ることに主たる目的があること。②担い手として、研究者だけでなく、地域の住民、行政、教育機関、NPO、趣味のグループなど多様なグループがあること。③地域に関する学習機会や講座事業、地域を科学的に把握しようとする学際研究、地域振興・地域文化振興を指向する地域づくりや社会参加活動など、手法が多様であること。
　(3) 地域学には次の意味で経済的な効果がある。①経済主体が特定の地域で経済活動するにあたって、定量的なデータだけでなく、その地域の歴史や文化、風俗に関する知識が必須になるが、地域学がこれらの情報を明らかにすることにより、地域の市場が顕在化する。②地域学が地域特有の文化や情報を開示す

ることによって、第三者の行動を制約する地域リスクが低減する。③問題解決指向のある地域学は、地域問題に対する共通の処方箋を開発することによって、社会的コストを低減する。

これはよくできた整理であるが、以下の点で未解明の問題が残っている。本書の位置付けと研究成果を踏まえつつ論じていこう。

第一に、現代の「地域学」が、生涯学習としてさまざまな主体が担う自地域学、自分学であり、狭い研究者世界を飛び越えて、多様な一般市民が自学自習で学ぶ生涯学習であったとしても、それでもやはり学問であって、知識の体系方法すなわち方法論が問われる。

『地域開発』地域学特集号で、「『山形学』創造企画会議」の座長であった米地文夫氏の問題提起が紹介されている。米地氏は山形学が「地域づくり論」になることを批判し、「自地域学」として一線を画すべきだと主張する。「地域づくり論」が「各地の地域づくりの例から帰納的に地域づくりの一般的、共通的なものを抽出して、どの地域にも多少のアレンジを施せば適用できる」ものであるのに対して、「自地域学」は「その土地の地域性を解明するもの」であり、「地域ごとにその独自性、個別性を明らかにするもの」であるとする。

ここで問題となっているのは、地域研究は、演繹的に一般法則を個別地域に当てはめる形で分析すべきか、帰納的に個別事例から一般的教訓を抽出すべきか、それとも、個別地域をそれぞれ多様に分析すべきか、という学問的方法をめぐる論争である。米地氏は、一般的方法や他地域の事例を当てはめるのでは地域の問題は解決できず、あくまで当該地域の特性を学習することから始めなければならないと提起するわけであるが、そのときに、学問・科学としての体系性はどう発展するのか。地域の特性をそれぞれの地域ごとに学んでいるだけでは、「地域学」は単なる雑多な情報にとどまり、共通知としての発展に欠ける。言い換えれば、「地域学」がローカルにしか通用しない「おらが村」の学問に終わらないための、方法論的根拠を提示しなければならない。

本書は、演繹法や帰納法ではなく、やはり当該地域の特性をその地域に内在して探っていく方法を採るが、多様性を理解するための分析方法については、

一般化・体系化された科学的な思考が必要だと考える立場である。合理的価値判断にもとづいて文化の画一化を推し進める市場経済や近代化理論の立場に対して、多様な価値観、発展史観が共存する社会的発展論として社会科学の発展を求める位置にある。

「歴史と社会から理解する地域経済」と掲げた本書の方法は、しかしながら発展途上にあり、個々の研究者の枠組みを超えた体系的な理論を十分に共有できているわけではない。それでも各章で試みられた分析のフレームワークをつなぎあわせることで、共通の方法が示唆される。ここであらためて大枠を整理すると、本書は以下のような枠組みによって、北陸経済の地域学を提起してきた。(1) 地域の歴史をたどる際に、「全国・中央の歴史」との関わりや同時進行性を捉えつつも、地域ないし地方自治の観点から独自の時代区分を行なうことで、個性的な地域の歴史を叙述すること。(2) 地方公共団体よりもっと身近なレベルにおいて、地域の慣例によって地域社会の共同業務を担う地域組織(「本源的自治体」)の実態を解明することで、地域社会、地域福祉、地方自治の特殊性を理解すること。(3) 地域経済の発達には、地理的条件とともに、産業連関や技術の伝播を通じた地域の歴史的な系譜があることを把握し、各地域における産業の盛衰を地域固有の産業組織の構造から理解すること。

「地域学」の未解明の問題の第二は、地域経済との関係についてである。前述の根本氏の整理では、「地域学」が地域の特性を開示することで、市場の障壁を取り除き、市場機会を拡大する方向に働くと理解する。しかし、資本主義的市場経済の作用は、一般的に社会制度の均一化を強める方向に働き、「地域学」が指向している文化の多様性とは一線を画すものである。「地域学」と地域経済との関係を論じる際には、一般的・抽象的な市場を想定するのではなく、個別具体的で複雑な地域の市場を考えなければならない。

市場経済のもとでは、制度的・文化的な地域的差異がないほうがビジネスを拡げるには効率的であるため、全国展開する資本は規制緩和を求め、特定の事業様式を適用し、文化を画一化していく。この論理では、いつどこでも同じサービスを受けられる経済合理的で便利な社会文化が残り、規模の経済を働か

せる大企業によって、市場は寡占化されていく。

　ところが、自然や社会など非経済的な差異がある限り、地域的差異がなくなることはない。地域に愛着を持つ住民と自治組織は、市場の普遍化作用に対抗し、地域の固有的要素を見直して、暮らしを支える地域の環境、社会習慣、生業を守るための制度をつくろうとしている。さらに、非経済領域の運動にとどまらず、経済の領域でも、「地域性」に適応し、地域の制度的・文化的差異に依拠することで生き残ろうとする中小企業のビジネス利害が存在する。

　これは一見保護主義的反発に見えるが、単純にそう理解してはなるまい。地域的多様性は、実は新しいビジネスの源泉である。徹底した効率化によって文化が完全に均一化し市場が独占されたならば、おそらく経済は単純化し最小限のビジネスしか残らないであろう。地域の文化的差異があるゆえに、さまざまなビジネス条件が生じ、産業同士の複雑な相互関係を通じて、多様なビジネスの種が進化していくのである。固有の自然環境に固有の生態系が育つように、「地域性」は豊かな産業生態系の基盤である。「地域学」は、単なる地域づくり論にとどまらず、過度の効率化によって逆に経済全体の活力が失われていることを反省し、産業生態系の基盤である地域的多様性を回復しようとする経済発展論でもある。

　地域には国境がなく、国内である限り関税も参入障壁も存在していないにもかかわらず、地域的差異がなくならないために、同じビジネスモデルがあらゆる地域で通用するわけではないという現実がある。世界的勢力を誇るグローバル企業でさえ、「地域性」の強い地域ではローカルな文化に適応して市場機会を探り、地域の産業集積を利用してイノベーションの果実を受け取ろうとする。

　このように、地域の市場は対抗と共生の入り混じった複雑な競技場である。画一的カルチャーを押し広げようとする市場競争の圧力と、逆に地域外からの企業や異邦者をすら地域固有のカルチャーに染めようとする地域の力との、両者の拮抗関係のなかに現実の地域社会はおかれている。「地域性」の強く残る北陸地域は、まさに2つの力のせめぎ合いと複合の現場として、興味深い研究フィールドを提供する。本書では、単に地域固有の制度や組織を取り上げただ

けでなく、時代ごとの経済状況の変化あるいは新自由主義的潮流のなかで、ときに「地域性」に支えられた既存の組織が揺らいで自立性が失われたり、またときに「地域性」を見直して再構築したりする過程があることを示してきた。

　第三の論点として、「地域学」が、地域のアイデンティティの確立を促す手段として使われることの問題がある。地元地域への造詣や愛着、「地域の個性」の積極的評価が、地域づくりの出発点になるという位置付けは重要であるが、しかしそのことは、安易な地域保守主義や自己肯定的歴史観に陥るおそれがある。廣瀬隆人宇都宮大学教授が指摘するように（「地域学に内在する可能性と危さ」、『都市問題』第98巻第1号、2007年1月）、「地域学」が政治的に利用されやすい性格を持つことには注意点が必要である。かつて、公害などへの反対運動は、批判的な地域研究を生み出し、地域開発の問題点を究明し、新しい政策の先駆けとなった。「地域学」においても、批判的地域研究の視点が受け継がれねばならない。

　新自由主義政権のもと福祉国家システムが解体されるなかで、各地域は、「地域の個性」を活かして独自の競争力を勝ち取っていく必要があると迫られている。しかし、地域自身の適切な自己批判なしに、安易に地域の歴史・文化資源の使い道を探ることは、安易に外部の経済力に頼るのと同じくらい危険である。多くの地域では、企業誘致が地域の発展に繋がると単純に考えられたが、単発の工場現場を増やしただけで、誘致企業を地域の産業集積に結びつける工夫がなく、地域のなかから次々と産業競争力を生み出す構造に繋げることができなかった。これと同じように、地域資源を活かし文化的投資をすれば観光客が増え地域の発展に繋がると単純に信じるのも幻想である。

　問題は、外来企業を地域的に連関させたり、地域の文化的資源を創造的事業に活かしたりするための媒介的制度条件や、業種・インフラになどにかかわる戦略的選択のあり方である。「地域の個性」は発展の要素にもなるかもしれないが、逆にそれまでの発展を制約していた条件を含んでいるかもしれない。何が継承すべき地域の資源であって、これまで何が発展を支えてきて、何が不足し、どんな政策が成功または失敗し、何が発展の阻害要因となっていたのか、

地域の客観的評価を行なう必要がある。好ましい事実を並べた地域の「履歴書」ではなく、地域の「診断書」として、問題解決を促すような「地域学」が必要とされている。

　金沢では、地元経済人や行政エリートを中心に地域の伝統・文化への愛着が深く、日本の創造都市として自己評価が高い。金沢を文化的都市、内発的発展都市として持ち上げる内外の紹介文献も多い。これらに対して本書は、批判的視点とのバランスを重視している。すなわち、文化的都市づくりに熱心な金沢市が、財政的には建設事業偏重型で著しい財政危機にあること（第2章）、1960年代以降、金沢でも外来型開発に失敗し、郊外化と中心市街地の衰退に苦慮していること（第5章）など、創造都市の陰に隠れた面も実態的に解明してきた。企業誘致や公共事業などの地域外部の経済力に依拠した地域開発が多いなかで、地方都市のオルタナティブな発展モデルとしての金沢の存在意義は大きいものがあるが、しかしそれも厳しい自己批判がなければ腐食していくかもしれない。金沢の現状は決して「持続可能」ではなく、現在も北陸新幹線の整備や駅前開発に期待が寄せられているが、歴史的教訓に鑑みつつ、構造的に見て発展の曲がり角に来ていることを十分に認識しなければならない。

3．地域発展論の研究課題

　地方の製造機能が空洞化し、福祉国家機能としての財源移転や公共事業が削られていく一方、局地的には極度の少子高齢化が進行し、環境問題、犯罪、災害などの現代的災厄は大都市・地方の区別なく発生し、地域政策の現場は混迷している。「地域学」が各地で求められている理由のひとつは、地域発展の方向が見失われているという現状にあるかもしれない。地方大学の人文・社会科学に期待されていることのひとつは、「ではどうすればよいか」を端的に示して欲しいという、政策論に向けての切なる願いであるように感じる。

　地域社会を常に客観的に診断して、その健康に問題がないかを監視し、政策的処方箋を示すことが、地域に根ざした大学に託されている本来の役割であろ

う。ところが現実には、大学の力を結集して地域的な問題解決にあたるような体制にはなっていない。大学間競争・地域間競争に追われて、地方の大学は忙しい。産学連携、技術移転やベンチャー支援、競争的資金を獲得するための研究・教育・社会貢献プロジェクト、法律・ビジネスなどの社会人向け専門職大学院、学外講座や審議会などの社会事業、などなど、地方都市ではひとつひとつの需要は決して大きくないが、大学に求められる領域は数多い。他方で、スタッフの数は制限され、教職員の多忙化が問題になっている。

　本書は北陸地域経済の発展戦略ないし政策論を直接議論する構成はとっていない。それは、まとまった政策を提起するまで研究を総合化できていないという執筆者サイドの問題もあるが、他方では、地域の発展は地域の構成員自身が試行錯誤しながら作り上げていくものと認識し、北陸地域経済学の学習を通して、間接的に人づくりに寄与していくことを課題としていたためである。

　とはいえ、「地域経済塾」の受講生からも、地域発展のあり方に関する質問は多く、可能な範囲で応えなくてはなるまい。われわれが現時点でいえることは限られている。「ではどうすればよいか」という方法を端的に指し示すことは難しい。地域発展の方向についていえば、経済的な競争力を勝ち取るという狭い目的でないことは確かである。不安定さを増すグローバル経済、地球環境、格差社会の下で生じる環境的・社会的・経済的な諸々のリスクに対して、これらを予防し、柔軟に対応し、人々が安全・安心に暮らせる維持可能な社会と、それを支える適応力のある地域経済をつくることを課題とせねばならない。

　現時点で論じることがあるとすれば、それは、北陸経済の発展の担い手となるべき「主体」に関する部分であろう。北陸地域経済の実態から見て、いかなる主体の形成が課題になるのかを認識しておく意味はある。本章の最後に、「主体」に焦点をあて、本書の分析から得られた示唆と「北陸地域発展論」としての研究課題について示しておきたい。

　第一に、地域経済のなかで移出産業は依然として重要であるが、歴史の教訓から学ぶならば、地域の産業競争力は、地域の構成員自身が、地域の置かれている条件と資源をよく理解し創意工夫することでつくっていくしかない。

地域経済を浮揚させる手っ取り早い即効薬はなく、技術や市場の競争力は一朝一夕には蓄積できない。たとえば、人を呼び込む施設を造っても、観光産業の競争ノウハウがなければ、地域に残る価値は少ないのであって、ハコもの事業から短期的に地域振興しようとするのは誤りである。むしろ大事な要素は「人」の能力であり、それを発揮させる組織や社会の能力との相互作用である。地域に受け継がれる知識や技術を基盤にしつつ、新しい技能を積極的に習得し、低迷する産業の既存の組織構造を打破したり、新しいニーズを開拓したりして、地域伝承の精神を異なる現代的局面で再現させる人材が必要とされる。

　北陸には伝統工芸産業が数多く残るが、零細な職人企業が産地問屋を頂点とした組合に統括され、全国流通網を支配する大手商社に買い叩かれる構造に喘いでいる。地方の産地が下請け孫請けとして何重にも依存する構造には限界があり、これは大手旅行代理店の影響力の強い観光産業や、近年北陸で伸張しているソフトウェア産業でも同種の課題を抱える。現代日本の地方産地において、いかにして下請け構造を脱却して、独自の技術や顧客層を持つ、自律した中小事業者の集団となることができるか否か。難しい問題ではあるが、伝統工芸のコンテンツと情報技術を組み合わせたり、工芸品の製造業者が直販の流通ルートを開拓したりと、新しい領域に踏み出す事業者自身の創意が地道に積み重ねられるしか結局のところ道はないのである。

　北陸地域では、情報機器産業に加え情報システムやソフトウェア産業が発達している。IT産業は個人のシステム開発力に依存する度合が大きいので、垂直統合型の企業と比べると、比較的人材の流動化が起きやすい業種である。北陸で働く専門的なシステムエンジニアが、企業からスピンアウトして独自に新規事業をおこすようになれば、地域的な知識労働市場の形成を期待できるかもしれない。もしそうなれば、企業の立地よりも人材の育成に地域産業政策の焦点はシフトしてくることになろう。労働市場と地域経済の関係については、今後さらに実態分析していく必要がある。

　成長産業を育てるばかりが地域の発展戦略ではない。第二に、成熟した地域経済にとって、社会的領域の役割がますます重要性を増している。現代社会に

おける人々のニーズは、健康、教育、文化、環境、安全など非物質的価値に移ると言われるが、実際に、医療・保健、教育、公務などの（半）公共的部門の地元最終需要向け産業がもっとも成長している。成熟社会のフロンティアであるこうした社会的領域は、工業製品のように規格化することが難しいため、より「地域性」に根ざしたアプローチを取らざるをえない。「生活の質」の要素のうち、現在の北陸経済では医療・福祉分野がひとつの戦略領域になっている。

医療・福祉・健康スポーツなど社会的領域は、もともと営利事業としてサービスを行なうには不向きで、社会全体で事業を支えていくべき公共的・共同的な領域である。現在、社会的領域を民営化・市場化する流れがあるが、経営に民間のノウハウを取り入れる点は評価できても、公的支援が削られて支払い能力のある顧客に傾斜しすぎると、セーフティーネットとしての社会的役割を果たせなくなるのみならず、不採算サービスの縮小と利用者減少の悪循環に陥り、事業を維持できなくなる。

社会的領域を事業として成り立たせるためには、社会制度や技術評価のシステム、互助的に支える共同社会的支援の仕組み、環境的・社会的ダンピングを許さない市場の公正な競争ルールなどがきちんと整備されていなければならない。これらの制度的条件が構築されてはじめて、その社会的サービスに必要とされる周辺の二次産業——たとえば、医療サービス産業に対する医療機器、医薬・健康食品、医療用繊維製品、医療情報システム、会計管理、人材派遣、外部の評価機関、などなど——が発達する可能性がひらける。したがって、社会的領域の経済では、社会制度を適切に設計し運用するマネジメント機関の役割、半公共的・半民間的経営でサービスを提供する事業体の分業関係、地域福祉などコミュニティ領域における人々との共同的関係の構築、というように多くの主体の協力とネットワークが必要とされる。社会的領域における地域的な制度、組織、担い手の発展理論は、産業論と同じくらい重要なこれからの地域研究課題である。

第三に、地域発展の直接の担い手となるのは、住民、自治体、事業者、社会運動組織などであるが、それら相互のネットワーク、すなわち地域における組

織間組織のあり様が、地域発展戦略の方向性を決定づける。

かつて金沢の産元商社は、地域の戦略的媒介者となり組織力と交渉力を発揮したが、傘下機業の自律性を喪失させ、繊維産業集積の崩壊に歯止めをかけられなかった。産元商社だけでなく、経済活動を仲介する卸売や金融などの厚みがあったことが金沢の都市経済を支えていたが、この経済仲介機能が近年弱まりつつあることが懸念される。卸売りの集積は急速に縮減し、金融機関は新規事業のリスクを引き受ける役割を担いきれていない。ポスト工業化段階の新しい戦略的媒介機能を果たして誰が担うのか。

地域づくり活動として、北陸各地に興味深い独自の取組みを行なっている組織や団体は多数存在する。しかし、ひとつひとつは創造的で熱意のあるグループではあっても、組織間で十分な連携を取れておらず、郊外化あるいは過疎化の流れといった全体の動向は変わらないという状況が、金沢や能登などの現場にみられる。NPO間ネットワーク、異業種交流、自治体間連携、産官学連携、住民・企業・行政の政策パートナーシップなど、各種の組織間ネットワークを組織する戦略的媒介者の役割が一層重要になってきているが、そうした人材は不足し、専門的訓練を行なうシステムも確立していない。

地域経済研究においては、組織単位で分析する経営学、および、ミクロとマクロを結合する経済学的アプローチに加えて、中間領域である組織間関係を対象とする固有の研究方法が必要となってくる。地域発展を担う諸アクターとその相互連携については、すでに本書の各章でも意識されているが、現場の視点からより実態的に解明していかねばならない。

金沢大学地域経済情報センターでは、2005年度から、「地域経済塾奥能登教室」を開講している。奥能登に教員が出張し、地域発展に繋がるようなコミュニティビジネスのあり方について、バイオマスエネルギーなどを取り上げて、受講生とともに具体的に検討し学習している。地域の現場で格闘することを通じて、より実態的な地域発展論を提起することが今後の課題である。

謝　辞

　本書は、金沢大学地域経済塾「北陸地域経済学講座」のテキストをベースに、受講者との討論をふまえて充実させ、さらに新たな書き下ろしの章を加えたものです。過去4期の北陸地域経済学講座の受講者のみなさんにまず感謝申し上げます。

　また厳しい出版事情のなか、本書の出版をご快諾いただいたうえ、送稿の遅れを辛抱強くお待ちいただいた日本経済評論社の谷口京延さんにお礼を申し上げます。

　地域経済塾の開催を物心両面で支援していただいた、金沢大学経済学部と社会貢献室のみなさんにも感謝申し上げます。

　第1期の地域経済塾を立ち上げる時期に地域経済情報センター助手として尽力してくださった吉村未紀子さん（現・南風耕作堂）に、特別の感謝の気持ちをおくりたいと思います。吉村さんの昼夜を分かたぬ献身的な活動がなければ、地域経済塾は開講されておらず、したがって本書も世に出ることはなかったでしょう。

　最後に、北陸のみならず全国各地でくらしと営業を守るために、また地域の活性化のために奮闘されているすべての方々に、地域経済塾開講と本書出版への動機と勇気を与えていただいたことに感謝し、本書を捧げたいと思います。

編者一同

【著者紹介】（執筆順）

橋本　哲哉（はしもと・てつや）
　　1941年　生まれ
　　1971年　東京教育大学大学院文学研究科博士課程単位取得退学　文学博士
　　　　　　金沢大学経済学部教授、金沢大学理事・副学長を経て現在金沢大学名誉教授
　主　著　『近代石川県地域の研究』（金沢大学経済学部研究叢書１、1986年）、『石川県の百年』（共著、山川出版社、1987年）、『石川県の歴史』（共著、山川出版社、2000年）、『近代日本の地方都市――金沢／城下町から近代都市へ――』（編著、日本経済評論社、2006年）

神谷　浩夫（かみや・ひろお）
　　1956年　生まれ
　　1984年　名古屋大学大学院文学研究科博士課程単位取得満期退学　博士（学術）
　現　在　金沢大学人間社会学域教授
　主　著　『シングル女性の都市空間』（大明堂、2002年）、『働く女性の都市空間』（古今書院、2004年）『地図でみる日本の女性』（明石書店、2007年）

田口　直樹（たぐち・なおき）
　　1968年　生まれ
　　1998年　大阪市立大学大学院経営学研究科後期博士課程単位取得退学　博士（商学）
　現　在　大阪市立大学大学院経営学研究科准教授
　主　著　『日本金型産業の独立性の基盤』（金沢大学研究叢書11、2002年）

飯島　泰裕（いいじま・やすひろ）
　　1961年　生まれ
　　1998年　青山学院大学大学院理工学研究科博士前期課程修了　理工学修士
　現　在　青山学院大学社会情報学部教授
　主　著　『マルチメディア用語辞典　座右／1997～98』（NTT北陸テルマック、1997年）、『エンサイクロペディア情報処理　改訂４版』（共著、オーム社、2002年）、『金沢地域における知的クラスター形成の戦略』（共著、石川県産業創出支援機構、2004年）、『石川における予防型医療社会システム形成の課題』（共著、石川県産業創出支援機構、2006年）

横山　壽一（よこやま・としかず）
　　1951年　生まれ
　　1982年　立命館大学大学院経済学研究科博士課程後期課程単位取得満期退学　経済学修士
　現　在　金沢大学人間社会学域教授
　主　著　『地域介護調査からみた高齢者の実像』（共著、萌文社、2001年）、『国民生活と社会福祉政策』（共著、かもがわ出版、2002年）、『社会保障の市場化・営利化』（新日本出版社、2003年）、『市場化の中の「医療改革」』（共著、新日本出版社、2005年）

奥田　睦子（おくだ・むつこ）
　　1970年　生まれ
　　1995年　奈良女子大学文学研究科修士課程修了　修士（文学）
　現　在　金沢大学人間社会学域准教授
　主　著　「スポーツにおける障害者と健常者の統合化に関する一考察」（『奈良女子大学スポーツ研究』第２号、2000年３月）、「楽しいスポーツ指導」（『富山県生涯スポーツ指導員養成講習会テキスト』改訂版、2003年）、「障害者スポーツ論の再検討」（『金沢大学経済学部論集』第24号第１巻、2003年）

【編著者紹介】

碇山　　洋（いかりやま・ひろし）
　1960年　生まれ
　1991年　大阪市立大学大学院経営学研究科後期博士課程単位取得退学　商学修士
　現　在　金沢大学人間社会学域教授
　主　著　『グローバル化と現代財政の課題』（共著、有斐閣、2005年）

佐無田　光（さむた・ひかる）
　1974年　生まれ
　2002年　横浜国立大学大学院国際社会科学研究科博士課程後期修了　博士（経済学）
　現　在　金沢大学人間社会学域准教授
　主　著　『環境再生』第9章「地域産業政策と環境再生──川崎臨海部の産業政策を検証する」（有斐閣、2002年）、『地域ルネッサンスとネットワーク』第7章「環境再生の地域ネットワーク」（ミネルヴァ書房、2005年）

菊本　　舞（きくもと・まい）
　1973年　生まれ
　2004年　金沢大学大学院社会環境科学研究科博士後期課程修了　博士（経済学）
　現　在　岐阜経済大学地域連携推進センターチーフコーディネーター
　主　著　「生活協同組合運動の停滞と今後の発展の方向性」（論文、金沢大学大学院『社会環境研究』第6号、2001年）、『地域社会における住民自治と地域共同管理に関する研究』（博士論文、金沢大学大学院社会環境科学研究科、2004年）

北陸地域経済学 ──歴史と社会から理解する地域経済──

2007年6月30日　第1刷発行
2010年4月9日　第2刷発行　　　定価（本体3000円＋税）

　　　編著者　碇　　　山　　　　洋
　　　　　　　佐　無　田　　　　光
　　　　　　　菊　　　本　　　　舞
　　　発行者　栗　　　原　　　哲　也

　　　発行所　㈱日本経済評論社
　　　〒101-0051　東京都千代田区神田神保町3-2
　　　　　電話　03-3230-1661　FAX 03-3265-2993
　　　　　nikkeihy@js7.so-net.ne.jp
　　　URL : http://www.nikkeihyo.co.jp
　　　　　印刷＊文昇堂・製本＊高地製本所
　　　　　　　　装幀＊奥定泰之

乱丁落丁はお取替えいたします。
Ⓒ IKARIYAMA Hiroshi et. al. 2007
　　　　　　　　　　Printed in Japan　ISBN 978-4-8188-1945-0
・本書の複製権・譲渡権・公衆送信権（送信可能化権を含む）は㈱日本経済評論社が保有します。
・JCLS 〈㈱日本著作出版権管理システム委託出版物〉
本書の無断複写は著作権法上での例外を除き禁じられています。複写される場合は、そのつど事前に、㈱日本著作出版権管理システム（電話03-3817-5670、FAX03-3815-8199、e-mail: info@jcls.co.jp）の許諾を得てください。

橋本哲哉編

近代日本の地方都市
―金沢/城下町から近代都市へ―

A5判　四五〇〇円

北陸の中核都市金沢の形成と発展を、政治・行政・経済・社会・軍事・教育・宗教など、さまざまな角度から総合的に検討し、近代地方都市像の再構成を試みる。

大石嘉一郎・金澤史男編著

近代日本都市史研究
―地方都市からの再構成―

A5判　一二〇〇〇円

水戸・金沢・静岡・川崎・川口の各市の経済構造、市政担い手層、行財政機能に焦点をあて都市比較に留意しつつ実証的に分析し、地方の視点から近代日本都市史像を再構成する。

大石嘉一郎・西田美昭編著

近代日本の行政村
―長野県埴科郡五加村の研究―

A5判　一四〇〇〇円

近代天皇制国家の基礎単位として制度化された行政村が、いかにして民主的「公共性」を獲得していったか。膨大な役場文書を駆使し、近代日本の政治構造をその基底から捉え直す。

上山和雄編著　首都圏史叢書③

帝都と軍隊
―地域と民衆の視点から―

A5判　四六〇〇円

地域社会・民衆にとって、戦前日本の軍隊はいかなる存在であったのか。軍隊が密集した帝都とその周辺を対象に、平時・戦時における軍隊と地域・民衆との関わりを明らかにする。

原田勝正・塩崎文雄編

東京・関東大震災前後

A5判　四九〇〇円

東京の市街地拡大と鉄道網の拡張、近郊農村の変化、詩人たちと震災、永井荷風のみた下町、東京の風致地区問題など一九一〇年代から四〇年代にかけての社会的変動を多面的に考察する。

中村隆英・藤井信幸編著

都市化と在来産業

A5判　六一〇〇円

都市化の進展とともに在来産業はどのように対応し、いかなる発展を遂げたか。小規模ながらも都市の発展を支えた事実を実証的に解明する。

（価格は税抜）

日本経済評論社